DIREITO DOS PETRÓLEOS
UMA PERSPECTIVA LUSÓFONA

DÁRIO MOURA VICENTE (Coordenador)
ANTÓNIO MENEZES CORDEIRO
CARLA AMADO GOMES
CARLOS MARIA FEIJÓ
DÁRIO MOURA VICENTE
JOÃO VERNE OLIVEIRA
LUÍS MANUEL TELES DE MENEZES LEITÃO
MANUEL JANUÁRIO DA COSTA GOMES

DIREITO DOS PETRÓLEOS
UMA PERSPECTIVA LUSÓFONA

DIREITO DOS PETRÓLEOS
UMA PERSPECTIVA LUSÓFONA

AUTOR
DÁRIO MOURA VICENTE (Coordenador)

EDITOR
EDIÇÕES ALMEDINA, S.A.
Rua Fernandes Tomás, n.ᵒˢ 76-80
3000-167 Coimbra
Tel.: 239 851 904 · Fax: 239 851 901
www.almedina.net · editora@almedina.net

DESIGN DE CAPA
FBA.

PRÉ-IMPRESSÃO
EDIÇÕES ALMEDINA, S.A.

IMPRESSÃO | ACABAMENTO
PENTAEDRO, LDA.

Maio, 2013

DEPÓSITO LEGAL
359639/13

Os dados e as opiniões inseridos na presente publicação
são da exclusiva responsabilidade do(s) seu(s) autor(es).

Toda a reprodução desta obra, por fotocópia ou outro qualquer
processo, sem prévia autorização escrita do Editor, é ilícita
e passível de procedimento judicial contra o infractor.

Biblioteca Nacional de Portugal – Catalogação na Publicação

DIREITO DOS PETRÓLEOS

Direito dos petróleos : uma perspectiva lusófona / coord. Dário
Moura Vicente. – (Estudos de direito africano)
ISBN 978-972-40-5160-4

I – VICENTE, Dário Moura, 1962-

CDU 34
     665

PLANO DA OBRA

I. Dário Moura Vicente
   Nota prévia 7

II. António Menezes Cordeiro
    As empresas petrolíferas em Angola 9

III. Carla Amado Gomes e João Verne Oliveira
     Actividades petrolíferas e proteção do ambiente em Angola .. 43

IV. Carlos Maria Feijó
    O poder concedente no sector petrolífero em Angola 75

V. Dário Moura Vicente
   Arbitragem Petrolífera 101

VI. Luís Manuel Teles de Menezes Leitão
    Os contratos no Direito do Petróleo e do Gás 127

VII. Manuel Januário da Costa Gomes
     O transporte marítimo de hidrocarbonetos e o regime de limitação de responsabilidade previsto na Convenção Internacional Sobre Responsabilidade Civil pelos Prejuízos Devidos à Poluição por Hidrocarbonetos, 1992 (CLC 92). 173

NOTA PRÉVIA

Recolhem-se neste volume diversos estudos dedicados à temática do Direito dos Petróleos. Traço comum a todos eles é a circunstância de resultarem da docência e da investigação levadas a cabo pelos seus autores, em Angola e em Portugal, com destaque para a que vem sendo realizada no quadro da cooperação estabelecida entre a Faculdade de Direito da Universidade de Lisboa e a Faculdade de Direito da Universidade Agostinho Neto.

Não obstante a enorme relevância que conquistou recentemente em diversos países de língua oficial portuguesa – particularmente em Angola – o Direito dos Petróleos é ainda um domínio da Ciência Jurídica relativamente inexplorado pela doutrina. Tal a razão fundamental que justifica a publicação da presente colectânea.

O petróleo e os seus derivados representam hoje, com efeito, uma parte muito substancial do produto interno bruto de vários daqueles países, com destaque para Angola, o Brasil e Timor-Leste. Mesmo Portugal, que não dispõe de recursos petrolíferos conhecidos, há muito que se dotou de uma indústria refinadora de relevo internacional. Boa parte da energia consumida nestes países provém, por outro lado, desses produtos. Não surpreende, por isso, que eles se contem entre os bens que mais pesam na balança comercial desses países. A perspetiva do seu esgotamento, ainda que apenas a longo prazo, e o crescimento da respetiva procura têm determinado o aumento constante do seu valor e, reflexamente, a relevância do seu contributo para as economias nacionais.

Com respeito a esses bens suscitam-se, no entanto, diversas questões jurídicas de reconhecida complexidade, até hoje escassamente tratadas em estudos científicos. Entre elas mencionem-se: a) O regime da propriedade das jazidas petrolíferas e da concessão a entes públicos e privados de licenças para a respetiva exploração; b) As regras que presidem à cons-

tituição, ao funcionamento e à supervisão das empresas que se dedicam à prospeção e comercialização dos hidrocarbonetos; c) *A regulamentação dos impactos ambientais da atividade dessas empresas;* d) *A relevância dos tipos contratuais que o comércio internacional forjou para a prospeção, extração, transformação, refinação, venda e distribuição de produtos petrolíferos e seus derivados;* e) *O regime do transporte por via marítima desses produtos; e* f) *As regras aplicáveis à resolução dos litígios suscitados neste domínio – não raro opondo Estados a particulares –, em especial por via de arbitragem.*

É justamente destes temas que se ocupam os estudos coligidos neste volume, com os quais esperam os seus autores contribuir para estimular o debate científico neste domínio, tão carecido da atenção dos juristas de expressão lusófona.

Às instituições que promoveram os cursos e as conferências de que resultam esses estudos e à editora que possibilitou a sua publicação, aqui fica exarado o público agradecimento que lhes é devido.

Lisboa, março de 2013.

DÁRIO MOURA VICENTE

As Empresas Petrolíferas em Angola

António Menezes Cordeiro[*]

SUMÁRIO: I – A Concessionária Nacional: 1. As origens da Sonangol; 2. Aspetos estatutários; 3. Parâmetros e natureza geral. II – Empresas licenciadas e empresas associadas: 4. As empresas licenciadas; 5. Empresas associadas; 6. Prestadoras de serviços. III – Em especial: os consórcios: 7. Noções básicas; Direito comparado; 8. O Direito angolano; influências decisivas; 9. Regime vigente; 10. Problema da repartição dos ganhos e perdas; 11. O termo do consórcio. IV – Breve comparação com empresas estrangeiras: 12. Aspetos gerais; a Exxon/MOBIL; 13. A Saudi Aramco; 14. Elf Aquitaine/Total; 15. Petrobrás. V – Princípios gerais do Direito das empresas petrolíferas: 16. A construção de uma disciplina jurídica; 17. Prudência e adequação; 18. Estabilidade e confiança; 19. Assunção de risco; 20. Fomento e progresso. VI – Concretização na governance: 21. Associação público/privada; 22. Composição e organização da administração; 23. Liberdade e tutela. VII – Concretização na compliance: 24. A fiscalização comum; 25. Níveis de aperfeiçoamento.

I – A Concessionária Nacional

1. As origens da Sonangol

I. A Sonangol/Sociedade Nacional de Combustíveis de Angola, EP, remonta à Angol/Sociedade de Lubrificantes e Combustíveis, SARL, fundada em 1953. Tratava-se, então, de uma subsidiária da Sacor, SARL.

---

[*] Professor Catedrático da Faculdade de Direito da Universidade de Lisboa.

Em 1976 (Decreto-Lei n.º 52/76), foi nacionalizada e cindida na Sonangol U.E.E. e na Direção Nacional de Petróleos.

A Sonangol ficou como concessionária exclusiva para a exploração de hidrocarbonetos líquidos e gasosos no subsolo e na plataforma continental de Angola. É responsável pela exploração, produção, fabrico, transporte e comercialização de hidrocarbonetos em Angola.

II. Após a independência, várias companhias estrangeiras que operavam no País, abandonaram-no, deixando no local infra-estruturas e funcionários. A Sonangol comprou, então, as instalações da Texaco, da Fin e da Shell, acordando ainda nas da Mobil. Obteve o apoio da ENI (Itália) e da Argélia, para a formação dos primeiros quadros.

III. A expansão da Sonangol seria, depois, exponencial. De acordo com o competente sítio, temos a anotar as datas seguintes:

1976 – criação da Sonangol;
1983 – subsidiária em Londres;
1991 – adjudicação do bloco 16: o primeiro em águas profundas;
1992 – subsidiária Sonangol P & P;
1999 – transformação de U.E.E. em E.P.;
2003 – atribuição do bloco 03, para a produção e prospeção de hidro-
       carbonetos;
2005 – distribuição em Portugal.

2. Aspetos estatutários

I. A Sonangol foi criada pelo Decreto n.º 52/1976, de 9 de Junho, com a designação de Sonangol U.E.E./Sociedade Nacional de Combustíveis de Angola, Unidade Empresarial Estatal. Na época, estava em causa a necessidade imediata de acudir às instalações e aos meios humanos que haviam sido abandonados e de assegurar a continuidade da indústria petrolífera. A solução mais adequada afigurou-se uma especial dependência do Estado, o que se conseguiu através da criação de uma Unidade Empresarial Estatal específica.

II. A Sonangol U.E.E. teve os seus primeiros estatutos definitivos aprovados pelo Decreto n.º 97/80, de 2 de Setembro. Estava, então, na estrita dependência do Estado. Um alargamento foi encarado pelo Decreto n.º 8/91, de 16 de Março, que veio revogar o diploma anterior.
Finalmente, o Decreto n.º 19/99, de 20 de Agosto, veio adaptar a Sonangol à nova Lei sobre Empresas Públicas, aprovando o seu Estatuto Orgânico.

III. Os estatutos da ora Sonangol, EP, comportavam 53 artigos, arrumados em seis capítulos, nos termos seguintes:

Capítulo I – Disposições gerais (1.º a 9.º);
Capítulo II – Direitos e disposições (10.º a 12.º);
Capítulo III – Organização e funcionamento:
    Secção I – Disposições preliminares (13.º);
    Secção II – Conselho de administração (14.º a 22.º);
    Secção III – Conselho fiscal (23.º a 30.º);
    Secção IV – Conselho de direção (31.º a 33.º);
    Secção V – Disposições comuns (34.º a 36.º).
Capítulo IV – Gestão patrimonial e financeira (37.º a 48.º);
Capítulo V – Trabalhadores (49.º a 51.º);
Capítulo VI – Disposições finais (52.º e 53.º).

IV. O artigo 2.º dispõe:

A SONANGOL – E.P. é uma pessoa coletiva dotada de personalidade jurídica e de autonomia patrimonial, regendo-se pelos princípios da programação económica, autonomia de gestão, autonomia financeira, de rentabilidade económica e de livre associação e demais disposições consagradas na lei, no presente estatuto, pelas normas complementares de execução e, no que não estiver especialmente regulado, pelas normas de direito privado em vigor em Angola.

Trata-se de um preceito muito significativo: ele faz a aproximação da Sonangol relativamente ao Direito privado.

V. A Sonangol tem, por objeto principal, o domínio petrolífero (4.º/1). Todavia, os seus estatutos permitem-lhe dedicar-se a quaisquer outras atividades comerciais ou industriais, por decisão do seu conselho de administração (4.º/2). Pode, ainda, transferir no todo ou em parte para outras empresas que controle, a execução das suas atividades (5.º), assim como pode participar noutras empresas, associar-se a elas ou proceder a integrações verticais (6.º). Vê-se, esta base, o universo que pode ser assumido por empresas petrolíferas.

A Sonangol, EP, é, nos termos da Lei, a detentora exclusiva dos direitos mineiros. Em causa está a prospeção, a pesquisa e a produção de hidrocarbonetos líquidos e gasosos (10.º/1). Cabe-lhe a execução da política petrolífera nacional (12.º).

VI. Em termos orgânicos, a Sonangol é dotada de um Conselho de Administração, um Conselho Fiscal e um Conselho de Direção (13.º): o primeiro é o órgão de gestão; o segundo, de fiscalização; e o terceiro, consultivo.

O Conselho de Administração tem cinco membros e recebe larga competência de orientação e gestão (15.º). Pode delegar poderes (16.º), dividir tarefas (17.º) e criar comissões técnicas (18.º). Ao Presidente do Conselho de Administração é ainda atribuído um papel autónomo de relevo (19.º).

Ao Conselho Fiscal são confiadas funções importantes na área da fiscalização (27.º), com os necessários poderes dos seus membros.

3. Parâmetros e natureza geral

I. Outros aspetos poderiam ser mencionados. Cabe todavia sublinhar que o importante papel cometido à Sonangol, seja no plano petrolífero seja, mais latamente, no campo económico e social resulta da sua integração no conjunto da Ordem Jurídica Angolana e, muito em especial, da sua articulação com a Lei das Atividades Petrolíferas.

II. A crescente aproximação da Sonangol às técnicas privadas de gestão dá, ainda, um relevo particular ao Direito das sociedades.

A técnica de empresa pública, hoje seguida pela Lei de Angola, surge materialmente próxima da da Fundação. A Sonangol corresponde a um património muito significativo, que pertence ao Estado Angolano e que este utiliza para dotar uma entidade, cujos fins fixa, cuja gestão determina e cuja atuação acompanha.

III. As empresas públicas aproximam-se, essencialmente, do Direito privado e do Direito comercial. Embora, no plano orgânico, a Sonangol apresente uma ordenação publicística, designadamente no modo de designar o Conselho de Administração, para o exterior, ela atua como um ente privado. Isso sem prejuízo de conservar algumas prerrogativas que vimos decorrerem da Lei das Atividades Petrolíferas.

A Sonangol, EP, pode ser considerada uma empresa pública de Direito angolano, sujeita a um regime próprio e ao Direito privado, civil e comercial de Angola. Tecnicamente, pode ser tomada como comerciante.

IV. Num eventual momento ulterior, poderia o Governo de Angola ponderar a passagem da Sonangol a uma sociedade anónima de capitais exclusivamente públicos ou a uma sociedade tipo *holding*, também de capitais exclusivamente públicos.

Uma vantagem nesse tipo de evolução residiria, sem dúvida, na maior flexibilidade de gestão e na capacidade de atrair grandes investimentos. Paralelamente, ficaria com novas vias de aplicação dos capitais conseguidos.

Trata-se de cenários que a seu tempo serão ponderados pelas Entidades competentes.

II – Empresas licenciadas e empresas associadas

4. As empresas licenciadas

I. As empresas licenciadas são empresas petrolíferas que disponham de uma licença de prospeção (2.º/11). A licença é emitida pelo Ministro da Tutela, de modo a facilitar a aquisição e o tratamento de informação, que permita uma melhor avaliação e suporte técnico dos pedidos de atribuição de direitos mineiros ou da qualidade de associada da Concessionária Nacional (33.º).

A prospeção em si é definida, pela Lei (2.º/19), como:

(...) o conjunto de operações a executar na terra ou no mar, mediante a utilização de métodos geológicos, geoquímicos ou geofísicos, com vista à localização de jazigos de petróleo, exclusão de perfuração de poços, processamento, análise e interpretação de dados adquiridos nos respetivos levantamentos ou da informação disponível nos arquivos do Ministério de tutela ou da Concessionária Nacional, assim como estudos e mapeamento regionais conducentes a uma avaliação e melhor conhecimento do potencial petrolífero da área.

A área da licença consta do próprio título (35.º/2) e não dá azo a um exclusivo de prospeção, no local (35.º/3). Como foi referido, tão-pouco ela confere ao beneficiário um direito de preferência relativamente à qualidade de associada da Sonangol (35.º/4).

II. Podem ser beneficiárias da licença (34.º):

Qualquer empresa nacional ou estrangeira, dotada de comprovada idoneidade e capacidade técnica e financeira (...).

Na verdade, a prospeção de petróleo, particularmente quando feita no mar e em águas profundas, requer um conjunto sofisticado de meios humanos e materiais e um especial *know how*. A essa luz, compreendem-se as exigências legais de idoneidade e de capacidade, acima referidas. Os inerentes requisitos devem ser comprovados, aquando do requerimento dirigido à Tutela (37.º/1).

A licença consigna os elementos relativos à identidade da licenciada, à área e ao prazo da licença, aos direitos e obrigações da mesma licenciada, à descrição dos trabalhos a realizar, o calendário e o orçamento e o regime da propriedade dos dados (39.º).

III. Os dados e as informações adquiridos na execução das atividades petrolíferas de prospeção são decisivos: é esse o objeto da operação em causa. O artigo 36.º da Lei das Atividades Petrolíferas de 2004 dispõe o seguinte:

- tais dados e informações pertencem ao Estado;
- as licenciadas e a Concessionária Nacional têm o direito de os utilizar;
- o Ministério da Tutela pode autorizar a licenciada a comercializar esses dados e informações, nos termos exarados na licença;
- caso ela venda os dados, o produto da venda é repartido equitativamente entre a Concessionária Nacional e a empresa licenciada.

IV. As empresas licenciadas têm, perante a Lei, um perfil puramente funcional. À Lei Angolana, é indiferente a sua nacionalidade e a sua natureza jurídica: apenas se exige competência técnica, idoneidade pessoal e garantias de desempenho. A essa luz, compreende-se o uso do termo "empresa".

As causas que podem levar à cessação dessa qualidade são aquelas que podem dar azo à extinção das próprias licenças: constam dos artigos 40.º a 43.º.

5. Empresas associadas

I. A Lei Angolana reserva para entidades nacionais a exploração do petróleo. Mais precisamente, ela fica reservada para a Concessionária Nacional, isto é, para a Sonangol.

Esta pode operar sozinha, altura em que o Governo lhe atribuirá, diretamente, a competente concessão, por Decreto publicado (44.º/1).

Mas pode preferir associar-se a terceiras entidades, para esse efeito (44.º/2). Tais terceiras entidades são as empresas associadas.

II. A qualidade de operador associada da Concessionária Nacional só pode ser atribuída a (45.º/1):

(…) sociedades comerciais que façam prova de idoneidade e capacidade técnica e financeira para o exercício das operações petrolíferas na área da concessão respetiva.

A lei refere "sociedades comerciais". Afigura-se, todavia, que podem ser admitidas entidades diversas, como empresas públicas, ou entidade de qualificação por vezes controversa, como cooperativas. De resto, o facto de poderem estar em causa entidades estrangeiras logo recorda que às leis estrangeiras em causa caberá definir a exata natureza das visadas. Desde que idóneas e competentes, tal matéria não interessa aos objetivos da Lei Angolana.

III. A seleção do associado, como foi referido, deve ser feita por concurso público (44.º/3). Na verdade, quando haja concurso, o Estado Angolano pode recolher uma tripla ordem de vantagens:

– escolhe a mais capaz: perante várias candidaturas ordenadas, tal escolha é mais fácil e clara;
– tira partido da concorrência: em face de um concurso, os interessados serão naturalmente levados a majorar as suas condições, com vantagem para a adjudicante;
– legitima as suas decisões: perante a opinião pública, quer interna quer externa, as escolhas serão transparentes e adequadas.

Pode, todavia, justificar-se a negociação direta. Assim sucederá quando o concurso fique deserto, quando não conduza a resultados satisfatórios ou quando haja razões para supor que os concorrentes estavam conluiados. Sobre negociação direta dispõe o artigo 44.º/4. Quer o concurso público (46.º), quer a negociação direta (47.º) estão previstos na Lei.

III. A associação de uma empresa à Concessionária Nacional pode operar por várias vias. O artigo 14.º/2 elenca:

a) sociedade comercial;
b) contrato de consórcio;
c) contrato de partilha de produção.

O contrato de partilha de produção traduz uma parceria tipicamente petrolífera. Dá azo a uma associação menos institucionalizada e mais flexível. Em regra, é utilizada na fase em que os Países produtores ainda não disponham dos meios materiais e humanos e de *know how*.

IV. Ultrapassada essa fase, temos associações mais institucionalizadas: a sociedade comercial, participada pela Sonangol e pela entidade a ela associada e o consórcio, entre a mesma Sonangol e a entidade em questão. Em qualquer dos casos, a Sonangol deve deter, em regra, o controlo da associação em causa (15.º/1). Admite-se que, em casos devidamente fundamentados, a Concessionária Nacional possa quedar-se por posições minoritárias (15.º/2).

A transmissão das posições contratuais das empresas associadas só é possível a favor de terceiros de comprovadas idoneidade e capacidade técnico-financeira, e precedendo autorização da Tutela (16.º/1).

Em qualquer dos casos, a Concessionária mantém o direito de participar na direção das operações petrolíferas (17.º).

V. O estatuto de empresa associada implica, como foi adiantado e como abaixo será desenvolvido, a aplicação de uma série de regras do maior relevo.

Deste modo, a Lei Angolana, embora não disponha sobre a estrutura e a natureza de tais empresas, acaba por modelá-las em termos funcionais. Impõe-lhes um conjunto particular de direitos e de deveres, que lhes dão uma identidade e especificamente petrolífera.

6. Prestadoras de serviços

I. O artigo 14.º/3 permite, à Concessionária Nacional, o exercício de operações petrolíferas através de contratos de serviços com risco.

II. A matéria não é desenvolvida na Lei das Atividades Petrolíferas. Foi intenção do legislador deixá-la ao abrigo do contrato geral de prestação de serviço, especificando, todavia, que o risco corre por conta do prestador: um princípio geral patente no artigo 18.º.

III. Aos contratos de serviços haverá que aplicar, por via do artigo 1156.º do Código Civil, o regime do contrato de mandato. A natureza funcionalizada de toda esta matéria leva, no entanto, a que se proceda sempre com as necessárias adaptações. Aquilo que tenha sido expressamente clausulado é determinante, nos termos gerais dos artigos 405.º/1 e 406.º/1, do Código Civil.

III – Em especial: os consórcios

7. Noções básicas; Direito comparado

I. O artigo 14.º/2, b), admite que a associação de empresas à Concessionária Nacional possa operar através de um contrato de consórcio. O consórcio dispõe, no Direito angolano, do regime geral adotado pela Lei n.º 19/03, de 12 de Agosto.

Embora os contratos de consórcio prefigurados no referido preceito legal não tenham, necessariamente, de se submeter à Lei Angolana, afigura-se do maior interesse conhecer, concretamente, o regime em jogo. Dá-nos uma ideia mais clara desta particular forma de empresa petrolífera.

II. A figura do consórcio tem ascendência romana. Em Gaio, por exemplo, apareciam referências ao *consortium* como traduzindo formas de organização entre várias pessoas, com objetivos comuns[1].

A revolução industrial, com a tendência conhecida para a concentração ou simples junção de empresas, ditadas por necessidades económicas[2], provocou um incremento no domínio dos consórcios[3]. Hoje, pode considerar-se que, para além de dimensões jurídicas, o consórcio apresenta uma faceta social e económica[4] que explica o seu aparecimento nas mais diversas sociedades e no próprio plano internacional.

Apesar de quanto ficou dito, seria tentativa vã o procurar retirar de puras considerações económicas ou sociológicas o regime do consórcio ou, mesmo, a sua própria autonomização. As evidentes necessidades económicas que dão, ao consórcio, uma particular oportunidade, são comuns às diversas manifestações de associativismo com finalidades comerciais e industriais. Convém recordar, a tal propósito, que um Autor versátil como Francesco

---

[1] Vide PAOLO FREZZA, *"Consortium"*, NDI III (1938), 952-953.

[2] Merece uma especial referência o escrito, hoje clássico, de VITTORIO SALANDRA, *Il diritto delle unioni di imprese (consorzi e gruppi)* (1934), especialmente pp. 5 ss., com a importante recensão de TULLIO ASCARELLI, *Le unioni di emprese*, RDComm XXXIII (1935), I, 152-184.

[3] GIUSEPPE AULETTA, *Consorzi commerciali*, NDI III (1938), 956-966 (956).

[4] Cf. GIANNANTONIO GIUGLIELMETTI, *Consorzi industriali*, NssDI IV (1959), 269-284 (270-271).

Carnelutti incluía o consórcio dentro duma noção ampla de sociedade[5], enquanto Emilio Betti, elevando o consórcio a escopo último, apresentava certas sociedades como um modo de o prosseguir[6]. Estes quadros foram, pelo menos num campo técnico, superadas pela evolução legislativa posterior; mantêm, contudo, um interesse inegável para o conhecimento da figura. Decisivo para o regime do consórcio acaba por ser a lei concretamente aplicável.

III. Procurando ilustrar a relevância da lei em causa, cabe inserir uma breve nota de Direito comparado.

A ciência comparatística permite documentar uma grande diversidade de figuras tecnicamente distintas, todas destinadas a prosseguir interesses económicos, com recurso à conjugação de esforços de várias entidades. Para além das manifestações societárias, cada vez mais especializadas nos diversos ordenamentos[7], podem referenciar-se várias figuras ilustrativas.

Assim, no Direito alemão, aparecem algumas formas de concatenação de empresas, setor do Direito das uniões das empresas[8], às quais os comunitaristas prestam cuidada atenção[9], outro tanto sucedendo com os estudiosos do Direito da economia[10] e do Direito da concorrência[11]. Toda esta rica problemática, cuja atualidade se estendeu perante as exigências comunitárias

---

[5] FRANCESCO CARNELUTTI, *Natura giuridica dei consorzi industriali*, RDComm XXXVII (1939), I, 1-14 (13-14).

[6] EMILIO BETTI, *Società commerciale costituita per finalità di consorzi*, em anotação a Milão, 7-Nov.-1940, RDComm XXXIX (1941), II, 335-341 (337). Esta mesma decisão foi objeto de outra importante anotação: REMO FRANCESCHELLI, *Consorzi costituiti in forma di società per azione*, RDComm XXXIX (1941), II, 73-81.

[7] Por todos, GÖTZ HUECK/CHRISTINE WINDBICHLER, *Gesellschaftsrecht*, 20.ª ed. (2003), 3-4.

[8] HERBERT WIEDEMANN, *Gesellschaftsrecht/Ein Lehrbuch des Unternehmen- und Verbandsrechts*, I – *Grundlagen* (1980), 102 ss., com especial referência a *joint ventures*. KARSTEN SCHMIDT, *Gesellschaftsrecht*, 4.ª ed. (2002), 94, fala em *Gemeinschaftsunternehmen*.

[9] ERNST-JOACHIM MESTMÄCKER, *Europäisches Wettbewerbsrecht* (1974), 284 ss. e 431 ss..

[10] WOLFGANG FIKENTSCHER, *Wirtschaftsrecht* ¹(1983), 121, 166 e 614 ss., onde podem ser confrontadas várias modalidades, bem como o 2º vol., *Deutsches Wirtschaftsrecht* (1983), 319 ss..

[11] FRITZ RITTNER, *Einführung in das Wettbewerbs- und Kartellrecht*, 2.ª ed. (1985), 166 ss..

da concorrência, não está aqui em causa, salvo alusões necessárias; não se joga, contudo, uma fórmula jurídica específica.

No Direito anglo-saxónico ocorre a figura dos *joint ventures*[12], próximos, nalgumas das suas manifestações, dos consórcios latinos.

No Direito francês, por fim, observa-se uma inexistência específica de regras dirigidas a contratos de cooperação entre as empresas, regulados, deste modo, pelos princípios gerais[13], lado a lado com a figura, já mais rígida, dos agrupamentos de interesses económicos, dotados de personalidade jurídica[14].

No Direito italiano aparece, efetivamente, a figura do consórcio: terá sido a experiência inspiradora do legislador de 1981.

8. O Direito angolano; influências decisivas

I. O Direito angolano, através da Lei n.º 19/03, de 12 de Agosto, define o consórcio como (artigo 12.º/1):

(...) o contrato pelo qual duas ou mais pessoas, singulares ou coletivas, se obrigam entre si a, de forma concertada e temporária, realizar certa atividade ou efetuar certa contribuição, com vista, nomeadamente, a: (...)[15].

---

[12] Cf. RAÚL VENTURA, *Primeiras notas sobre o contrato de consórcio*, ROA 41 (1981), 609-690 (617 ss.), ANDREA ASTOLFI, *Il contratto internazionale di "joint venture"*, RSoc 22 (1977), 809-902 e RONALD C. WOLF, *International Joint Venture*, 2.ª ed. cit., 3 ss.. No Direito uniforme norte-americano, cf. TATELBAUM/PEARSON, *Manual of Credit and Commercial Laws*, 91.ª ed. (1999), 2.1. ss..

[13] Assim, FRANCISCO LEFEBVRE, *Les contrats de coopération inter-entreprises* (1974), 50 ss..

[14] RENÉ RODIÈRE/BRUNO OPPETIT, *Droit Commercial/Groupements Commerciaux*, 10.ª ed. (1980), 357 ss.. Com vários elementos de Direito comparado, cf. CHRISTIAN MOLLER-GUGENBERGER, *Gesellschaft – Société und Groupement als Rechtsformen zur Unternehmenskooperation* (1976), 102 ss..

[15] Artigo 1º. Uma anotação ao artigo 12.º da Lei portuguesa, paralelo ao preceito angolano, pode ser confrontada em RAÚL VENTURA, *Primeiras notas sobre o contrato de consórcio* cit., 631-643.

Por seu turno, as alíneas subsequentes apontam como possíveis atividades do consórcio:

a) realização de atos materiais ou jurídicos, preparatórios quer de um determinado empreendimento ou atividade;
b) execução de determinado empreendimento ou atividade;
c) fornecimento a terceiros de bens ou serviços, iguais ou complementares entre si, produzidos por cada um dos membros do consórcio;
d) pesquisa ou exploração de recursos naturais;
e) produção de bens que possam ser repartidos, em espécie, entre os membros do consórcio[16].

II. Esta noção apresenta-se bastante elaborada e equivale, no essencial, a uma receção de correspondente fórmula italiana, contida no artigo 2602.º do Código Civil de 1942[17] e que também inspirara o Decreto-Lei português n.º 231/81, de 28 de Julho. Por isso se compreende o especial interesse que o conhecimento da doutrina e da jurisprudência italianas apresenta para a aplicação do Direito angolano, no tocante a consórcios.

O Direito italiano anterior a 1942 conhecia a figura do consórcio[18], referenciando-se nela, várias modalidades já bem tipificadas, com regras e perfis próprios[19]. Os autores recorriam às regras gerais sobre contratos[20].

---

[16] *Idem*, 643-648.

[17] Esse preceito foi alterado pela Lei n.º 377, de 10-Mai.-1976, abaixo referida; cf. TRIOLA, *Codice civile annotato*, 3.ª ed. (2003), 2335.

[18] Assim, além dos já citados trabalhos de CARNELUTTI, *Natura giuridica dei consorzi industriali*, de REMO FRANCESCHELLI, *Consorzi costituiti in forma di società per azione*, de EMILIO BETTI, *Società commerciale costituita per finalità di consorzio*, de AULETTA, *Consorzi commerciali* e de SALANDRA, *Il diritto delle unioni di imprese*, refiram-se LUIGI RAGGI, *Consorzi*, NDI III (1938), 953-956, bem como a anotação à Corte d'Appello di Milano 11-Jan.-1934, FI 1934, I, 1113-1116, assinalada G.F.. Tem ainda o maior interesse confrontar TULLIO ASCARELLI, *Riflessioni in tema di consorzi, mutue, associazioni e società*, incluído nos *Saggi di diritto commerciale* (1955), 273-323 (301).

[19] Por exemplo: LUIGI RAGGI, *Consorzi di comuni*, NDI III (1938), 966-968, e *Consorzi obbligatori*, idem, 976-978, CARLO PETROCCHI, *Consorzi di utenze d'acque pubbliche*, idem, 968-971, ANTONINO VITALE, *Consorzi idraulici*, idem, 971-976 e *Consorzi portuale*, idem, 993-995 e MICHELE CARLO ISACCO, *Consorzi stradali*, idem, 978-993.

[20] GIUSEPPE AULETTA, *Consorzi commerciali* cit., 961.

Ascarelli, com a sua especial autoridade, negava autonomia e identidade ao consórcio, dada a multiplicidade das figuras que se lhe abrigavam[21].

III. O vigoroso movimento científico que conduziu à codificação civil de 1942 – a qual, como é sabido, abrange o Direito comercial e o Direito do trabalho – permitiu precisar melhor a noção de consórcio.

Deste modo, a definição retirada do artigo 2602.º do Código Civil, versão inicial, apresentava o consórcio como:

> (...) uma associação de pessoas singulares ou coletivas, livremente criada ou obrigatoriamente imposta, para satisfação em comum de necessidades de estas pessoas[22].

Havia duas orientações clássicas de consórcio que deixaram marcas impressivas no instituto, até aos nossos dias. Uma, presente em Giuseppe Auletta[23], que via no consórcio um modo de regular a concorrência e outra, apoiada por Franceschelli[24], que propugnava por um esquema destinado a melhor prosseguir certa produção.

O *Codice* não tomou posição definitiva: como tem sido observado, a definição legal era suficientemente ampla para abarcar, como objetivo, quer uma obra ou prestação comum, quer a regulação de relações entre os consorciados[25].

IV. Amparada agora numa sólida referência legal, a ideia de consórcio desenvolveu-se, vendo multiplicadas as suas aplicações específicas[26].

---

[21] TULLIO ASCARELLI, *Riflessioni in tema di consorzi* cit., 301.

[22] GIUSEPPE FERRI, *Consorzi (Teoria generali e consorzi industriali)*, ED IX (1961), 371-389 (371). Cf. GIANNANTONIO GIUGLIELMETTI, *Consorzi industriali* cit., 272.

[23] G. AULETTA, *Consorzi commerciali* cit., 956 ss..

[24] R. FRANCESCHELLI, *Consorzi per il coordinamento della produzione e degli scambi*, 2.ª ed., no *Commentario del Codice Civile* de A. SCIALOJA e G. BRANCA, Liv. V – *Del lavoro*, art. 2602-2640 (1970), 1-157 (5 ss., 35 ss. e *passim*).

[25] FERRI, *Consorzi* cit., 372. Em geral, cumpre referir LUIGI FILIPPO PAOLUCCI, *Consorzi e società consortili nel diritto commerciale*, no DDP/SCom, III vol. (1990), 433-447.

[26] Como meros exemplos ilustrativos, podem citar-se os seguintes títulos: MARIO BANDINI, *Consorzi agrari*, NssDI IV (1959), 247-250, GIUSEPPE STANCANELLI, *Consorzi*

Um melhor esclarecimento efetivo da figura – embora a doutrina sempre chamasse a atenção para a escassez de jurisprudência[27] – está na origem duma reforma surgida em 1976. Através da Lei n.º 377, de 10 de Maio desse ano, o artigo 2602.º do Código Civil Italiano recebeu nova redação[28].

Diz agora esse preceito:

> Com o contrato de consórcio vários empresários instituem uma organização comum para a disciplina ou para o desenvolvimento de determinadas fases da respetiva empresa.

Houve um alargamento da figura, apontado por todos os comentadores do instituto e que frutificaria, aliás, em numerosas aplicações mais ou menos aparentadas[29]. Mas houve também e sobretudo: um centrar do instituto num significativo elemento: o da organização[30].

---

amministrativi, idem, 250-254, e *Consorzi stradali*, idem, 285-290, CARLO PETROCCHI, *Consorzi di bonifica integrale*, idem, 254-261 e *Consorzi per l'uso delle acque*, idem, 290-294, ELIO GIZZI, *Consorzi fra enti pubblici*, idem, 261-265, ANTONINO VITALE/CARLO PETROCCHI, *Consorzi idraulici*, idem, 265-269, LUIGI ACROSSO, *Consorzi in agricoltora*, ED IX (1961), 389-408, GIOVANNI MIELE/GIUSEPPE STANCANELLI, *Consorzi amministrativi*, idem, 408-414 e MARCELLO BERNARDI, *Consorzi fra enti locali*, idem, 414-425.

[27] Assim, ASCARELLI, *Reflessioni in tema di consorzi* cit., 273.

[28] *La nuova disciplina dei consorzi*, RSoc 21 (1976), 729-735, GIORGIO MARASA, *Prima valutazioni sulla nuova normativa in tema di consorzi*, RDCiv XXIII (1977), II, 524-552, ERNESTO SIMONETTO, *Consorzi/Primi appunti sulla Legge 10 Maggio 1976, n° 377*, RSoc 22 (1977), 785-808 e GIANNANTONIO GIUGLELMETTI, *Consorzi e società consortile*, NssDI/*Appendice*, vol. II (1981), 488-495 (488 ss.). Diversos elementos podem ainda ser confrontados em RESCIGNO, *Codice civile*, 6.ª ed. cit., 3715 ss..

[29] Como meros exemplos, retiram-se: BRUNETTO CARPINO, *Consorzi agrari*, NssDI/ *Appendice*, vol. II (1981), 479-481, ALBERTO ABRAMI, *Consorzi di bonifica integrale*, idem, 482-486, ELIO GIZZI, *Consorzi fra enti pubblici*, idem, 486-488, FRANCESCO GARRI, *Consorzi per l'uso delle acque*, idem, 497-498, FIORENZO DI PASQUALI, *Alcuni aspetti dell'attività dei consorzi di garanzia nell prassi del mercato azionario italiano*, Riv. della Società 30 (1985), 14-61 e, ainda que noutro domínio, ALBERTO CRESPI, *Disposizioni penale in materia di società e di consorzi*, RSoc 31 (1986), 70-111. Cite-se, também, GIAN DOMENICO MOSCO, *I consorzi tra emprenditori*, cit. em RSoc 30 (1985), 1543-1444, com recensão.

[30] Além dos referidos, em especial, GIORGIO FORNASIERO, *Organizzazione e intuitus nelle Società* (1984), 175 e 178.

Estas considerações são tendencialmente válidas para a realidade jurídica portuguesa.

9. Regime vigente

I. O consórcio, tomado como tipo contratual, pode ser comodamente ponderado com recurso à explanação dos seus elementos.

A definição legal requer, em primeiro lugar, duas ou mais pessoas singulares ou coletivas[31]. A pluralidade de sujeitos liga-se à natureza contratual da figura. Para além disso, a lei não põe limites máximos. Este ponto, embora simples, tem relevância por permitir concluir que o consórcio desaparece quando se perca tal pluralidade, desde que, nos termos gerais, possa operar a confusão – artigo 868° do Código Civil – e sem prejuízo de terceiros – artigo 871°/1, do mesmo diploma.

II. As pessoas em causa devem exercer uma atividade que se supõe económica[32]. Visa-se acentuar a natureza basicamente lucrativa e, daí, comercial, da figura. Parece, contudo, que não se colocam dúvidas no tocante à possibilidade de, através da autonomia privada, se poder utilizar o consórcio num sentido puramente civil: mas ele terá sempre um teor oneroso, por oposição a gratuito.

As pessoas interessadas no contrato vão obrigar-se, pelo consórcio, a agir de forma concertada: postula-se uma organização comum[33]. Trata-se de um ponto decisivo porquanto possibilita a qualificação do consórcio como um contrato de organização – por oposição a contrato de aquisição, de serviços, etc.[34]. As partes apresentam-se, nele, com interesses comuns

---

[31] LUIGI RAGGI, *Consorzi* cit., 953 e RAÚL VENTURA, *Primeiras notas* cit., 633.

[32] GIUGLIELMETTI, *Consorzi industriali* cit., 272; a Lei angolana, ao contrário da portuguesa, não exige expressamente a natureza económica da atividade do consórcio.

[33] GIUGLIELMETTI, *Consorzi industriali* cit., 273, FERRI, *Consorzio* cit., 373 e FRANCESCHELLI, *Consorzi* cit., 46; nesse sentido, já AULETTA, *Consorzi commerciali* cit., 959 e, depois da reforma de 1976, SIMONETTO, *Consorzi* cit, 791 e MARASA, *Prime valutazioni* cit, 538.

[34] GIORGIO FORNASIERO, *Organizzazione e intuitus* cit., 178.

e não contrapostos[35]. Este aspeto, como será aludido mais detidamente, é determinante em todo o regime do contrato.

III. A concertação referida reporta-se ao desenvolvimento de certa atividade ou à efetivação de certa contribuição. Ficam contornados os consórcios puramente passivos, em que uma das partes se adstringiria, simplesmente, a não concorrer com a primeira. Esses elementos – a atividade e/ou a contribuição – são devidos por cada um dos consorciados, sempre com subordinação à ideia de "concatenação".

Deve ainda frisar-se que o contrato visa um dos objetivos do artigo 12.° da Lei n.° 19/03, de 12 de Agosto. Apesar de limitativa, a lista desse preceito é bastante lata. Adiante-se um ponto do maior relevo: o objetivo – qualquer que ele seja – é comum ou tem um nível comum de integração[36]. Assim se reforça, num plano teleológico repercutido em todo o regime, quanto acima foi dito sobre a organização comum[37].

IV. Por determinação legal, os contratos de consórcio devem ser celebrados por escrito, requerendo-se a escritura quando estejam envolvidos imóveis – artigo 13.°/1. As partes têm larga liberdade de estipulação, nos termos gerais.

As modificações ao contrato, a adotar pela forma utilizada para a sua celebração inicial, devem ser aprovadas por todos os contraentes, salvo quando o próprio contrato preveja outra fórmula (artigo 14.°, da Lei n.° 19/03).

---

[35] Quanto a essa importante categoria, VITTORIO SALANDRA, *Il contratto plurilaterale e la società di due soci*, RTDPC III (1949), 836-843 (839), ITALO UBERTI-BONA, *Questioni in tema di cointeressenza fra imprenditori*, RDComm 51 (1953), I, 128-146 (142 ss.) e DISIANO PREITE, *Il conflitto di interessi del socio tra codice e disciplina del mercato mobiliare*, RSoc 33 (1988), 361-470 (368 ss.).

[36] FORNASIERO, *Organizzazione e intuitus* cit, 181.

[37] A RPt 17-Out.-1996 (MANUEL RAMALHO), BMJ 460 (1996), 803, entendeu que havia consórcio perante um contrato escrito entre uma sociedade e uma pessoa singular em que aquela se compromete a construir em terreno fornecido por esta certos edifícios para vender, suportando os custos; os lucros seriam divididos por ambos.

V. Numa contraposição mais ou menos valorizada na doutrina estrangeira[38], a lei angolana distingue, com clareza, o consórcio interno do externo – artigo 15,°, da Lei n.° 19/03):

– no consórcio interno as atividades ou os bens são fornecidos a um dos membros do consórcio e só este estabelece relações com terceiros ou, então, tais atividades ou bens são fornecidos diretamente a terceiros por cada um dos membros do consórcio, sem expressa invocação dessa qualidade[39];
– no consórcio externo, as atividades ou os bens são fornecidos a terceiros por cada um dos consorciados, com invocação expressa dessa qualidade[40].

Contra o que poderia resultar de uma leitura mais apressada dos textos legais, o consórcio externo não se distingue do interno por, ao contrário deste, produzir efeitos perante terceiros. A fronteira reside no facto de, no consórcio externo, se assistir a um reforço do elemento organizativo.

VI. A lei angolana, dado o peso da organização no domínio do consórcio, regulou essa matéria no artigo 16.°, relativo ao chefe do consórcio e ao conselho de orientação e fiscalização. O artigo 26.° proíbe os fundos comuns).

Os deveres dos consorciados, nas dimensões da proibição da concorrência e da prestação de informações, são explicitados – artigo 17.° – surgindo ainda regras no tocante à repartição dos valores recebidos pela atividade nos consórcios internos e à participação em lucros e perdas – artigo 24.°. A denominação vem predisposta no artigo 21.° e as relações com terceiros no 25.°. Todos estes preceitos têm em comum o serem supletivos, numa

---

[38] Cf. GIUGLIELMETTI, *Consorzi industriali* cit., 278, FORNASIERO, *Organizzazione e intuitus* cit., 177 e RAÚL VENTURA, *Primeiras notas* cit., 651 ss..

[39] Cf. RLx 16-Abr.-1996 (JOAQUIM DIAS), CJ XXI (1996) 2, 94-96 (95/II e 96/I).

[40] Hipóteses de consórcios externos podem ser confrontados, na jurisprudência portuguesa, em RCb 19-Jan.-1995 (DANIEL ALMADA), CJ XX (1995) 2, 48-51, em STJ 22-Mai.-1996 (VICTOR DEVESA), CJ/Supremo IV (1996) 2, 262-266 (265/II), STJ 24-Fev.-1999 (SILVA PAIXÃO), CJ/Supremo VII (1999) 1, 124-125 (124/I) e em STJ 18-Jun.-2002 (PINTO MONTEIRO), Proc. 02A637.

ocorrência que deverá ser confirmada caso a caso, perante a própria lei e em face dos princípios gerais.

VII. A denominação do consórcio externo tem regras. Segundo o artigo 21.º/1 da Lei n.º 19/03, os seus membros podem juntar os seus nomes, firmas ou denominações sociais, com o aditamento "Consórcio de ..." ou "... em consórcio", sem prejuízo de apenas ser responsável perante terceiros quem assine os contratos.

A propósito da denominação do consórcio, pôs-se um problema que animou a jurisprudência portuguesa e que pode ter interesse em Angola.

Um determinado regulamento veio estabelecer um consórcio entre os (então) CTT e TLP denominando-o *Transdata – CTT e TLP em consórcio*. A RLx 8-Mai.-1990 entendeu que isso não era possível: a locução *"Transdata"* estaria a mais, podendo induzir terceiros de que haveria uma entidade *a se*[41]; este acórdão foi revogado pelo STJ 23-Mai.-1991, não unânime, que teve opção inversa: mau grado a presença da locução *"Transdata"*, não haveria perigo de confusão por se acrescentar *"em consórcio"*; além disso, o artigo 15.º/1 em causa não diz "os mesmos *só* podem fazer-se designar, juntando todos os seus nomes ..."[42].

A orientação da Relação de Lisboa e do Conselheiro vencido no Supremo parece-nos corresponder melhor ao entendimento da lei: admitir uma denominação para o consórcio que transcenda a soma das denominações das partes, equivale a publicitar uma entidade independente tanto mais que, no giro comercial, esse *plus* tenderá a prevalecer. O princípio da verdade das firmas e das denominações deve, também aqui, levar a melhor.

Prevalecerá, pois, a interpretação teleológica e integrada do artigo 21.º/1, da Lei n.º 19/03.

VIII. Deve ficar claro que, quanto às posições dos contratantes, toda esta regulamentação é apenas um modelo que a lei põe à disposição das partes.

---

[41] RLx 8-Mai.-1990 (Sousa Inês), CJ XV (1990) 3, 110-112 (111/I).
[42] STJ 23-Mai.-1991 (Pereira da Silva; vencido: Roger Lopes), BMJ 407 (1991), 571-577 (574).

Estas, nos termos do artigo 405° do Código Civil, dispõem de plena liberdade contratual: podem, designadamente, celebrar consórcios "atípicos", acrescentar cláusulas suas ao modelo legal ou afastar soluções legais supletivas.

10. Problema da repartição dos ganhos e perdas

I. Num consórcio, as partes concertam-se para desenvolver determinada atividade económica. Pergunta-se se elas poderão ajustar uma repartição abstrata dos ganhos e das perdas.

O consórcio não tem personalidade jurídica. Assim sendo, a contratação com terceiros é feita em nome de algum ou alguns dos consorciados. Pode algum consorciado, que não tenha contratado diretamente com terceiros, ser chamado a receber lucros ou a suportar prejuízos?

II. Estamos no domínio patrimonial privado. Todos os direitos em jogo no consórcio são plenamente disponíveis. Não há nenhuma regra, no Direito angolano, que proíba estabelecer regimes de solidariedade passiva ou ativa, isto é: regimes nos quais uma mesma dívida passe a ser exigível, por inteiro, a um único de vários condevedores ou um mesmo crédito a ser liberatoriamente pagável a um único de vários co-credores. A lei não prescreve, todavia, nenhuma solidariedade; nem ativa, nem passiva[43]. Apenas não proíbe que as partes, ao abrigo da sua autonomia privada, o façam.

Assim sendo, é perfeitamente possível estabelecer regras de responsabilidade limitada, aquém da solidariedade pura: por exemplo, pode-se contratar que uma entidade responda até 30% de determinada dívida. De igual modo se poderá combinar que uma entidade possa receber, em termos liberatórios, até 30% do crédito.

III. No que toca às relações internas entre as partes: é totalmente viável que duas pessoas ajustem entre si uma certa repartição de esforços ou de lucros, num negócio para o qual ambas tenham contribuído.

---

[43] Só quem, concretamente, celebre contratos com terceiros, responde: RCb 19-Jan.-1995 cit., CJ XX, 2, 48-51 (acidente de trabalho), confirmado por STJ 22-Mai.-1996 cit., CJ/Supremo IV, 2, 265/II e STJ 24-Fev.-1999 cit., CJ/Supremo VII, 1, 125/II.

Deve ficar claro que tal repartição de lucros e de perdas nada tem a ver com o estabelecimento de uma pessoa coletiva[44]. Trata-se dum fenómeno corrente, que a todo o momento se verifica em situações de compropriedade.

Não é a comunhão em lucros e em prejuízos que dá azo à personalidade coletiva, como o mostra o regime das sociedades civis sob forma civil: estas, de acordo com a doutrina dominante, não têm sempre personalidade jurídica plena. Para haver pessoa coletiva, é determinante o reconhecimento jurídico, o qual surge não pela comunhão em lucros e prejuízos mas, antes, por uma determinada organização formal.

IV. No caso do consórcio, todas estas noções recebem plena confirmação.

Pelo contrato de consórcio, as partes obrigam-se a efetuar determinada contribuição para certos objetivos – artigo 12.º da Lei n.º 19/03, de 12 de Agosto. Logo, podem sofrer prejuízos.

Se a contribuição for percentualmente definida, os prejuízos do consorciado serão uma percentagem dos prejuízos totais.

Por outro lado, os valores a receber de terceiros – e que darão eventualmente lugar a lucros – podem, nos termos do contrato de consórcio, ser repartidos entre as partes, de acordo com uma distribuição diferente da que resultaria das relações diretas com terceiros em causa – artigo 4.º/1, por remissão do artigo 24.º da Lei n.º 19/03. Esta hipótese não se esgota na possibilidade de se fixar uma remuneração para o chefe do consórcio. Os valores em causa podem, materialmente, ser recebidos por um único dos consorciados que, depois, fará a repartição pelos outros, bastando, para tanto, que o contrato lhe confira os necessários poderes, como resulta do artigo 16.º da citada Lei.

V. A proibição de fundos comuns estabelecida no artigo 26.º da Lei n.º 19/03, nada tem a ver com a repartição dos lucros e perdas. Ela apenas visa facilitar a definição das relações entre as partes, remetendo-as para o artigo 1167º, *a*), do Código Civil, relativo ao mandato.

---

[44] REv 5-Fev.-1998 (GAITO DAS NEVES), CJ XXIII (1998) 1, 267-270 (269/I), explicando que seria absurdo obrigar as pessoas interessadas em cooperar a instituir sociedades.

Por muito ténue que seja a organização pressuposta pelo consórcio, ela ainda será alguma. Havendo organização, é totalmente razoável esperar que as partes incorram numa quota de esforço e percebam uma quota de vantagens. Seria impensável que a lei o viesse proibir.

11. O termo do consórcio

I. O consórcio dá lugar a uma situação jurídica duradoura. Como tal, torna-se necessário fixar esquemas de cessação, sem o que ela tenderia a eternizar-se no tempo.

Vigora pois a regra de que, salvo quando a lei disponha de outro modo, os contratos não se destinam a ser perpétuos. No entanto, tem-se assistido a uma certa evolução no sentido do reforço da estabilidade dos consórcios: jogaram as necessidades económicas e sociais que ditaram o aparecimento da figura, bem como a conveniência em alargar a autonomia das partes.

Assim, a reforma italiana de 1976 suprimiu a regra de que os consórcios não poderiam ter durações superiores a 10 anos[45].

II. A lei angolana sobre consórcios distinguiu, no tocante à sua cessação, três modalidades[46]:

– a exoneração dos seus membros;
– a resolução do contrato;
– a extinção do consórcio.

Estas modalidades, tratadas nos seus artigos 18.º, 19.º e 20.º, têm o maior interesse, uma vez que são específicas deste tipo contratual: elas não correspondem inteiramente à teoria geral dos contratos.

---

[45] Cf. GIUGLIEMETTI, *Consorzi e società consortile* cit., 490 e FRANCESCHELLI, *Consorzi* cit, 74 ss.. Quanto às modificações sofridas pelo regime italiano do consórcio, cf. PAOLUCCI, *Consorzi e società consortili* cit, 433 e *passim*.

[46] Quanto ao Direito italiano, aqui sempre tão presente, cf. FERRI, *Consorzio* cit, 382 e AULETTA, *Consorzi commerciali* cit, 963.

III. A exoneracão dos membros do consórcio corresponde a uma posição potestativa que o consorciado tenha de pôr cobro aos seus compromissos, excluindo-se do consórcio. Compreende-se que ela requeira uma particular justificação, seja ela:

– uma impossibilidade superveniente de realizar as suas obrigações, a qual terá de ser liberatória, nos termos gerais – portanto absoluta, objetiva e definitiva;
– um comportamento de um consorciado que traduza um incumprimento perante o outro bem como uma impossibilidade em relação, também, a outro membro, sem que seja possível utilizar o esquema da resolução.

Tal o sentido do artigo 18.°, nas duas alíneas do seu n° 1.

IV. A resolução equivale a uma posição potestativa que o consorciado tenha de excluir os outros do consórcio. Compreende-se que, pela sua gravidade, se requeira justa causa – artigo 19.°/1 – a qual pode, de acordo com o elenco desse mesmo preceito, ser subjetiva ou objetiva. Esse artigo exige "declarações escritas emanadas de todos os outros" [membros]: a jurisprudência admite, quando haja apenas dois elementos, que a resolução seja oral[47]. Parece bem: removidos problemas probatórios, mantém-se, sempre que possível pela letra da lei, a regra da consensualidade.

V. Finalmente, os cenários de extinção do consórcio alinham-se no artigo 20.° e englobam:

– a revogação – artigo 20.°/1, *a*): "O acordo unânime dos seus membros"[48];
– a caducidade – artigo 20.°/1, *b*), primeira parte (realização do objeto), *c*) (decurso do prazo) e *d*) (extinção da pluralidade de membros);
– a impossibilidade – artigo 20.°/1, *b*), segunda parte (objeto que se torna impossível).

---

[47] STJ português 23-Out.-1997 (MIRANDA GUSMÃO), CJ V (1997) 3, 94-97 (96/II).
[48] Assim: RLx 16-Abr.-1996 (JOAQUIM DIAS), CJ XXI (1996) 2, 94-96 (96/I).

Há um prazo supletivo de dez anos, prorrogável – 20.º/2 – e admitem-se ainda outras cláusulas de extinção

IV – Breve comparação com empresas estrangeiras

12. Aspetos gerais; a Exxon/MOBIL

I. Como complemento do Direito angolano das empresas petrolíferas e antes de passar a uma construção geral desse setor normativo, afigura-se de algum interesse uma breve comparação com empresas estrangeiras do setor.

O papel da comparação é, antes do mais, ilustrativo. Efetivamente, uma comparação mais aprofundada exigiria exposições alargadas entre as ordens jurídicas respetivas: uma tarefa, aqui, incomportável. Antecipamos, como conclusão, uma certa marcha para o Direito privado e para formas privadas de organização.

II. Tomando como exemplo de estatutos simples e sintéticos temos, em primeiro lugar, a (atual) Exxon Mobil Corporation. Trata-se de uma sociedade de Direito norte-americano, constituída em New Jersey, a 5 de Agosto de 1882. Os seus estatutos comportam dez artigos, ainda que, alguns, de assinalável extensão. Assim:

    I – Assembleia geral;
    II – Conselho de administração;
    III – Comissões do conselho de administração;
    IV – Membros;
    V – Departamentos e diretores;
    VI – Transmissão de ações;
    VII – Ano fiscal;
    VIII – Insígnia;
    IX – Alterações;
    X – Indemnizações.

III. Não temos, aqui, quaisquer especificidades derivadas do petróleo. Corresponde a uma técnica, muito valorizada, de dizer o menos possível, por forma a deixar grande latitude aos sócios.

13. A Saudi Aramco

I. A Aramco Saudita (Saudi Arabian Oil Company) é a companhia estatal do petróleo, da Arábia Saudita. Tem sido considerada como a sociedade mais valiosa do Mundo, com um valor estimado entre 2,2 e 7 triliões de dólares.

Na origem, a Aramco remonta a 1933. O Governo Saudita assinou, então, um contrato de concessão com a Standard Oil of California, para a prospeção e exploração de petróleo na Arábia. A Standard Oil constituiu uma subsidiária sua, a California-Arabian Standard Oil Co.. Em 1936, por falta de êxito, alienou 50% desta companhia à Texas Oil Company. Em 1938 foram feitas as primeiras descobertas, perto de Darham, em 1944, a California-Arabian Standard Oil Co. muda a sua designação para Arabian American Oil Company (Aramco). O capital desta foi diluído entre outras petrolíferas norte-americanas.

II. Em 1950, o Rei Abdul Aziz ibn Saud, sob ameaça de nacionalização, obteve, por acordo, uma divisão igualitária dos lucros. A sede passou de Nova Iorque para Darham. Após 1973 e até 1980, o Governo Saudita foi incrementando a sua participação na Aramco, até obter o seu controlo total.

Entretanto, sucessivas descobertas fizeram da Arábia Saudita o 1.º produtor mundial, o 1.º exportador mundial e a detentora das maiores reservas mundiais.

III. A Saudi Aramco é gerida por um conselho de administração, que dispõe de uma comissão executiva, presidida pelo veterano Khalid A. Al-Falih.

14. Elf Aquitaine/Total

I. A Elf Aquitaine remonta à Régie Autonome des Pétroles (RAP), à Société Nationale des Pétroles d'Aquitaine (SNPA) e ao Bureau de Recherches de Pétroles (BRP). Formaram-se com vista à exploração de um campo de gás na Aquitânia, sudoeste de França. Em 28 de Abril de 1967, várias empresas ligadas unificaram-se na Elf (Essence Lubrificants France). Após novas fusões, na Elf Aquitaine.

II. O Governo francês privatizou-a, conservando *golden shares*. Em 2000, fundiu-se com a Total Fina, dando lugar à Total, em 2003.

Estatutariamente, a Total surge como sociedade anónima, sem especificidades.

15. Petrobrás

I. A Petrobrás foi constituída em 3 de Outubro de 1953, pelo Presidente Getúlio Vargas. Correspondia a uma iniciativa do Estado, para concentrar em si o setor petrolífero, na sequência de uma campanha que adveio desde 1946, sob o lema "o petróleo é nosso". A sua instalação ficou concluída em 1954, recebendo do Conselho Nacional do Petróleo, as refinarias de Mataripe e de Cubatão.

Foi progredindo no tempo, em regime de monopólio, até à Lei n.º 9.478, de 1997.

II. A expansão da Petrobrás foi fenomenal, marcada por sucessivas descobertas ao longo da costa brasileira. O seu capital foi aberto em bolsa, ainda que se conservando o Estado como o maior acionista. Os ganhos em bolsa foram da ordem dos 1200%.

V – Princípios gerais do Direito das empresas petrolíferas

16. A construção de uma disciplina jurídica

I. A possibilidade de tratar o Direito das empresas petrolíferas enquanto disciplina jurídica autónoma depende de, na base das regras vigentes, ser possível construir princípios gerais dotados de relevância axiológica e normativa.

Recordamos que os princípios são parâmetros ou vetores de ordem geral, que surgem num número significativo de lugares normativos. Contrapõem-se às normas, nos pontos seguintes:

- os princípios obtêm-se por construção científica, lidando com todo o sistema jurídico; as normas advêm da interpretação das fontes e, *maxime*, da Lei;
- os princípios equivalem a simples proposições linguísticas, que veiculam um conteúdo valorativo; as normas analisam-se numa previsão e numa estatuição;
- os princípios podem contradizer-se, cabendo então verificar, em concreto, qual deva prevalecer; as normas não se contradizem: a nova revoga a velha; a especial predomina sobre a geral; ou ambas desaparecem, numa lacuna de colisão;
- os princípios podem ceder perante normas ou outros princípios.

II. Isto dito, verifica-se que os princípios têm grande utilidade prática. Designadamente, eles assume as funcionalidades seguintes:

- permitem ordenar e explicar a matéria, num ponto decisivo para a comunicação e a aprendizagem;
- são poderosos auxiliares na interpretação e na aplicação das normas;
- assumem um papel decisivo na concretização de conceitos indeterminados;
- funcionam como bússolas, aquando da integração de eventuais lacunas.

III. Uma disciplina tem efetiva autonomia dogmática quando seja possível apontar, nela, princípios valorativos autónomos. Toda a sequência de normas que se lhes sigam ganha uma coloração própria e justifica uma aprendizagem especializada.

Nestas condições, compreende-se o interesse teórico e prático que assume a busca de eventuais princípios próprios, no tocante ao Direito das empresas petrolíferas.

17. Prudência e adequação

I. A Lei Angolana das Atividades Petrolíferas, em obediência às preocupações personalistas e ambientalistas dos nossos dias, fixa o que consideramos um princípio de prudência e de adequação. O princípio em causa fica claro no artigo 7.º/2:

> As operações petrolíferas devem ser conduzidas de forma prudente e tendo em devida conta a segurança das pessoas e instalações, bem como a protecção do ambiente e a conservação da natureza.

Vamos encontrar afloramentos deste princípio nos artigos 21.º (regime do aproveitamento e recuperação dos jazigos), 22.º (zonas de segurança), 23.º (segurança e higiene no trabalho), 24.º (proteção ambiental) e 75.º (abandono de operações).

II. A prudência e a adequação apresentam utilidade, depois, na seleção de eventuais associados da Sonangol, na opção pela negociação direta e na composição dos diversos contratos que venham a ser celebrados.

Os poderes de fiscalização da Sonangol e do próprio Estado não deixarão de, no terreno, ter em especial conta esta dimensão básica da atual indústria petrolífera.

18. Estabilidade e confiança

I. No domínio das empresas petrolíferas, é da melhor gestão estabelecer relações estáveis e baseadas na confiança. Trata-se de conseguir garantias de conhecimento da realidade natural e humana que rodeia as iniciativas petrolíferas. Além disso, a empresa estavelmente ligada ao empreendimento terá mais cuidado com as iniciativas que tome, privilegiando o longo e o médio prazo ao lucro imediato.

A confiança mútua possibilita, ainda, um aligeiramento dos procedimentos fiscalizadores e sancionatórios, sempre incómodos, num prisma económico de eficácia.

II. A estabilidade e a confiança afloram no artigo 16.º (transmissão da posição contratual), 19.º/3 (mudança de operador). Também reconduzimos a este vetor as múltiplas regras que promovem ou que asseguram a confidencialidade de informações relevantes – 31.º/2, *a*) e 77.º – ou a sua imediata comunicação à Tutela (64.º/1).

III. Cumpre recordar que o princípio da boa-fé, oportunamente referido no artigo 89.º/1 como forma de, pelo consenso, ultrapassar os litígios, tem justamente a sua tónica na tutela da confiança legítima.

19. Assunção de risco

I. As regras gerais de distribuição do risco mandam que ele corra contra o beneficiário da situação atingida. Por duas razões:

– uma razão de justiça: uma vez que o sujeito considerado beneficia de certas utilidades, é justo que, contra ele, corra a eventualidade da sua supressão: *ubi commoda, ibi incommoda*;
– uma razão de praticabilidade: repercutir o risco numa esfera diferente da que, inicialmente, sofra o dano equivale a trabalhar com obrigações de indemnizar: sempre de difícil conceção e execução.

II. No domínio petrolífero, as especiais condições aí reinantes e a possibilidade, bem real, de serem faturados lucros significativos levam o legislador a concentrar o risco nos operadores privados.

Assim, o artigo 18.º faz correr o risco de aplicação dos investimentos, no período de pesquisa, pelas entidades que se associem à Sonangol.

Na mesma linha, a contagem do petróleo produzido precede o ponto de transferência da propriedade, o qual fica fora ou para além da boca do poço: as eventualidades subsequentes já não correm (apenas) pelo Estado.

III. As garantias exigidas às empresas associadas (artigo 32.º1) equivalem, também, à ideia de isentar o operador público de correr o risco da eventual inidoneidade das interessadas.

20. Fomento e progresso

I. Do ponto de vista do legislador angolano – e bem – o petróleo não representa, apenas, uma riqueza em si. Ele deve ser operado como um fator de progresso, quer em termos humanos, quer no que respeita aos setores económicos conexos.

Nesse sentido, podemos apontar preceitos como o artigo 26.º (fomento do empresariado angolano e promoção de desenvolvimento), o artigo 27.º (utilização de bens e serviços nacionais) e o artigo 31.º/2, *a*) (dever da associadas de participar nos esforços de integração, formação e promoção profissional de cidadãos angolanos).

II. A própria prospeção deve ser atuada em termos dinâmicos, ainda numa linha de progresso, desta feita mais diretamente material. Assim sucede no artigo 61.º (prospeção em áreas contíguas) e no artigo 64.º (utilização e desenvolvimento conjunto).

VI – Concretização na *governance*

21. Associação público/privada

I. Os princípios que enformam o Direito das empresas petrolíferas refletem-se na *governance* dos operadores: seja da Concessionária Nacional (a Sonangol), seja das empresas a ela associadas. Os reflexos são inúmeros: iremos, tão-só, sublinhar os mais visíveis.

II. Como primeiro ponto saliente temos o facto de a Lei Angolana ter configurado todo o edifício jurídico-petrolífero como uma área de eleição para associar interesses públicos e privados. E assim sucedeu desde o início: ocasião em que era dominante uma Filosofia favorável à estatização da economia. Podemos explicar esse fenómeno com o particular pragmatismo que envolve o universo do petróleo. Pretendem-se resultados adequados, em detrimento de discussões de princípios ou ideologias, sempre interessantes mas sem projeção imediata na eficácia.

III. A associação público/privada denota-se na técnica das licenças de prospeção e nas diversas vias para a associação de operadores à Concessionária Nacional. Ela deve ser efetiva: donde o artigo 17.º, segundo o qual:

A participação da Concessionária Nacional nas associações com terceiros deve incluir necessariamente o direito à participação na direção das operações petrolíferas, nos termos dos respetivos contratos.

A contratualização público/privada é, pois, um dado estruturante da *governance* petrolífera. De novo sublinhamos, a tal propósito, o artigo 89.º/1, com a remissão para a boa fé, enquanto bitola de resolução de conflitos.

22. Composição e organização da administração

I. O Conselho de Administração da Sonangol é composto por cinco administradores, nomeados pelo Conselho de Ministros, sob proposta conjunta dos Ministros dos Petróleos e das Finanças (14.º/1). Um deles será o Presidente do Conselho de Administração, constando a sua qualidade do ato de nomeação (14.º/2).

Aparentemente, para uma empresa com a dimensão e a envergadura da Sonangol, o Conselho de Administração é reduzido. Prevaleceu, provavelmente, uma dupla ordem de considerações:

– conseguir um órgão operacional, capaz de reunir com facilidade e de tomar decisões rápidas;
– tirar partido, depois, da organização interna e da técnica das deslegações, judiciosamente aplicada.

II. De facto, o artigo 16.º dos Estatutos da Sonangol, epigrafado "delegação de poderes", dispõe:

1. A delegação de poderes do Conselho de Administração pode ser feita:

   a) por designação de administradores delegados;
   b) por nomeação de responsáveis;
   c) por procuração para atos específicos.

O n.º 2 explicita que a delegação de poderes não prejudica a avocação da matéria delegada e tem limites no próprio ato de delegação e nos regulamentos da empresa.

III. A divisão de tarefas, dentro do Conselho, está expressamente prevista no artigo 17.º. O Conselho de Administração funciona, deste modo, como um pequeno Conselho de Ministros, em que cada Administrador responde pelo pelouro que esteja a seu cargo.

IV. Significativa ainda, no seio de uma companhia petrolífera, é a previsão de comissões técnicas, constante do artigo 18.º. Pode, ao abrigo deste preceito, o Conselho de Administração criar, sob a sua dependência e com a coordenação de alguns dos seus membros, as comissões técnicas e os órgãos de apoio que entender convenientes. Nomeará, então, os seus responsáveis e integrantes, definindo os seus poderes.

V. Quanto às reuniões: o Conselho de Administração reúne ordinariamente uma vez por mês e extraordinariamente sempre que convocado pelo seu presidente, por iniciativa deste ou a pedido do Conselho Fiscal ou da maioria dos seus membros (20.º/1). Podem participar nas reuniões, sem direito a voto, os membros do Conselho Fiscal ou outras pessoas especialmente convidadas. Em certos casos, é ainda obrigatória a presença dos diretores-gerais (21.º).

VI. As administrações das demais empresas petrolíferas seguiram o previsto nos respetivos estatutos e nas leis que se lhes apliquem.

Na medida em que elas contactem, juridicamente, com a realidade angolana, *maxime* celebrando contratos de associação com a Sonangol, elas ficam sujeitas às regras de atuação e de valoração próprias do Direito petrolífero.

23. Liberdade e tutela

I. O *management* da Sonangol dispõe de um naipe de poderes muito alargado. Aproxima-se, quiçá, da técnica britânica do *trust*.

Não encontramos, nos Estatutos da Sonangol, particulares limitações aos poderes do Conselho de Administração. O que bem se compreende: a Sonangol atua no mundo muito dinâmico e muito pragmático do petróleo. Deve ser capaz de decidir, com acerto e oportunidade, em cima do acontecimento: o que seria de todo impossível, caso houvesse que percorrer os corredores da burocracia comum.

II. Todavia, não se deve entender quanto foi dito como uma margem lata de arbitrariedade. As condicionantes da atuação do Conselho de Administração da Sonangol devem ser procuradas na Ordem Jurídica de Angola e, em especial, na Lei das Empresas Públicas e na Lei sobre Atividades Petrolíferas.

Todos os princípios que apurámos nesse domínio têm, aqui, aplicação. Torna-se possível discernir os horizontes de um verdadeiro Direito das empresas petrolíferas.

III. A tutela da Sonangol, EP, vem prevista na Lei das Empresas Públicas. O artigo 9.º dos Estatutos, aprovados pelo Decreto n.º 19/99, de 29 de Agosto, comete essa tutela ao Ministro dos Petróleos.

Será, pois, numa articulação entre a Sonangol, que representa a Filosofia empresarial e o Ministério dos Petróleos, que traduz a dimensão pública alargada do Estado que se irá exercer a dialética entre a liberdade e a tutela, por forma a conseguir um máximo de eficiência em todos os domínios.

VII – Concretização na *compliance*

24. A fiscalização comum

I. A Sonangol, enquanto vértice das empresas petrolíferas que atuam na constelação angolana, dispõe dos esquemas de fiscalização próprios das empresas públicas.

Os seus estatutos prevêem um Conselho Fiscal composto por três membros, nomeados por despacho conjunto dos Ministros dos Petróleos e das Finanças (23.º/1).

Desfruta das competências habituais para este tipo de órgão (24.º), cabendo, aos seus membros, os necessários deveres (27.º) e poderes (28.º).

II. Para além disso, operam o acompanhamento e a fiscalização levados a cabo pelo Ministério do Petróleo, enquanto entidade da tutela. São-lhe submetidas as diversas fórmulas atinentes a orçamentos e a contas. Além disso, ele tem múltiplas intervenções no desenvolvimento da atividade petrolífera, cabendo-lhe, como foi visto, atribuir licenças e concessões.

25. Níveis de aperfeiçoamento

I. No plano interno, cabe chamar a atenção para os níveis de *compliance* que o Conselho de Administração pode concretizar. Usando, designadamente, a via das comissões técnicas previstas no artigo 18.º dos Estatutos, a Administração da Sonangol pode fixar objetivos de produtividade, de redução de custos, de índices de defesa do ambiente e de índices de defesa dos trabalhadores e dos consumidores e verificar, depois, o *quantum* da sua obtenção.

II. A *compliance*, no sentido acima explicitado de fixação de objetivos e de acompanhamento da sua prossecução terá, aqui, uma dimensão estruturalmente petrolífera, dados os valores em presença.

A tal propósito, é possível fazer apelo a uma ética do petróleo: lidamos com uma fonte de energia fabulosa, não-renovável, que coloca nas mãos das gerações atuais uma grande riqueza e que deve ser posta ao serviço do progresso e das gerações futuras.

Actividades Petrolíferas e Protecção do Ambiente em Angola

Carla Amado Gomes*
João Verne Oliveira**

> SUMÁRIO: 0. Introdução; 1. Actividades petrolíferas em Angola: 1.1 Importância e relevância dada ao ambiente no contexto das actividades petrolíferas (na sua globalidade); 1.2 Modelos contratuais de exploração petrolífera; 1.3 Cumprimento de normas de protecção ambiental como critério decisivo na escolha de parceiros internacionais; 1.4 Principais responsabilidades da Concessionária Nacional e das suas Associadas aquando do início das operações; 2. Exploração e produção de petróleo: 2.1 Responsabilidade pela condução das operações e pela protecção do ambiente; 2.2.1. Em especial, a responsabilidade por derrames; 2.2. Responsabilidade civil objectiva das empresas petrolíferas por danos ambientais?; 3. Abandono de campos de exploração petrolífera: 3.1 Normas de desmantelamento; 3.2 Restauração do meio envolvente; 4. Em jeito de conclusão: o futuro das operações petrolíferas em Angola no que respeita à protecção do ambiente.

0. Introdução

Angola é território onde abundam recursos naturais – ouro, diamantes, minerais vários e petróleo. A riqueza petrolífera abriu mesmo as portas da Organização dos Países Exportadores de Petróleo ("OPEP") a Angola, mem-

---

* Professora da Faculdade de Direito da Universidade de Lisboa.
Professora Convidada da Faculdade de Direito da Universidade Nova de Lisboa.
** Advogado.

bro de pleno direito desde 2008 na qualidade de segundo maior produtor de petróleo em África (apenas suplantada pela Nigéria), com cerca de 80% do seu PIB proveniente de actividades petrolíferas.

Trata-se de actividades extraordinariamente lucrativas, que geram receitas na ordem dos milhares de milhões de dólares em exportações. E, no entanto, cerca de 2/3 da população rural e urbana vive abaixo do limiar de pobreza, com um rendimento anual de 80 dólares, não dispõe de água potável e não tem acesso, nem a serviços de saúde, nem a educação, nem a transportes. A esperança média de vida é de 46 anos e a mortalidade infantil é de 150/1000 (até aos 5 anos: 250/1000). O país regista, do mesmo passo, uma das mais altas taxas de fertilidade do mundo e uma das mais baixas esperanças de vida, encontrando-se entre os últimos 25 Estados do planeta em termos de índice de desenvolvimento humano.

Esta situação pode ser explicada, em parte, por Angola sofrer, embora com um impacto menor do que noutros países com realidades comparáveis, da chamada "maldição dos recursos naturais". Esta "maldição" traduz-se num quadro paradoxal vivido em Estados com abundância de recursos não renováveis que, apesar (ou por causa) disso, experienciam períodos de estagnação do seu crescimento (ou mesmo períodos de contracção económica). Isto deve-se a que estes Estados canalizam todas as suas energias para o desenvolvimento de uma única indústria (normalmente, a petrolífera) e negligenciam os outros sectores de economia, cujo apoio permitiria um mais equilibrado e sustentado desenvolvimento sócio-económico. Dessa concentração resulta que estes Estados ficam demasiado dependentes do preço de mercadorias (*"commodities"*), expondo o seu produto interno bruto a uma enorme volatilidade. Acresce a este quadro o nível de corrupção altíssimo induzido pela ganância de enriquecimento, que redunda numa distribuição desequilibrada da riqueza gerada pela produção e venda dos produtos resultantes da exploração dos recursos naturais.

A questão que queremos aclarar neste texto prende-se, no entanto, com uma outra interrogação, a saber: é o Estado angolano alheio a preocupações ambientais inerentes à exploração de petróleo? Tentaremos demonstrar que, pelo menos formalmente, a legislação angolana não é indiferente à lógica de gestão sustentada dos recursos petrolíferos.

Deve sublinhar-se, a título preliminar, que a Constituição angolana de 1975 não dedicava qualquer norma à protecção do ambiente[1], mau grado a então recente irrupção da temática na agenda internacional pela mão da Conferência de Estocolmo, de 1972, que imortalizou a primeira *Bíblia* de princípios de Direito ambiental na *Declaração de Estocolmo (Declaration of the United Nations Conference on the Human Environment)*. A afirmação da independência do Estado angolano face à potência colonizadora e a intenção desenvolvimentista levaram o legislador constituinte a realçar apenas a vertente económica e utilitária dos bens naturais (que são de titularidade estatal: artigo 11.°), na sua dimensão de "recursos naturais", cujo aproveitamento o Estado deve gerir planificadamente e de forma harmoniosa, de forma a criar riqueza em benefício de todo o povo angolano (artigo 8.°).

Com a revisão/transição constitucional de 1992, a protecção do ambiente é acolhida numa dupla vertente, no artigo 24.°: por um lado, afirma-se o "direito ao ambiente" de todos os cidadãos, no n.° 1; por outro lado, entrega-se a tarefa de protecção do ambiente e de gestão do equilíbrio ecológico ao Estado, no n.° 2; e ainda se determina a repressão dos comportamentos que, directa ou indirectamente, causem dano ao ambiente (n.° 3). Concomitantemente, a Assembleia Nacional vê-se atribuída competência (relativa) para elaboração de uma lei de bases de protecção da natureza, de salvaguarda do equilíbrio ecológico e do património cultural, no artigo 90.°/h).

Esta visão do ambiente como realidade portadora de um valor intrínseco convive, no entanto, com a perspectiva do ambiente enquanto conjunto de recursos naturais geradores de riqueza, sublinhando-se a necessidade de gestão racional da sua utilização (artigo 9.°), reafirmando-se a titularidade estatal mas também a liberdade de determinação dos modelos, públicos ou privados, da sua exploração (artigo 16.°) e entregando-se à Assembleia

---

[1] Cumpre sublinhar que no período colonial foram elaborados alguns diplomas para regular aspectos relacionados com a caça e a gestão florestal em Angola, e há mesmo um diploma, já de 1973, que visa prevenir a poluição do litoral. Para uma listagem da legislação editada neste período e ainda em vigor, cfr. o *Relatório do estado geral do Ambiente em Angola*, Ministério do Urbanismo e Ambiente, 2006 (disponível online), em cujos dados nos baseámos para escrever este texto – pp. 9 segs do Cap. V. Veja-se ainda, sobre o mesmo período, Raul ARAÚJO, Carlos FEIJÓ e Eurico PAZ COSTA, *O quadro jurídico institucional do ambiente em Angola*, in *Seminário sobre a legislação do ambiente em Angola*, Ministério das pescas e ambiente e Faculdade Agostinho Neto, Luanda, 1999, pp. 77 segs, 84-85.

Nacional a competência de estabelecer, em lei, as bases de concessão da exploração por privados ou os termos da sua alienação [cfr. o artigo 89.º/m)].

A conciliação entre a exploração petrolífera e a protecção do ambiente revela-se árdua, encontrando-se os dois objectivos em constante tensão, como facilmente se depreende do texto constitucional e flui desde logo do Direito Internacional. O princípio da soberania permanente do Estado sobre os recursos naturais sitos em território sob sua jurisdição ou controlo está bem firmado no Direito Internacional, constando de documentos como a Resolução da Assembleia Geral da ONU 1803 (XVII), de 14 de Dezembro de 1962, a Declaração de Estocolmo, a *Declaração sobre a instauração de uma Nova Ordem Económica Internacional* (aprovada pela Resolução da Assembleia Geral da ONU 3201 (S.VI), de 1 de Maio de 1974) e a *Carta dos Direitos e Deveres Económicos dos Estados* (aprovada pela Resolução da Assembleia Geral da ONU 281 (XXIX), de 12 de Dezembro de 1974). Esta máxima foi recentemente reafirmada como princípio de Direito Internacional geral pelo Tribunal Internacional de Justiça, no *Caso das actividades armadas no território do Congo*, que opôs a República Democrática do Congo ao Uganda, em decisão de 19 de Dezembro de 2005 (cfr. o §244)[2]. Todavia, a liberdade do Estado para gerir os seus recursos encontra-se cada vez mais cercada pelos imperativos de prevenção de danos para o ambiente, embora essa pressão – salvo no que tange à responsabilização por danos transfronteiriços – decorra mais da opinião pública do que de mecanismos do Direito Internacional.

Enquanto substracto vivencial determinante para a qualidade de vida das gerações presentes e futuras, o ambiente é uma grandeza pública e colectiva, que ao Estado cabe proteger e promover, utilizando parâmetros de gestão racional. O legislador constituinte não foi alheio a tais parâmetros, que concretizou e desenvolveu em legislação ordinária. Vejamos como levou a cabo tal tarefa no domínio das actividades petrolíferas.

---

[2] Sobre a compreensão do princípio da soberania permanente numa perspectiva africana, Fernando LOUREIRO BASTOS, *A southern african approach to the permanent sovereingnty over natural resources and common resource management systems*, in «Working paper do Fokos», Universidade de Siegen, disponível em www.uni-siegen-de.

1. Actividades petrolíferas em Angola

As actividades de pesquisa e prospecção de hidrocarbonetos em Angola iniciaram-se no dealbar do século XX. Em 1910 foi concedida uma área de aproximadamente 11.400 Km² à *Companhia Canha e Formiga*, tendo esta mesma Companhia perfurado o seu primeiro poço em 1915[3]. Esta perfuração não resultou, todavia, em qualquer descoberta comercial – *i.e.*, não foram descobertas reservas de petróleo em quantidade suficiente para justificar o investimento feito – e, consequentemente, as actividades de pesquisa e prospecção em Angola estiveram relativamente paradas até meados dos anos 1950 quando, na bacia do rio Kwanza, se assinala a primeira descoberta comercial de petróleo.[4]

Foi preciso, no entanto, esperar até aos anos 1960 para que a indústria petrolífera em Angola arrancasse. Esse momento ficou marcado pela descoberta de importantes reservas de petróleo ao largo de Cabinda (Bloco 0) por parte da *Cabinda Gulf Oil Company* (hoje "*Chevron*"), no ano de 1966. A *Cabinda Gulf Oil* começou, oficialmente, a produzir petróleo no Bloco 0 a partir de 1968[5].

Até à independência de Angola (1975) foram ainda concessionadas várias outras áreas de exploração, tendo a produção atingido um máximo de 172.000 bbl/d em 1974[6]. Durante o período compreendido entre 1952 e 1976, foram realizados 30.500 km de levantamentos sísmicos e foram perfurados 368 poços de prospecção e pesquisa, anotando-se a existência de cerca de 302 poços de desenvolvimento[7].

Após a independência, o Governo decidiu, em 1976, nacionalizar a *ANGOL – Sociedade de Lubrificantes e Combustíveis, Sarl*[8] – sociedade

---

[3] *In* "História do Petróleo em Angola", disponível em http://www.minpet.gov.ao/Institucionais/Historico.aspx

[4] *Idem*

[5] *Idem.*

[6] *Idem.*

[7] *Idem.*

[8] A ANGOL foi constituída em 1953 como subsidiária da empresa SACOR e tinha como objectivo actuar na área da comercialização e distribuição de combustíveis e derivados do petróleo em Angola.

que veio a dar origem à *Sonangol* e à Direção Nacional de Petróleos[9]. O Decreto-lei 52/76, de 9 de Junho, concedeu à *Sonangol – Sociedade Nacional de Combustíveis de Angola, U.E.E*, a gestão da exploração dos recursos de hidrocarbonetos em Angola[10], e a Lei 13/78, de 26 de Agosto, aprovou o quadro regulador das actividades petrolíferas, no qual se reforçou o mandato constitucional de propriedade estatal, instituindo a *Sonangol* como única concessionária dos direitos de exploração e produção de petróleo em Angola. Este diploma determinou ainda que a *Sonangol* poderia integrar associações de empresas estrangeiras para a realização de atividades petrolíferas[11].

No início da década de 1990, a produção anual de petróleo em Angola cifrava-se em cerca de 500.000 bbl/d. O grosso da produção provinha dos blocos *offshore*, ao largo de Cabinda. Foi nessa altura que começaram a ser disponibilizados blocos em águas profundas tendo, subsequentemente, sido autorizada a exploração de blocos em águas ultra-profundas[12].

O desenvolvimento da tecnologia de exploração e perfuração em profundidade permitiu a descoberta de novos blocos, aumentando assim a produção de petróleo em Angola, bem como avolumando as reservas disponíveis no país. Em 2005, a produção petrolífera cifrava-se em mais de 1.000.000 bbl/d, valor determinante para a aceitação da candidatura de Angola à OPEP, em 2007, Organização da qual Angola se tornou membro de pleno direito em 2008, tendo visto a sua quota de produção inicial fixada em 1.9 Mb/d. Actualmente, segundo dados oficiais da OPEP, Angola detém cerca de 10.470 m/b de reservas de petróleo e regista-se uma produção diária de 1.618 Mb/d[13].

---

[9] Em 1976, a produção total de petróleo bruto rondava os 100.000 bbl/d.

[10] Importa referir que, apesar de ter como único accionista o Estado angolano, a *Sonangol* foi projectada como uma empresa privada, de modo a assegurar total eficiência e produtividade.

[11] Nos moldes contratuais que se encontram detalhados *infra*, **1.2**.

[12] De acordo com o mapa de concessões disponibilizado pela *Sonangol*, os blocos em águas profundas estão numerados de 14 a 26, e os blocos em águas ultra-profundas de 31 a 40.

[13] Dados obtidos no Boletim Estatístico Anual da OPEP, disponível em http://www.opec.org/opec_web/en/publications/202.htm

1.1. Importância e relevância dada ao ambiente no contexto das actividades petrolíferas (na sua globalidade)

No contexto das atividades petrolíferas em Angola, mais precisamente no âmbito dos diplomas que as regulam, são múltiplas as referências ao ambiente. Em quase todos os diplomas que enquadram os aspectos mais técnicos das actividades petrolíferas, detectam-se normas que exigem a protecção da natureza, que prescrevem a condução das actividades de forma responsável, ou ainda, mais genericamente, que impõem o respeito pelo ambiente. A título de exemplo, cite-se o artigo 7.º da Lei 10/04, de 12 de Novembro (Lei das Actividades Petrolíferas = LAP):

"As operações petrolíferas devem ser conduzidas de forma prudente e tendo em devida conta a segurança das pessoas e instalações, bem como a protecção do ambiente e a conservação da natureza".

Assinalam-se normas de conteúdo idêntico em vários outros diplomas, que incidem especificamente sobre a protecção ambiental no âmbito das operações petrolíferas (tais como o Regulamento sobre Protecção do Ambiente no Decurso de Actividades Petrolíferas[14]; o Regulamento sobre os Procedimentos de Notificação de Ocorrência de Derrames[15]; o Regulamento sobre Gestão, Remoção e Depósito de Desperdícios[16]) bem como outros instrumentos legislativos, de cariz mais geral mas que, por força das circunstâncias, são também aplicáveis ao sector petrolífero.

A supervisão das actividade petrolíferas em Angola é levada a cabo pelo Ministério dos Petróleos, que inclui, entre as suas atribuições, a missão de "Coordenar, supervisionar, fiscalizar e controlar as actividades no sector dos petróleos". Donde, o órgão responsável por fiscalizar a implementação de políticas ambientais no sector petrolífero será forçosamente o Ministério dos Petróleos.

Da leitura sistemática dos instrumentos normativos aplicáveis parece resultar que o ambiente ocupa um lugar central na definição, estruturação

---

[14] Decreto 39/00, de 10 de Outubro.
[15] Decreto Executivo 11/05, de 12 de Janeiro.
[16] Decreto Executivo 8/05, de 05 de Janeiro.

e condução das operações petrolíferas em Angola. Conforme se detalhará adiante, existem inúmeros planos e normas vinculativos para as empresas que operam no sector, os quais têm por objectivo proteger o ambiente e a natureza contra eventuais acidentes. Porém, conforme se tentará demonstrar, algumas destas normas acabam por não funcionar em pleno – devido, por um lado, ao carácter vago e impreciso do seu texto e, por outro lado, à falta de fiscalização do seu cumprimento.

1.2. Modelos contratuais de exploração petrolífera

De acordo com a LAP, a *Sonangol* é a detentora exclusiva dos direitos sobre os hidrocarbonetos em Angola e, no âmbito da prossecução das actividades de exploração e produção, pode associar-se a entidades nacionais ou estrangeiras de comprovada idoneidade técnica e financeira.

Esta associação pode, de acordo com a lei, revestir quatro modelos: sociedade comercial, consórcio, contrato de partilha de produção ("CPP") e contrato de serviços com risco – o mais utilizado em Angola é o CPP. No contrato de partilha de produção, resumidamente, um grupo de empresas privadas – designado como *Grupo Empreiteiro*[17] – age como empreiteiro da Concessionária Nacional (*Sonangol*), que é a proprietária das instalações e de uma parte do petróleo produzido. De acordo com um CPP, o petróleo produzido, depois de deduzidas todas as despesas (consideradas recuperáveis) suportadas pelo Grupo Empreiteiro no âmbito das operações petrolíferas, é dividido entre a *Sonangol* e o Grupo Empreiteiro, numa base percentual previamente acordada no CPP[18].

---

[17] Dados os elevados custos e riscos inerentes a uma exploração petrolífera, as companhias petrolíferas juntam-se a outras companhias para explorar um bloco de petróleo e reduzirem os riscos inerentes ao projecto. As companhias estabelecem entre si um *Acordo de Operações Conjuntas* no qual se definem direitos e deveres de cada uma delas em relação ao projeto a implementar. É este conjunto de companhias que se designa por "Grupo Empreiteiro".

[18] As matérias reguladas no CPP abrangem ainda, nomeadamente, questões relacionadas com a exploração e produção de hidrocarbonetos, partilha de produção, recuperação de custos, obrigações de trabalho mínimas, planos, garantias, bónus, propriedade das instalações, entre outras.

De entre todas as companhias que compõem o Grupo Empreiteiro, uma actua como o *Operador*. O Operador deve ser uma entidade de reconhecida capacidade, conhecimento técnico e capacidade financeira e é, de acordo com a Lei, nomeada pelo Conselho de Ministros, sob proposta da *Sonangol*. É ao Operador que cabe dirigir as operações petrolíferas, detendo para isso poderes exclusivos de controlo e administração das operações petrolíferas.

Do exposto resulta, em princípio, que o cumprimento de todas as disposições legais relativas à preservação do ambiente no âmbito das operações petrolíferas é da responsabilidade do Operador, visto ser esta entidade a dirigir tais operações. Com efeito, a LAP contém várias disposições dirigidas à protecção do ambiente, as quais impõem determinados deveres de conduta ao Operador. A título de exemplo, a LAP estabelece que as operações devem ser realizadas de forma diligente e de acordo com as regras aplicáveis em matéria de segurança, de higiene e saúde no trabalho e de protecção ambiental, bem como com as práticas geralmente aceites na indústria internacional de petróleo (artigo 7.º).

Cumpre ainda ressaltar uma disposição que assume particular relevância, inscrita no n.º 8 do artigo 14.º do *Modelo de Contrato de Partilha de Produção Offshore de Angola*[19], onde se afirma que

"No caso de se verificar uma situação de emergência (...) o Grupo Empreiteiro, através do Operador, está autorizado a desencadear todas as acções que julgue necessárias para proteger vidas humanas, os interesses das Partes e o ambiente (...)".

Daqui resulta cristalina a obrigação do Operador de tomar todas as medidas que considere necessárias para evitar um desastre ambiental.

Apesar de louvarmos a inclusão desta norma no CPP, muitas dúvidas se levantam quanto à sua efectividade. Com efeito, e em primeiro lugar, este dispositivo não define nem os limites das acções a realizar, nem sequer estabelece um critério de razoabilidade quanto às mesmas. Em segundo lugar, esta norma é omissa quanto à responsabilidade a assacar ao Operador, no

---

[19] Disponível em https://www.sonangol.co.ao/wps/portal/epNew/atividades/concessions/licitacoes

caso de as acções desencadeadas impactarem, por exemplo, as operações de outra companhia.

Anote-se, a este propósito, o disposto no artigo 25.º da LAP, onde se prevê que

"*As licenciadas, a Concessionária Nacional e as suas associadas são obrigadas a reparar os danos que causarem a terceiros no exercício das operações petrolíferas, excepto se provarem que agiram sem culpa*".

A tentativa de conciliação entre as duas normas *supra* citadas faz despontar uma pergunta: Caso não se prove a culpa do Operador na produção do desastre ambiental (falta de prova essa que poderia ser utilizada também relativamente às suas acções subsequentes) e se as acções desencadeadas em resposta a uma emergência impactarem as operações de outra companhia, poder-se-á entender que o Operador fica eximido da obrigação de reparação dos danos que causar, a outras companhias petrolíferas e a terceiros estranhos à actividade petrolífera (*v.g.*, pescadores)? Seria prudente que o legislador angolano se debruçasse mais atentamente sobre esta questão e clarificasse a resposta a dar a este problema o qual, embora não relevando directamente nos planos da protecção do ambiente e da saúde, pode provocar resultados iníquos.

1.3. Cumprimento de normas de protecção ambiental como critério decisivo na escolha de parceiros internacionais

Em regra, as operações de petróleo são divididas em dois períodos: (i) o período de exploração (que compreende as fases de prospecção, pesquisa e avaliação), e (ii) o período de produção (que compreende as fases de desenvolvimento e de produção)[20]. De acordo com a LAP, uma concessão de petróleo só pode ser outorgada por decisão do Conselho de Ministros, através da promulgação de um decreto de concessão ou de um decreto-lei.

---

[20] A segunda dessas fases só terá lugar se, durante o período de exploração, se registarem descobertas de petróleo em quantidades que justifiquem o investimento. Caso isso aconteça, o Grupo Empreiteiro deverá apresentar uma proposta para o desenvolvimento e produção dos campos em questão, a submeter à aprovação das autoridades angolanas.

Em contrapartida, as licenças de prospecção podem ser concedidas por decisão do Ministério dos Petróleos.

Num quadro de concessão, as autoridades angolanas promovem um concurso público com vista a licitar determinado bloco de petróleo e a seleccionar as eventuais associadas da Sonangol que irão desenvolver as actividades petrolíferas nesse mesmo bloco. Tais processos de licitação são, nos termos da lei (Decreto 48/06, de 1 de Setembro, sobre Regras e procedimentos dos concursos públicos no sector dos petróleos = RCPSP), públicos. Em certos casos, muito limitados, existe ainda a possibilidade de negociação directa com entidades com comprovada reputação e capacidade financeira (cfr. o artigo 44.º da LAP) – a regra é, todavia, que as concessões sejam outorgadas na sequência de um concurso público.

Apenas as empresas que conseguirem preencher os requisitos de pré--qualificação do concurso (cfr. o artigo 4.º do RCPSP) têm direito a submeter propostas relativamente ao bloco que se encontre em licitação. As empresas que desejem candidatar-se a Operadoras devem apresentar, para além de todos os elementos exigidos para a pré-qualificação, prova dos seus conhecimentos e experiência na gestão e execução das operações petrolíferas, bem como comprovar a capacidade técnica e operacional e uma estrutura organizacional eficiente. Ressalte-se ainda o disposto no artigo 5.º/2 do RCPSP, onde se enfatiza que qualquer empresa que pretenda candidatar-se ao cargo de "Operadora" de um Bloco de Petróleo pode

> *"apresentar elementos sobre a sua experiência na execução de operações petrolíferas que considere relevantes para a valorização da sua candidatura, nomeadamente nos domínios da segurança, da protecção ao ambiente, da prevenção de situações de poluição e do emprego, integração e formação de pessoal angolano".*

Daqui se retira que a experiência demonstrada no domínio da protecção do ambiente, não sendo um critério decisivo de adjudicação de concessões a parceiros internacionais, é considerada um critério de valoração da proposta, ponto que julgamos ser de louvar. Ou seja, não tendo Angola chegado ao ponto de valorizar a experiência na protecção ao ambiente como um critério decisivo (que deveria ser), "trunfando" sobre critérios estritamente económicos/financeiros, ainda assim, a incorporação desta norma denuncia já uma preocupação latente e poderá mesmo, numa eventual revisão do diploma, vir a adquirir maior relevância[21].

1.4. Principais responsabilidades da Concessionária Nacional e das suas Associadas aquando do início das operações

Conforme já se observou preliminarmente, a Constituição angolana declara que todos os cidadãos "têm o direito de viver em um ambiente sadio e não poluído", e que o governo deve tomar "medidas necessárias para proteger o meio ambiente." Em harmonia com esta afirmação de princípio, a Lei de Bases do Ambiente (Lei 5/98, de 19 de Junho = LBA) fornece as linhas mestras da prevenção e controle da poluição, bem como dos parâmetros de protecção do meio ambiente.

Em relação à exploração e produção de petróleo, existe um conjunto de diplomas que concretizam esta preocupação, de entre as quais destacaríamos o Regulamento sobre protecção do ambiente no decurso de actividades petrolíferas (Decreto 39/00, de 10 Outubro = RPAAP). Este Regulamento, além de impor obrigações gerais oponíveis às empresas do sector, exige ainda a elaboração de uma série de planos prévios, indispensáveis à implementação de um projecto para exploração e produção de petróleo e gás no país. Vejamos como.

O RPAAP determina que todos os projectos de exploração e produção petrolífera incluam a demonstração de realização, pela Concessionária e suas associadas, de uma Avaliação de Impacto Ambiental ("AIA")[22] junto

---

[21] Sublinhe-se que também a União Europeia já despertou para os critérios de contratação ecológica – cfr. Carla AMADO GOMES, *Introdução ao Direito do Ambiente*, Lisboa, 2012, pp. 106-112 (e documentos e doutrina aí citados).

[22] Segundo a LBA, a AIA deve conter, no mínimo: (a) Um resumo não técnico do projecto; (b) Uma descrição das actividades a desenvolver; (c) Uma descrição geral da situação ambiental do local de implantação da actividade; (d) Um resumo das opiniões e críticas resultantes das consultas públicas; (e) Uma descrição das possíveis mudanças ambientais e sociais provocadas pelo projecto; (f) Indicação das medidas previstas para eliminar ou minimizar os efeitos sociais e ambientais negativos; e (g) Indicação dos sistemas previstos para o controlo e acompanhamento da actividade.

do Ministério dos Petróleos[23]. Esta AIA deve, de acordo com o artigo 6.º do RPAAP, (i) identificar o estado do local (onde o projecto irá ser implementado) e as modificações que o projecto provocará, (ii) indicar – impactos ambientais que se prevê possam vir a ser causados – pelo projecto, incluindo as consequências directas e indirectas relativamente ao consumo de recursos naturais, desperdícios, remoção e depósito de resíduos e derrames, entre outros, (iii) descrever as medidas jurídicas, financeiras, económicas e práticas que deverão ser tomadas para reduzir o impacto ambiental durante a construção, operação e abandono do projecto, e (iv) descrever quaisquer medidas a tomar com o fim de determinar e documentar o impacto ambiental do projecto e a eficácia dos esforços para os atenuar.

Neste ponto, importa referir que a AIA é considerada aprovada se o operador do projecto não receber nenhuma resposta do Ministério dos Petróleos no prazo de 30 dias seguidos[24]. Esta solução atenta, na nossa opinião, contra o princípio da prevenção, contrariando o princípio geral de indeferimento tácito que resulta da lei procedimental (cfr. o artigo 58.º do DL 16-A/95, de 15 de Dezembro: Normas sobre procedimento e da actividade administrativa) e privilegiando desadequadamente o interesse económico do proponente em face do interesse imaterial de preservação do ambiente.

Cumpre sublinhar que tanto o RPAAP, como o Decreto 51/04, de 23 de Julho (Regime de avaliação de impacto ambiental = RAIA) prevêem que as AIA sejam submetidas a uma fase de consulta pública – concretizando assim um princípio afirmado na LBA (cfr. o artigo 10.º). Ora, por muito boas intenções que esta inclusão denuncie, não nos podemos abstrair da realidade do país. Infelizmente, ainda hoje, dado o nível de iliteracia que se regista em Angola, a leitura de relatórios densos e técnicos frequentemente foge à capacidade do cidadão médio. É de louvar, naturalmente, a inserção de tal momento dialógico no procedimento; contudo, ele constitui, na

---

[23] Esta AIA deverá ter como base estudos de impacto ambiental, a realizar de acordo com os termos de referência contidos no Decreto 92/12, de 1 de Março (Termos de referência para elaboração de estudos de impacto ambiental).

[24] Existe uma certa desarticulação entre o regime de RAIA (Decreto 51/04, de 23 de Julho) e o RPAAP. O primeiro prevê um prazo de 30 dias enquanto o RPAAP estabelece um prazo de aprovação de 90 dias. Na nossa opinião, deve ser seguido o prazo de 30 dias contido no RAIA, uma vez que este decreto é posterior e versa especificamente sobre o procedimento de avaliação de impacto ambiental.

esmagadora maioria dos casos, um momento puramente formal, em razão da incapacidade do angolano médio de inteligir os dados dos documentos em que se traduz a AIA.

Para além da AIA, o RPAAP reclama também a apresentação e manutenção de um *plano de prevenção de derrames*, que terá sempre de ser submetido a aprovação do Ministério dos Petróleos (cfr. o artigo 7.º). Este plano deve detalhar, entre outras coisas, os sistemas de contenção de derrames e os sistemas de colectores e de drenagem a implementar, bem como os sistemas de prevenção de incêndios e explosões a estruturar, o tipo de treino que irá ser ministrado aos funcionários, e ainda os programas de inspecção e manutenção de equipamentos e prevenção de corrosão.

O RPAAP exige ainda que as empresas envolvidas na exploração e produção de petróleo e gás mantenham *planos de resposta* autónomos para cenários de derramamento de pequena, média e grandes dimensões. Estes planos devem detalhar os procedimentos de notificação, o organigrama da estrutura de resposta e funções principais dos intervenientes na resposta a derrames, a disponibilidade de equipamentos, abastecimentos e serviços para dar resposta aos derrames, quais os exercícios de treino e prática (bem como a sua periodicidade) que irão ser ministrados aos trabalhadores e, por fim, os procedimentos para a remoção de resíduos resultantes das operações de limpeza de derrames (cfr. o artigo 8.º).

Para além dos planos já mencionados, o RPAAP dispõe que cada novo projeto deva incluir um *plano de gestão, remoção e depósito de desperdícios,* o qual forneça estimativas sobre a quantidade de resíduos que serão gerados, sobre as medidas que irão ser implementadas para reduzir a criação de resíduos, sobre as medidas relativas a manuseio, tratamento e eliminação de resíduos, sobre os locais onde os resíduos serão depositados, e ainda sobre a forma como esses locais serão projetados, utilizados e fechados (artigo 9.º/4). A exigência deste plano decorre identicamente do Decreto Executivo 8/05, de 5 de Janeiro (Regulamento sobre a gestão, remoção e depósito de desperdícios = RGRDD), no qual se descreve os procedimentos a implementar por forma a lidar com a criação, armazenamento, manuseamento e transporte de desperdícios[25]. Este diploma impõe, do mesmo

---

[25] Importa referir que o artigo 3.º deste regime impõe um maior nível de detalhe ao plano de gestão, remoção e depósito de desperdícios do que o RPAAP, nível esse que, em razão da sucessividade temporal do RGRDD, deve prevalecer sobre o estabelecido no RPAAP.

passo, a submissão do plano de gestão, remoção e depósito de desperdícios ao Ministério dos Petróleos até seis meses antes do início das atividades geradoras de desperdício (artigo 3.º/3).

Adicionalmente, o RPAAP incumbe os promotores do projecto de apresentar um *plano de gestão de descargas operacionais*, o qual inclua a estimativa das quantidades de descargas, bem como a qualidade do tipo de descargas operacionais geradas pelo projeto, as concentrações das descargas operacionais, os métodos que irão ser utilizados para reduzir o impacto ambiental dessas mesmas descargas, os pontos de descargas e os princípios e regras que irão ser utilizadas na projecção, operação e encerramento das instalações (artigo 10.º/4).

Este *plano de gestão de descargas operacionais* foi objecto de especial atenção no Decreto Executivo 224/12, de 16 de Julho (Regulamento sobre gestão de descargas operacionais = RGDO), que veio suprir algumas vaguidades de um Decreto anterior (Decreto Executivo 12/05, de 12 de Janeiro) e aprofundar o RPAAP no tocante às responsabilidades do Operador ao realizar descargas operacionais. Com efeito, apesar de o artigo 10.º do RPAAP estabelecer que

"(...) a Concessionária e as Associadas, através do Operador, e as outras empresas petrolíferas, deverão elaborar e manter um plano de gestão de descargas operacionais (...)",

o RGDO claramente designa o Operador como exclusivo responsável pela elaboração e manutenção de um plano de gestão de descargas operacionais.

Por fim, o RPAAP prevê que cada novo projeto deverá apresentar um *plano de abandono de instalações*, bem como um *plano de reabilitação*, que descreva as operações de desmantelamento e demonstre como se recuperará o local após o abandono da actividade (artigo 11.º/3).

Cabe ao Ministério dos Petróleos analisar cada um dos planos acima referidos e, caso os aprove, conceder uma licença para a implementação do projecto. Este Ministério tem, na verdade, um papel central na autorização de actividades petrolíferas. Não menos importante, todavia, se afigura a competência do Ministério do Ambiente nesta sede.

O Ministério do Ambiente reparte a responsabilidade pela coordenação, desenvolvimento, implementação, execução e cumprimento de políticas ambientais com o Ministério dos Petróleos, contendo-se nas suas atribuições gerais a protecção da biodiversidade, a prevenção e avaliação de impactos no ambiente, a educação ambiental. Nos termos do Decreto 59/07, de 13 de Julho de 2007 (Regime do licenciamento ambiental = RLA), qualquer projecto que venha a utilizar os recursos naturais do país e seja susceptível de causar impactos ambientais significativos requer uma licença ambiental de instalação concedida pelo Ministério do Ambiente. Este regime impõe o licenciamento ambiental em caso de construção, instalação, ampliação, modificação, operação e desactivação de projectos que exijam uma AIA, ou sempre que os projectos sejam susceptíveis de ter um impacto ambiental considerável (artigo 3.º). Ou seja, para determinar se uma determinada actividade está sujeita a licenciamento ambiental deve-se, em primeiro lugar, apurar se a referida actividade está sujeita a AIA.

Nos termos do RAIA, estão sujeitas a AIA as atividades que, em virtude de sua natureza, dimensão ou localização, possam ter implicações para o equilíbrio ambiental e social (artigo 4.º/1). Assim, o critério-chave reside em saber se o projecto pode, ou não, ter um impacto significativo sobre o ambiente. Como se conclui facilmente, que mais não fosse em razão das referências legislativas que incidem no sector, as actividades petrolíferas estão necessariamente sujeitas a licenciamento ambiental prévio.

O procedimento de licenciamento ambiental está dividido em duas fases, às quais correspondem duas licenças, nomeadamente:

i) A licença de instalação, a qual visa autorizar a implementação/construção das instalações necessárias, de acordo com as especificações descritas no projecto aprovado pela entidade com autoridade de supervisão sobre essas mesmas actividades; e
ii) A licença de operação, a qual é emitida depois de todos os requisitos estabelecidos na AIA terem sido cumpridos.

A avaliação de impacto ambiental integra-se no licenciamento ambiental, daí que, em regra, um procedimento de licenciamento ambiental só possa ser iniciado após a conclusão de um procedimento de AIA (cfr. o artigo 6.º/2 do RLA). No entanto, o RPAAP parece admitir um desvio, quando refere, no artigo 6.º/5, que a emissão da licença ambiental decorre imediatamente da emissão de parecer favorável do Ministério do Ambiente no procedimento de AIA[26].

Para finalizar este ponto, afigura-se importante mencionar o Decreto 1/10, de 13 de Janeiro, que aprovou o regime de auditoria ambiental para actividades prejudiciais ao meio ambiente. Este diploma estabelece a realização de auditorias ambientais obrigatórias para actividades públicas e privadas susceptíveis de causar danos significativos ao meio ambiente. Previamente a este Decreto, tal preocupação já se espelhara na LBA (artigo 18.º) e no RPAAP (artigo 24.º), mas nem estes diplomas nem o recente regime mencionam a frequência com que estas auditorias devem ocorrer. Acresce a esta lacuna o facto de tão pouco se estabelecer qualquer frequência de apresentação, por parte das companhias petrolíferas, de relatórios de monitorização das suas actividades ao Ministério dos Petróleos (cfr. o artigo 76.º do RPAAP) – cuja publicação o Decreto 1/10 impõe (artigo 10.º/2)[27], com resultados práticos duvidosos, em razão da fraca capacidade de compreensão deste tipo de informações pela grande maioria da população angolana.

Enfim, todo este quadro regulatório padece de algumas deficiências de implementação, sobretudo no que toca à difusão da informação sobre os projectos petrolíferos pela população, nomeadamente, no que aos danos ambientais diz respeito. Não pode ignorar-se, todavia, a existência de um sistema de controlo ambiental prévio (que pode ser melhorado), no qual se acolhe um quadro de mecanismos e licenças desenhado para veicular uma avaliação prévia de cada projecto a ser implementado, e que impõe específicas responsabilidades à Concessionária Nacional e às empresas que a esta se associam na prossecução de actividades petrolíferas no país.

---

[26] Note-se que o início ou mudança de operações sem uma licença do Ministério do Ambiente pode resultar em multas de até 10% do valor do projeto e em ordens para suspender as operações

[27] Este Decreto refere que, aquando do envio destes relatórios para o Ministério dos Petróleos, a entidade responsável pela realização da auditoria ambiental manda publicar, num jornal de grande circulação, a notícia do envio dos resultados da auditoria ao órgão responsável, na qual deve mencionar-se informação sobre o local onde se encontram os relatórios de auditoria para consulta pública.

2. Exploração e produção de petróleo

As atividades de exploração e produção de petróleo (bem como a generalidade das outras atividades extrativas) são, dada a sua natureza, muito permeáveis a provocar impactos ambientais. Desde logo, o facto de se instalar plataformas de exploração em locais que muitas vezes se encontravam praticamente intocados pela acção humana, passando pela perfuração da superfície (a profundidades cada vez maiores), pela injecção de "líquidos de perfuração", pela introdução de cimentos, até à instalação de toda uma parafernália de instrumentos de perfuração e recuperação de petróleo, tudo isso se traduz inquestionavelmente em "impactos ambientais".

Não só a extracção de petróleo *tout court*, todavia, é susceptível de provocar danos ambientais. Na verdade, o facto de os hidrocarbonetos serem extraídos em locais remotos e, muitas vezes, a milhares de quilómetros do local onde vão ser processados e posteriormente consumidos (pense-se nas perfurações *offshore,* que se realizam, algumas vezes, a muitos milhares de quilómetros das zonas costeiras) implica a necessidade de se criar toda uma rede de transporte que permita deslocar os hidrocarbonetos do local onde eles são extraídos até ao sítio onde irão ser refinados (por exemplo) e posteriormente vendidos.

Todo o sistema de extração, processamento, transporte, refinação e venda importa elevados riscos para o ambiente, uma vez que as possibilidades de derrame aumentam exponencialmente quanto mais longínquo se encontrar o ponto de refinação e/ou consumo. Basta termos presente acidentes em plataformas[28], acidentes com navios-tanque[29], roturas de condutas (a que, infelizmente, demasiadas vezes se assiste na Nigéria e em outros Estados africanos), descargas de petróleo não intencionais, entre outros desastres, para termos a percepção de que a indústria do petróleo e gás representa um enorme potencial lesivo para o ambiente. E como se não bastassem todos os riscos inerentes à própria atividade da indústria petrolífera tradicional,

---

[28] Tal como recentemente ocorreu com a plataforma da BP no Golfo do México, *Deepwater Horizon.*

[29] Recordem-se os acidentes com os petroleiros *Torrey Canyon* (1967), *Amoco Cadiz* (1978), *Exxon Valdez* (1989), *Erika* (1999) e *Prestige* (2002), só para mencionar os mais mediáticos.

assistimos, hoje em dia, a uma explosão na utilização das chamadas "técnicas de recuperação avançadas", desenvolvidas para permitir às empresas petrolíferas recuperar mais petróleo a partir de um campo petrolífero[30]. Estas técnicas de perfuração têm, muitas vezes, um potencial de impacto muito maior do que as técnicas de perfuração clássicas, uma vez que utilizam a injeção de compostos químicos directamente na formação rochosa, para adicionar pressão e perfurá-la de forma a maximizar a recuperação de hidrocarbonetos.

Afigura-se, desta feita, decisivo que os Estados prevejam medidas de controlo, prevenção e monitorização das atividades petrolíferas para que se evite ao máximo os danos ao ambiente. Angola, que agora nos ocupa, conta com alguns mecanismos de controlo mas, uma vez mais, a sua aplicação prática revela muitas falhas, como adiante se demonstra.

2.1. Responsabilidade pela condução das operações e pela protecção do ambiente

Em Angola, a direcção das operações petrolíferas compete ao Operador da concessão. Será também ao Operador, conforme já se referiu supra, que compete garantir que as operações são conduzidas de forma segura e de acordo com as regras estabelecidas na legislação angolana.

Ainda que se possa argumentar que o Operador não é o único responsável pelas operações petrolíferas e por eventuais desastres ambientais (os Acordos de Operações Conjuntas prevêem mecanismos de responsabilidade solidária), na verdade é o Operador que conduz quotidianamente os trabalhos das operações petrolíferas e, como tal, é a ele que compete zelar pelo cumprimento das normas ambientais e pela implementação de rotinas de segurança.

Como forma de monitorizar e implementar programas que reduzam o risco de ocorrência de danos ambientais, quase todas as companhias petrolíferas a operar em Angola adotaram Sistemas de Gestão Ambiental

---

[30] Geralmente as companhias petrolíferas conseguem recuperar cerca de 35-40% do petróleo contido numa formação geológica; com técnicas mais avançadas, contudo, chegam a conseguir recuperar cerca de 60%.

("SGA"). Estes SGA visam acompanhar os diferentes programas ambientais das companhias de forma abrangente, sistemática e documentada. Cumpre assinalar, todavia e em abono da verdade, que não existem previsões legais que imponham SGA específicos. As companhias petrolíferas, na falta de indicação legal, normalmente seguem os padrões internacionais, tais como a ISO 14001 de Gestão Ambiental.

Recentemente o Decreto Presidencial 194/11, de 7 de Julho, que regula a responsabilidade por danos ambientais, veio determinar, de forma puramente remissiva, que

"Os padrões de qualidade em vigor em Angola são os referidos pelas normas ISO...".

Por muito que se louve esta referência, ela peca por tardia e por não acrescentar absolutamente nada ao que já vinha sendo feito ao longo dos anos pelas companhias a operar em Angola. Impunha-se, em nossa opinião, uma maior clarificação e uma referência legal específica que determinasse, *de per se*, padrões de gestão ambiental mais exigentes e a adaptá-los à realidade angolana.

2.2.1. Em especial, a responsabilidade por derrames

Os derrames constituem a maior ameaça ambiental associada à actividade petrolífera. O Governo angolano aprovou uma série de diplomas que visam prevenir e, no caso de um derrame vir de facto a ocorrer, dotar as autoridades administrativas estatais de meios que permitam dar uma resposta célere.

Em primeiro lugar, o RPAAP refere que tanto a Concessionária como as suas Associadas deverão elaborar e manter atualizados planos para prevenção e resposta a derrames[31]. Este diploma estabelece também que tanto a Concessionária como as suas Associadas (e quaisquer outras empresas petrolíferas a operar no país) são obrigadas a comunicar ao Ministério dos

---

[31] Tal como referido *supra*, **1.4.**

Petróleos, pela via mais rápida, todos os derrames que causarem danos ao ambiente.

Na falta de definição de *"derrames que provocarem danos ao ambiente"*, temos de nos socorrer do Decreto Executivo 11/05 (Regulamento sobre os Procedimentos de Notificação de Ocorrência de Derrames) que prescreve, no artigo 2.º, que todos os derrames em quantidades superiores a um barril[32], ou cujo impacto ambiental seja significativo (de acordo com as normas de classificação da avaliação de impacto ambiental) devem ser notificados num prazo não superior a 8 horas após o conhecimento da ocorrência do derrame. O Decreto refere ainda que derrames em quantidades inferiores a um barril devem constar de um relatório final (enviado ao Ministério dos Petróleos após conclusão das acções de controlo do derrame e da reposição das condições ambientais do local), não tendo assim que ser reportados imediatamente.

O Decreto Executivo 11/05 descreve ainda o procedimento específico através do qual as companhias petrolíferas devem comunicar ao Ministério dos Petróleos todos os derrames por que são responsáveis, bem como inclui os modelos que devem ser utilizados para efectuar essa mesma comunicação.

Em segundo lugar, o RPAAP dispõe que cabe ao Operador da instalação de onde provenha o derrame tomar todas as medidas adequadas e eficazes para controlar, combater e limpar o derrame. Nos termos deste diploma, se o Operador não tiver capacidade para o fazer, deverá recorrer às demais companhias petrolíferas que operam em Angola[33].

Tratando-se de um derrame de grandes proporções, o RPAAP impõe a colaboração de todas as companhias petrolíferas que disponham em Angola de equipamento, pessoal, abastecimento e de outros meios, no controlo, combate e limpeza do derrame (artigo 16.º/3). A eficácia desta disposição é duvidosa: E se as companhias petrolíferas se recusarem a auxiliar no combate a um derrame que não foi provocado pela sua actividade? Na verdade, o RPAAP não prevê qualquer sanção para a recusa de auxílio embora

---

[32] Um barril corresponde a, aproximadamente, 160 litros de petróleo.

[33] Também o Ministério dos Petróleos, caso considere que o Operador não tem capacidade para lidar com o derrame, pode solicitar a colaboração de outras companhias petrolíferas a operar em Angola.

refira, no seu artigo 18.º/1/c), que constitui infracção o não cumprimento de decisões ministeriais, bem como a inobservância de qualquer regulamento sobre o qual incida. Ora, tendo em conta que será sempre o Ministério dos Petróleos a constatar que o Operador não tem capacidade para lidar com o derrame e que se torna imperativa a colaboração de outras companhias, podemos considerar que a falta de auxílio poderá configurar uma infracção punida nos termos do RPAAP.

Em terceiro lugar, acrescente-se que, em resposta a derrames de grandes proporções e com vista a regulamentar o modo de implementação de uma resposta integrada, o Conselho de Ministros aprovou o *Plano Nacional de Contingência contra Derrames de Petróleo no Mar*, através da Resolução 87-A/08, de 22 de Dezembro. Este Plano Nacional é bastante detalhado e descreve, entre outros aspectos, os graus de responsabilidade de todos os organismos oficiais angolanos envolvidos e a constituição de equipas nacionais de resposta de emergência a derrames de grandes proporções; o relacionamento entre o Governo e as companhias petrolíferas; a mobilização de recursos de resposta; as medidas a tomar pelo Ministério dos Petróleos junto das entidades alfandegárias e autoridades de fronteira angolanas para tornar expedita a importação de equipamento; o abastecimento em casos de emergência; os acordos celebrados com Estados vizinhos; e a identificação das áreas consideradas sensíveis do ponto de vista ecológico.

Este Plano merece-nos três destaques. *Primo*, o detalhe de elaboração; *secundo*, a eleição do Ministério dos Petróleos como entidade a quem compete, coadjuvado pelo Ministério do Ambiente, coordenar a resposta a derrames de grandes proporções; e, *tertio*, a referência ao acordo de assistência mútua (ANG 212) em vigor entre os Operadores da indústria petrolífera em Angola – o Plano prevê que, relativamente a derrames de nível 2, os recursos de combate deverão ser mobilizados de acordo com o ANG 212.

O quadro legislativo exposto transmite tranquilidade, do ponto de vista formal. Afortunadamente, o *Plano Nacional de Contingência* ainda não foi posto à prova – facto que gera, no entanto, a impossibilidade de aferir a eficácia da sua implementação e de detectar eventuais deficiências que resultem da sua aplicação prática.

2.2. Responsabilidade civil objectiva das empresas petrolíferas por danos ambientais?

Abordar o tema da responsabilidade ambiental no âmbito das operações petrolíferas obriga a uma passagem pela LBA e pelo Decreto Presidencial 194/11, de 7 de Julho.

Em Angola, o "dano ao ambiente" é definido pela alínea g) do artigo 2.º do Decreto Presidencial 194/11, definição, de resto, igual à que já constava do n.º 7 do Anexo à LBA: *"a alteração adversa das características do ambiente, e inclui, entre outras, a poluição, a desertificação, a erosão e o desflorestamento"*. Trata-se de uma noção de dano tendencialmente inoperativa em face da intensa utilização que o Homem faz dos bens ambientais – a introdução de um adjectivo como "significativo" torná-la-ia, porventura, mais realista. Acresce que esta definição confunde *causas* de dano (como a poluição ou o desflorestamento, como acção) com *consequências* danosas, como a desertificação (efeito). Ora, dependendo a aplicação de um regime de responsabilidade por danos "ambientais" de uma definição do que deve entender-se por estes – se não precisa, pelo menos objectiva e operativa –, podemos afirmar que esta questão está inquinada à partida.

Esta fórmula vai ao encontro do disposto no artigo 4.º/g) da LBA, em sede de princípio de responsabilização, e aponta para uma perspectiva estrita de dano ao ambiente enquanto dano causado ao bem ambiental enquanto valor de *per se*. No entanto, na continuação e numa norma com mais concretude, a LBA introduz confusão entre o tradicional dano ambiental (pessoal e/ou patrimonial), a que se refere no artigo 23.º/1, *in fine*, e o dano ecológico puro, cuja reparação pode ser promovida pelo Ministério Público (cfr. o artigo 23.º/2) – e depois da revisão de 2010, por qualquer pessoa, singular ou colectiva, investida em legitimidade popular. A esta confusão acresce o facto de a LBA determinar que a "indemnização" pode reverter para o Estado (conforme dispõe o artigo 28.º/1, no que traduz uma má solução – desde logo porque podem ser entidades da Administração central a provocar danos ao ambiente...), em vez de, tratando-se de dano ecológico puro, reverter para um fundo de gestão ambiental – mencionado pelo artigo 4.º/h) da LBA, mas até hoje ainda não criado.

Em termos de responsabilidade civil aquiliana clássica, o artigo 4.º/g) da LBA estabelece um princípio de responsabilização de *"todos os agentes que como resultado das suas acções provoquem prejuízos ao ambiente, degradação, destruição, ou delapidação de recursos naturais, atribuindo-lhes a obrigatoriedade da recuperação e/ou indemnização dos danos causados"*. No entanto, mais adiante, não só omite qualquer metodologia de reparação – in natura? in pecunia? outra? –, como confunde dano pessoal e dano ecológico, no artigo 23.º/1, já referenciado acima.

Cristalina é, todavia, a consagração de um princípio de responsabilização objectiva, no artigo 28.º – que o legislador terá querido fazer acrescer ao princípio geral de responsabilização subjectiva ou aquiliana que decorre do artigo 483.º/1 do Código Civil angolano. Anote-se que o artigo 6.º do Decreto Presidencial 194/11, que tem por epígrafe *"Responsabilidade objectiva"*, difere sensivelmente do disposto no artigo 28.º da LBA. O legislador angolano revela aqui desatenção e imprecisão, aspectos que complicam a tarefa do intérprete e contribuem para a ineficácia da lei: veja-se que enquanto a LBA refere simplesmente "danos ao ambiente" (artigo 28.º/1, *in fine*), o artigo 6.º do Decreto Presidencial 194/11 incide sobre a ofensa de *"direitos ou interesses alheios por via da lesão de um qualquer componente ambiental"*, o que esvazia por completo a intenção "ecológica" da LBA, pelo menos na vertente da responsabilização objectiva...

É duvidoso que o Decreto Presidencial 194/11 tenha vindo imprimir contenção à excessiva abertura da LBA, pois a responsabilização objectiva aplica-se a "qualquer actividade" (artigo 6.º), embora restringindo a actividades descritas no Anexo do RAIA a obrigação de seguro de responsabilidade civil (cfr. o artigo 21.º do Decreto Presidencial 194/11). Ou seja, qualquer actividade pode gerar responsabilidade objectiva por danos "ambientais", sem embargo de apenas as actividades contempladas no RAIA deverem ser sujeitas a seguro obrigatório (que contêm um elenco meramente exemplificativo das actividades sujeitas a AIA).

Julgamos que o Decreto Presidencial n.º 194/11 deveria circunscrever a responsabilização objectiva, não só a danos ecológicos (pois é esse o seu intuito – ou deveria sê-lo), como amarrá-la a uma listagem de actividades presumivelmente perigosas. A solução legal traduz-se num "escancarar de portas" à responsabilidade objectiva e constitui um grave entrave da iniciativa económica, podendo mesmo contribuir para a fuga de investimento estrangeiro (pelo menos sempre que não incida sobre recursos naturais inamovíveis). Acresce que a consagração generalizada da responsabilidade objectiva constitui um desincentivo à introdução de melhores técnicas nas instalações, uma vez que o operador sabe, à partida, que por mais que gaste na minimização de riscos e em tecnologias limpas, caso aconteça um acidente (que se não deva um evento de força maior?), sempre será responsabilizado.

Estas nossas palavras não querem significar, naturalmente, uma negação das virtualidades do instituto no âmbito do Direito do Ambiente, em que, devido à complexidade técnica dos processos e à inerente dificuldade de provar a culpa, a responsabilidade subjectiva não deve estar desacompanhada de previsões sectoriais de responsabilização objectiva – v.g., para actividades petrolíferas ou de mineração. E acrescentamos ainda que a responsabilidade aquiliana deverá ser utilizada, quando o dano resulte de omissões de deveres de vigilância, na modalidade subjectiva objectivada que decorre do artigo 493.º/2 do Código Civil, ou seja, presumindo-se a culpa do alegado lesante salvo demonstração deste de que tomou as medidas adequadas e suficientes para evitar o dano ou de que, ainda que as tivesse tomado, o dano sempre teria ocorrido.

Mais concretamente, no caso das operações petrolíferas, a LAP, dispõe, no artigo 25.º, sobre a possibilidade de isenção de responsabilização caso as licenciadas, a Concessionária Nacional e suas associadas *"provem que agiram sem culpa"*. Ou seja, nas actividades petrolíferas, o legislador derrogou a possibilidade (supletiva) de responsabilização objectiva, embora tenha feito recair sobre os operadores a demonstração de actuação sem mácula. A superveniência do Decreto Presidencial 194/11, com a inscrição do princípio de responsabilização objectiva no artigo 6.º, *supra* citado, deve entender-se como revogatória desta disposição da LAP, desde logo por força da afirmação preambular de *"revogação de toda a legislação que [o] contraria"*. Assim sendo, na nossa opinião, deve entender-se que vigora o princípio da responsabilidade objectiva por danos ambientais no âmbito das operações petrolíferas.

A título de nota final, anote-se a particular postura, em contra-corrente ao que decorre da legislação específica do sector do petróleo e gás, do Decreto Presidencial 194/11, que parece dar muito mais "peso" e responsabilidades ao Ministério do Ambiente (em detrimento do Ministério dos Petróleos), uma vez que requer a sua actuação em todos os casos de poluição, incluindo os casos em que esteja em causa poluição provocada por operações petrolíferas.

3. Abandono de campos de exploração petrolífera

O fim do ciclo de vida útil de um bloco de petróleo reclama o abandono do campo de exploração. Este abandono deve ser feito de maneira a deixar no local o mínimo de vestígios de impacto ambiental, e de forma a que o "poço" fique fechado e não sujeito a nenhum derrame subsequente. Tal como as operações "em vida", o "funeral" do bloco é também devidamente regulamentado.

Quando se descobre um poço de petróleo passível de exploração comercial, a Concessionária Nacional deve submeter à aprovação do Ministério dos Petróleos um Plano Geral de Desenvolvimento e Produção[34]. Entre outras coisas, este plano deve incluir uma estimativa de custos de abandono das instalações no fim da vida útil do campo petrolífero, bem como uma previsão dos fundos necessários para a sua desactivação. Trata-se, ao cabo e ao resto, de um instrumento de enquadramento preliminar destinado a prever, em linhas gerais, os procedimentos a seguir no momento do abandono do poço, e as despesas projectadas para a fase de desmantelamento.

Há ainda outras disposições que regulam, mais concretamente, o abandono de campos de exploração petrolífera.

3.1. Normas de desmantelamento

Quando as companhias petrolíferas decidem abandonar um poço, de acordo com a legislação angolana, são obrigadas a preparar e entregar ao Ministério dos Petróleos um plano de abandono e restauração do local de instalação. Este plano deverá conter um calendário de implementação, e deverá ser submetido à aprovação do Ministério do Petróleos até um ano antes da data de abandono[35].

Este plano deverá incluir, entre outros aspectos, a descrição: i) da história do campo; ii) das instalações, incluindo a localização, profundidade e tipos de materiais utilizados; iii) dos registos de produção e de jazigos; iv) dos aspectos técnicos, económicos, ambientais e de segurança, das operações de

---

[34] Artigo 63.º da LAP.
[35] Artigos 11.º do RPAAP, e 75.º da LAP.

abandono; v) do impacto das operações de abandono para outros utilizadores do mar e da terra, especialmente nas áreas de pescas, navegação, agricultura e indústria; vi) das soluções de abandono recomendadas, incluindo o horizonte temporal para a sua implementação; vii) do cronograma das actividades de abandono; viii) dos inventários dos materiais químicos que se encontram nas instalações, e planos para a sua remoção (artigo 27.º do Decreto 1/09, de 27 de Janeiro).

O Ministério dos Petróleos tem 90 dias para aprovar o plano, findos os quais, no silêncio, este é considerado aprovado. Em contrapartida, o mesmo Ministério dispõe de 45 dias para solicitar a sua revisão, ou introduzir as alterações que considere necessárias (cfr. o artigo 27.º do Decreto 1/09, de 27 de Janeiro).

Uma nota final para referir que o artigo 27.º do Regulamento das Operações Petrolíferas entrega ao Ministério dos Petróleos a competência de regulamentar os procedimentos técnicos a adoptar sobre a actividade de abandono dos poços. Tais regulamentos não foram, até à data, emitidos.

3.2. Restauração do meio envolvente

As companhias petrolíferas, no momento do abandono do campo de exploração petrolífera, devem restaurar o meio envolvente e proceder à recuperação paisagística desse mesmo local, nos termos do plano previamente aprovado e que mencionámos no ponto anterior. O artigo 75.º da LAP dispõe que

> "...devem proceder ao correcto abandono do poço ou poços em questão, obrigando-se, também, a desenvolver outras acções para o abandono das instalações e outros activos e a proceder à recuperação paisagística, de acordo com a legislação vigente e subsidiariamente com a prática normal da indústria petrolífera".

Por seu turno, o artigo 11.º do RPAAP estatui que o plano de abandono e restauração do local de instalação deve definir "... *b) as medidas a tomar para atenuar o impacto ambiental e restaurar devidamente o local*".

Estas disposições indiciam uma preocupação com a restauração do meio envolvente, a qual se não concretiza, todavia, na indicação de medidas específicas de recuperação paisagística ou de restauração natural ou por equivalente. A LAP remete para a "prática normal da indústria" como critério de referência. Questionamo-nos, contudo, sobre o que deve entender-se por "prática normal da indústria" no contexto da lei angolana. Da nossa perspectiva, a expressão "prática normal da indústria" deve revestir o mesmo significado de uma outra expressão, contida em vários regulamentos aplicáveis à indústria petrolífera no país, a saber: a de "práticas geralmente aceites na indústria internacional de petróleo".

Estas expressões remetem para a expressão inglesa "best oil-field practices" e devem ser entendidas, do nosso ponto de vista, como práticas e procedimentos desenvolvidos e aplicados mundialmente por companhias petrolíferas diligentes, em condições e circunstâncias análogas às condições com que se deparam as companhias petrolíferas no caso concreto.

Por outras palavras, o legislador angolano passivamente remeteu para práticas internacionais as quais deveria ter regulamentado, explicitando os padrões a aplicar no contexto angolano. Julgamos que a definição de "prática normal da indústria" ou de "práticas geralmente aceites na indústria internacional de petróleo" deveria constar da lei. Na generalidade dos países produtores de petróleo, existem previsões legais onde se inscreve o critério essencial e genérico para a condução das operações petrolíferas – as "best oil-field practices" –, mas esse mesmo critério está definido e concretizado. Em Angola, o legislador não só não dedicou uma definição legal a esta expressão, como tão pouco aprofundou o que deve ser feito para recuperar paisagisticamente um local de exploração abandonado. Na nossa opinião, impunha-se uma sistematização de critérios mínimos de recuperação paisagística a seguir pelas companhias petrolíferas aquando do abandono de campos de exploração.

4. Em jeito de conclusão: o futuro das operações petrolíferas em Angola no que respeita à protecção do ambiente

Embora a protecção ambiental em Angola seja um objectivo inscrito na Constituição e exista um conjunto de diplomas que regulam a protecção ambiental, a legislação de controlo de poluição e os padrões ambientais é ainda muito deficiente. Apesar das boas intenções demonstradas pela legislação vigente, a capacidade técnica do Ministério dos Petróleos é ainda insuficiente para garantir um efectivo controlo da poluição e, infelizmente, essa não parece ser, no momento, a sua prioridade. Neste sentido, as companhias petrolíferas acabam por se auto-regular e desenvolvem programas próprios de controlo ambiental. Ora, ainda que esta iniciativa das companhias petrolíferas seja de louvar, muitas vezes as decisões são tomadas mais com base em considerações economicistas do que em considerações ambientais.

A acrescer a este facto, devem sublinhar-se algumas circunstâncias que impedem um desenvolvimento mais significativo no plano da protecção do ambiente, como a iliteracia e pobreza generalizadas, a pouca informação que chega aos angolanos, a relevância da indústria petrolífera como motor económico do país, a percepção de que mais importante do que o ambiente é extrair o máximo de petróleo possível para acelerar o processo de reconstrução do país, ou o facto de muitos angolanos literatos trabalharem directa ou indirectamente para a indústria petrolífera (reduzindo seriamente o seu *animus* para denunciar situações de desrespeito para com o meio ambiente). Estes factores concorrem para entravar a formação de uma consciencialização social relativamente aos riscos ambientais causados pela exploração petrolífera e constituem uma barreira ao desenvolvimento de uma cultura de fiscalização e responsabilização na sociedade angolana.

Não podemos esquecer, todavia, que estamos perante um país que em 2002 se libertava de uma guerra civil sangrenta que o dilacerou. Sendo certo que o argumento da guerra civil não pode valer *ad eternum,* a verdade é que desde então até ao presente (2013) muitos foram os avanços no campo da protecção ambiental. Registam-se alguns avanços importantes, que permitem olhar para o futuro com alguma esperança. Angola está a entrar num processo de modernização que levará, inevitavelmente, à formação de uma maior consciência ambiental. Prova disso reside no facto de, no final de 2012, terem sido publicadas em Diário da República uma série de convenções internacionais sobre protecção ambiental no âmbito das operações de petróleo e gás que haviam sido ratificadas por Angola (algumas delas no final dos anos 1980!) e cujo texto nunca tinha sido publicado[36]. Parece-nos

---

[36] Nomeadamente, a Convenção n.º 7/12, de 26 de Dezembro: *Convenção Internacional sobre a Cooperação e Combate Contra a Poluição por Hidrocarbonetos,* de 1990 (versão inglesa), cuja adesão foi aprovada pela Resolução 33/01, de 9 de Novembro; a Convenção

que este pode ser um sinal de que a protecção ambiental está a ser levada mais a sério pelas autoridades competentes.

O Governo angolano parece estar mais atento às boas práticas internacionais (e também para os exemplos do que não fazer os quais, infelizmente, abundam em África) e querer investir na regulação das operações petrolíferas, particularmente no que à protecção ambiental diz respeito[37]. O futuro das operações petrolíferas em Angola, no entrelaçamento com as preocupações de protecção do ambiente, irá porventura passar por uma mais precisa regulamentação, bem como pela criação de mecanismos de monitorização por parte do Governo, por um lado e, por outro lado, pela maior pressão de grupos e organizações ambientais que irão emergir da sociedade civil no sentido de exigir das companhias petrolíferas que conduzam as suas operações de forma responsável.

Proteger o ambiente em Angola é ainda, em larga medida, uma promessa por cumprir. Para fazer face a este desafio, será necessário, antes de mais nada, definir quais os padrões segundo os quais os procedimentos a implementar devem ser instituídos. Depois, seria importante sentar à mesa todas as companhias petrolíferas actuantes em Angola de forma a estabelecer padrões de actuação comuns. Seria importante que as autoridades angolanas reconhecessem que as companhias petrolíferas têm uma vasta experiência internacional, que podem utilizar para contribuir para a criação de padrões e regulamentos que incorporem o que de melhor se tem feito a nível de pro-

---

n.º 8/12, de 26 de Dezembro: *Convenção Internacional sobre Responsabilidade Civil pelos Prejuízos devidos a Poluição por Hidrocarbonetos,* de 1992 (versão inglesa), cuja adesão foi aprovada pela Resolução 32/01, de 1 de Novembro; a Convenção n.º 10/12, de 26 de Dezembro: *Convenção Internacional de Compensação pelos Prejuízos devidos a Poluição por Hidrocarbonetos*, de 1992 (versão inglesa), cuja adesão foi aprovada pela Resolução 30/01, de 26 de Outubro; a Convenção n.º 12/12, de 26 de Dezembro: *Convenção Internacional sobre a Intervenção em Alto Mar em caso de acidentes que causem poluição por Hidrocarbonetos*, de 1969, tal como emendada em 1973 e 1991 (versão inglesa), cuja adesão foi aprovada pela Resolução 29-A/01, de 5 de Outubro; e a Convenção n.º 14/12, de 26 de Dezembro: *Convenção Internacional sobre a Responsabilidade e Indemnização relacionadas com o Transporte Marítimo de Substâncias Perigosas e Tóxicas*, de 1996 (versão inglesa), cuja adesão foi aprovada pela Resolução 29/01, de 5 de Outubro.

[37] A atestá-lo estão os muitos Decretos aprovados nos últimos 2/3 anos, relativos à protecção do ambiente.

tecção ambiental em outros países produtores de petróleo. Não aproveitar essa experiência constitui um lapso indesculpável.

Uma vez resolvidos os aspectos de base, falta cumprir algumas injunções legiferantes que resultam da legislação própria do sector, da LBA e da Constituição da República de Angola. Existem muitas disposições (algumas das quais, de resto, fomos identificando ao longo do texto) que não passam de meras declarações de princípio, às quais importa conferir efectividade. Identicamente recomendável seria limar algumas imperfeições nas leis existentes, como as apontadas em sede de avaliação de impacto ambiental, mas também, por exemplo, no plano da articulação entre avaliação de impacto ambiental e licenciamento ambiental.

Enfim, e correndo o risco de sermos óbvios, é imperativo o incremento da transparência e do acesso à informação por parte da sociedade civil. Sem uma sociedade civil informada e motivada, com um forte sentimento de identificação com os valores da natureza, será muito difícil implementar programas de conservação ambiental. Mais do que legislar, importa alertar e incorporar os valores que a legislação já em vários planos semeou, criando na sociedade angolana uma verdadeira consciência ambiental.

Lisboa, Fevereiro de 2013

O Poder Concedente no Sector Petrolífero em Angola

Carlos Maria Feijó[*]

SUMÁRIO: 1. Introdução; 2. A reforma Legislativa de 2004; 3. As Atribuições do Poder Concedente ao abrigo da Lei das Actividades Petrolíferas: 3.1. Conselho de Ministros; 3.2. Ministério dos Petróleos; 3.3. Concessionária Nacional – Sonangol. 4. A Concessionária Nacional enquanto entidade decisória – Conflito de Interesses; 5. Conclusões.

1. Introdução

Durante a era colonial e no início do período pós-independência, o sistema petrolífero angolano baseava-se no sistema de acesso geral ou sistema concessionário (*concessionary system*[1]), em que os direitos mineiros (de exploração e produção de petróleo) eram concedidos directamente às empresas petrolíferas estrangeiras.

O ano de 1978 marcou uma viragem fundamental no sistema de atribuição de direitos petrolíferos em Angola. Com efeito, em 1978 e à semelhança

---

[*] Doutor em Direito.
Professor Titular da Faculdade de Direito da Universidade Agostinho Neto (Angola).

[1] A este sistema opõe-se o *contractual system*, que se caracteriza pela adjudicação dos direitos através de contratos do tipo partilha de produção. Sobre a distinção (vantagens e desvantagnes) e implicações económico-fiscais dos dois sistemas, vide KAISER, Mark J. e PULSIPHER, Allan G., *Fiscal System Analysis:Concessionary and Contractual Systems Used in Offshore Petroleum Arrangements*, Coastal Marine Institute, U.S. Department of the Interior, Louisiana State University, 2004, acessível em http://www.data.boem.gov.

de outros países[2], houve uma transição para o sistema misto (ou híbrido), em que as actividades petrolíferas passaram a ser reguladas não apenas pela lei, mas também por contratos individualmente negociados.

Essa transição foi marcada pela entrada em vigor da Lei n.º 13/78, de 26 de Agosto ("Lei 13/78"), a qual veio consagrar como princípio basilar do sistema petrolífero angolano o princípio da propriedade estatal dos jazigos de hidrocarbonetos. De acordo com o preâmbulo e artigo 1.º da referida lei, «são propriedade do povo angolano, através do Estado, todos os jazigos de hidrocarbonetos líquidos e gasosos existentes no subsolo e plataforma continental, compreendidos no território nacional e até ao limite das águas jurisdicionais da República de Angola, ou em qualquer domínio territorial estabelecido em convenções internacionais sobre o qual se exerça a soberania nacional.»

Este princípio nada mais é do que o reflexo do princípio da soberania do povo angolano sobre todos os recursos naturais existentes em Angola, consagrado no artigo 11.º da Lei Constitucional então vigente[3]. Desse prin-

---

[2] Este princípio, que foi generalizado e aplicado nesta época, encontrou sede material na *Carta dos Direitos e Deveres Económicos dos Estados*, aprovada pela Assembleia Geral da ONU em 1974, que pela primeira vez na História do Direito Internacional acolheu o princípio da soberania nacional sobre os recursos naturais dos Estados. Como se sabe, esta Carta constituiu uma peça essencial na então denominada "nova ordem económica internacional". Em rigor, esse princípio foi essencial e resultou de um movimento reivindicado desde os anos 50 do século XX, principalmente, pelos países produtores como forma de reaver os recursos que, na sua óptica, consideravam terem sido injustamente atribuídos ou apropriados pelas empresas estrangeiras; o que, em certos casos, resultou em processos de nacionalizações (como no caso no Iraque, 1951) ou noutras tentativas de renegociação de concessões (como no caso da Líbia, 1970).

[3] Este princípio foi reformulado na revisão da Lei Constitucional em 1992, nos seguintes termos: «Todos os recursos naturais existentes no solo e no subsolo, nas águas interiores, no mar territorial, na plataforma continental e na zona económica exclusiva, são propriedade do Estado, que determina as condições do seu aproveitamento, utilização e exploração.» (n.º 1 do artigo 12.º da Lei n.º 23/92, de 16 de Setembro – Lei de Revisão Constitucional então vigente). Mais recentemente, a Constituição da República de Angola reiterou o mesmo princípio, dando-lhe a seguinte redacção: «Os recursos naturais, sólidos, líquidos e gasosos existentes no solo, subsolo, mar territorial, na zona económica exclusiva e na plataforma continental sob jurisdição de Angola são propriedade do Estado que determina as condições para a sua concessão, pesquisa e exploração nos termos da Constituição, da Lei e do Direito internacional» (artigo 16.º).

cípio decorrem corolários, que o legislador verteu nos seguintes princípios fundamentais do regime jurídico angolano:

- Princípio do monopólio ou da titularidade exclusiva de direitos mineiros pela empresa petrolífera nacional (artigo 2.º);
- Princípio da intransmissibilidade de direitos mineiros (artigo 4.º);
- Princípio da obrigatoriedade associativa das empresas petrolíferas estrangeiras (artigo 16.º); e
- Participação maioritária da empresa petrolífera nacional (artigo 20.º).

Vejamos, sucintamente:

O princípio do monopólio da concessionário petrolífera nacional traduz--se na atribuição, a título exclusivo, de direitos mineiros (i.e. direitos de pesquisa e produção de hidrocarbonetos) à Sonangol, E.P. ("Sonangol"), a qual passou a ter o estatuto de "Concessionária Nacional". Este princípio veio marcar o fim da vigência do sistema concessionário livre, ao determinar-se, no n.º 2 do artigo 2.º, a extinção da concessão dos direitos mineiros atribuídos a sociedades ou entidades estrangeiras, tendo tais direitos sido transferidos para a Sonangol sem mais formalidades (i.e. pela mera entrada em vigor da Lei 13/78).

O segundo princípio – princípio da intransmissibilidade de direitos mineiros – determina uma proibição expressa de a Sonangol transmitir, total ou parcialmente, os direitos mineiros que lhe são atribuídos. Já de acordo com o terceiro princípio – intransmissibilidade de direitos mineiros –, toda a sociedade ou entidade estrangeira que queira exercer actividades de pesquisa e produção de hidrocarbonetos, apenas o poderá fazer em associação com a Sonangol. Tal associação assumirá uma das seguintes formas:

- sociedade comercial, que importa a constituição de uma sociedade comercial de direito angolano;
- associação em participação[4]; ou ainda

---

[4] Associações em participação (terminologia da Lei n.º 13/78, de 26 de Agosto) ou consórcios (terminologia da Lei n.º 10/04, de 12 de Novembro). No direito petrolífero angolano foram adjudicados direitos mineiros através dessas figuras no Bloco 0 (Associação de Cabinda) – Contrato inicial de 1957 e alterado em 1966, 1969, 1973, 1986 e em 2004. E os

– contrato de partilha de produção ("CPP" ou, na denominação inglesa, *"production sharing agreement*[5]*"*) (artigo 17.º, n.º 1), o qual é, até à data, a forma associativa mais utilizada em Angola.

Como se pode constatar por esse mecanismo de atribuição de direitos, o sistema angolano deve, na realidade, qualificar-se como um sistema misto, no qual convivem as componentes do sistema concessional – a concessão para a Concessionária Nacional – e o contrato de partilha de produção, o mais típico do sistema contratual.

Assim, como referimos, em Angola, de entre todas as formas associativas permitidas por lei, o contrato associativo (i.e. o contrato pelo qual a Sonangol se associa a entidades privadas para a execução de operações petrolíferas) de eleição em Angola é o Contrato de Partilha de Produção ("CPP"). Importa, por isso, ainda que em breve nota, determinar a natureza jurídica deste contrato, à luz do direito angolano.

Sendo um contrato de exploração petrolífera, o CPP incide sobre recursos integrados no domínio público[6], e como tal enquadra-se, como aliás o fez (e, a nosso ver bem) Carlos Teixeira[7], no âmbito dos contratos

---

FS (Fina/Sonangol) e FST (Fina/Sonangol/Texaco) para a Zona Terrestre do Baixo Congo, em 1967. Estas concessões foram atribuídas em 1967 e reconhecidas pelo Governo Angolano após a independência do País; depois foram objecto de operações petrolíferas até à presente data, mas nunca foram objecto de diploma de concessão nem de contrato de associação em participação à luz da legislação petrolífera angolana.

[5] Vulgarmente designado pela sigla inglesa PSA. O PSA teve a sua origem na Indonésia em 1966, tendo sido celebrado entre a empresa nacional Permina e a Indonesia American Petroleum Company (IIAPCO), tendo-se rapidamente propagado pelos países que não adoptaram o sistema concessionário como instrumento de maior equilíbrio entre o país titular dos recursos e as empresas petrolíferas. Sobre o tema, vide *Key Issues for Rising National Oil Companies*, KPMG International, 2008, acessível em http://www.kpmg.com.

[6] Veja-se o artigo 12.º, n.º 1 da Lei de Revisão Constitucional.

[7] Carlos Teixeira, *Os Contratos Administrativos no Direito Angolano*, Luanda, Luanda Editora, 1999. De acordo com a definição dada por Carlos Teixeira, domínio público é *"o conjunto de coisas públicas e dos direitos públicos que sobre elas incidem e assistem à Administração Pública"*, sendo que, na ausência de um diploma que faça a enumeração das coisas que integram o domínio público, devemos, à semelhança do referido autor, socorrer--nos da definição de "coisa pública" estatuída no artigo 202.º, n.º 2 do Código Civil. *Vide* pp. 91 e 92.

de concessão de exploração do domínio público; os quais sujeitam-se ao Direito Administrativo e ao respectivo regime jurídico, nomeadamente, o Decreto-Lei n.º 16-A/95 de 15 de Dezembro (que aprova as Normas do Procedimento e da Actividade Administrativa). Tal posição é corroborada pelo artigo 120.º, n.º 2, al. d) do referido diploma, o qual classifica como contrato administrativo a «concessão de exploração do domínio público».

De acordo com a definição que nos é dada pelo artigo 120.º, n.º 1 do mesmo diploma, contrato administrativo é «o acordo de vontades pelo qual é constituída, modificada ou extinta uma relação jurídica de direito público entre a Administração [Pública] e um particular tendo como finalidade a realização de um interesse público». Por outras palavras, os contratos administrativos visam associar um particular ao desempenho regular de atribuições administrativas de modo que aquele substitui-se ao Estado no exercício de certa actividade com vista a realização de um interesse público[8].

Portanto, resulta do que se acaba de dizer que, à luz do direito angolano, o CPP é um contrato administrativo. No entanto, coloca-se a questão de saber se o CPP é um contrato administrativo por determinação legal ou por natureza. Para responder a esta questão, vale a pena descrever o que denominaremos por "processo concedente", i.e., o processo através do qual são atribuídas as concessões petrolíferas em Angola.

Como já se disse algumas vezes ao longo deste trabalho, os direitos mineiros são concedidos à Sonangol e esta, por sua vez, através do CPP, permite que as suas associadas executem operações petrolíferas; ou seja, que exerçam os direitos que lhe são atribuídos exclusivamente a si (i.e. à Sonangol).

Esse processo concedente materializa-se através de um único instrumento jurídico – o Decreto de Concessão[9] que era emitido pelo Conselho

---

[8] Os contratos administrativos têm por objecto uma concessão. Esta é o acto administrativo pelo qual um órgão da Administração Pública transfere para um particular o exercício de uma actividade pública, que o concessionário desempenhará por sua conta e risco mas no interesse público.
Vide Freitas do Amaral, *Curso de Direito Administrativo*, Vol.II, Coimbra, 2007 p. 258.

[9] *Vide* artigos 8.º, n.º 2, 48.º e 49.º da LAP.

de Ministros. Este é definido como o «instrumento formal do Poder Governo através do qual é atribuída à Concessionária Nacional uma determinada concessão petrolífera» (artigo 48.º, n.º 1 da LAP) e contém, pelo menos, os seguintes elementos essenciais[10]:

- Atribuição dos direitos mineiros (à Sonangol);
- Definição e descrição da área de concessão;
- Duração da concessão e das diferentes fases e períodos;
- Identificação do Operador.

Para além disso, no caso de a Concessionária Nacional se associar a terceiros para a execução das operações petrolíferas, o Decreto de Concessão deveria conter[11]:

- Autorização para a Concessionária Nacional realizar a associação;
- Identificação das suas associadas; e
- Aprovação do respectivo contrato associativo (em regra, o CPP).

Portanto, como podemos ver, no mesmo instrumento jurídico o poder executivo (i) concede os direitos mineiros à Sonangol, (ii) autoriza esta a associar-se a terceiros, e (iii) aprova o respectivo CPP. Ou seja, temos aqui um processo em que intervêm três partes – o Governo, a Sonangol e as suas associadas.

Por esta razão, Carlos Teixeira[12] entende que os CPP têm uma estrutura multipolar, o que o levou a retirar duas conclusões: por um lado, que *«a tradicional estrutura bilateral da relação jurídica administrativa não se aplica aos contratos de partilha de produção*[13]*»* e, por outro, que o CPP, à luz do direito angolano, é uma espécie de "sub-concessão".

Das conclusões de Carlos Teixeira resultam, a meu ver, uma contradição – enquanto que a primeira leva-nos a concluir que o CPP é um contrato administrativo por determinação legal e não por natureza, uma vez que não obedece à estrutura bilateral da relação jurídico-administrativa; a segunda,

---

[10] *Vide* artigo 48.º, n.º 2 da LAP.
[11] *Vide* artigo 49.º, n.º 1 da LAP.
[12] Carlos TEIXEIRA, *op. cit.*, p. 98.
[13] *Ibid.*

e ao contrário, faz-nos concluir no sentido inverso, i.e. que o CPP é efectivamente um contrato administrativo por natureza por traduzir-se numa (sub-)concessão que, como já aqui disse, é o acto jurídico pelo qual o Estado permite a um particular substituí-lo na realização de certa actividade administrativa no interesse público e, como tal, sujeito ao direito público.

Assim, somos a concordar apenas com a segunda conclusão de Carlos Teixeira, segundo a qual o CPP traduz-se numa sub-concessão dos direitos mineiros atribuídos à Sonangol: como mencionámos anteriormente, o processo concedente materializa-se através de um único acto – o Decreto Presidencial de Concessão; o qual, por um lado, concede os direitos mineiros à Sonangol, e por outro, autoriza esta a associar-se a terceiros através de um contrato associativo (CPP) que é também aprovado pelo mesmo acto.

Daqui resulta, a meu ver, e sem que se ponha em causa o princípio da intransmissibilidade dos direitos mineiros (*supra*), uma concessão indirecta (ou sub-concessão, nas palavras de Carlos Teixeira) dos direitos mineiros atribuídos à Sonangol às suas associadas, sem os quais estas não poderiam exercer as operações petrolíferas.

Discordamos da não aplicabilidade da estrutura bilateral da relação jurídico-administrativa aos CPP defendida por Carlos Teixeira, pois, a bom rigor, o CPP é celebrado, por um lado, pela Concessionária Nacional no uso de poderes de autoridade (ou seja, no desempenho de funções administrativas) e, como tal, sujeita à aplicação do regime jurídico-administrativo (*Vide* artigo 2.º, n.º 2 do Decreto-Lei n.º 16-A/95) e, por outro, pelo grupo empreiteiro (composto pelas associadas da Sonangol). Ou seja, o CPP é, efectivamente, um contrato bilateral e, a meu entender, um contrato administrativo por natureza e não apenas por determinação legal. Contudo, é um contrato administrativo sujeito a regras próprias, dada a especificidade do sector petrolífero.

Esse quadro associativo é o quadro geral de operações e atribuição de direitos de participação e acesso das empresas aos direitos petrolíferos em Angola. Entretanto, o legislador, prevendo situações de especial risco e com base em experiências comparadas[14], permitiu ainda à Sonangol celebrar

---

[14] Designadamente, as que resultavam da tentativa de estimular produção em campos petrolíferos já em declínio em determinados países.

contratos de prestação de serviços (i.e. contratos de serviço com risco ou *risk service contracts*[15]) (artigo 17.º, n.º 2).

Estes, a bom rigor, não constituem uma forma de associação pois, por definição, numa relação de prestação de serviços não existe o elemento essencial das associações – a *affectio societatis*. Ou seja, a vontade ou intenção de constituir uma sociedade ou de se associar com vista uma cooperação recíproca, como acontece nos casos anteriores.

Por outro lado, previu-se ainda a possibilidade de, em casos excepcionais, o Conselho de Ministros autorizar outras formas contratuais que não contrariem o princípio da propriedade estatal dos jazigos de hidrocarbonetos e o princípio da titularidade exclusiva de direitos mineiros (artigo 29.º)[16].

Finalmente, o princípio da participação maioritária da empresa petrolífera nacional impõe uma participação obrigatória mínima de 51%[17] da Sonangol em qualquer tipo de associação estabelecida com sociedades ou entidades estrangeiras (artigo 20.º, n.º 1), excepto nos casos de actividades no mar a uma profundidade superior a 150 metros, em que se permitia uma participação inferior a fixar por Decreto do Conselho de Ministros (artigo 20.º).

Estes princípios enformaram um sistema de carácter misto do sistema petrolífero angolano, resultado não apenas da consagração legal dos princípios acima descritos mas, também, da ausência de uma maior densificação normativa dos preceitos da Lei 13/78[18]. O que necessariamente remetia

---

[15] Sobre o *Risk Service Agreement* vide, Gao, Zhiguo. International Petroleum Contracts: Current trends and new directions. 1994. Graham & Trotman / Martinus Nijhoff.

[16] Dir-se-ia que esta constituía uma "válvula de escape" ou norma de recurso para situações que o Governo considerasse de relevante interesse público e para as quais as demais formas associativas ou contratuais não seriam adequadas. Tanto quanto temos conhecimento, essa norma nunca chegou a ser utilizada.

[17] Considera-se que os 51% seriam uma maioria mínima necessária para o controlo pela Sonangol. É bom de sublinhar que os recentes desenvolvimentos do Direito nos levam a considerar que controlo e maioria absoluta dos interesses participativos nem sempre são sinónimos. Necessariamente que o "take" (a fatia) da Sonangol será maior, mas daí, em contrapartida, também o esforço financeiro que lhe é exigido. De qualquer modo, uma maioria absoluta incontestada de 51% assegura à Sonangol os votos suficientes para deter o controlo nessas associações.

[18] O que veio a acontecer em 2004, como veremos adiante.

para negociação individual a regulação de todos os aspectos não previstos na lei. Daqui resultou, por seu turno, uma atribuição implícita (e efectivo exercício) de poderes regulatórios à Sonangol na qualidade de Concessionária Nacional.

Em concreto, ao abrigo e na vigência da Lei 13/78, o poder concedente (no sentido de poder decisório) era exercido quase que exclusivamente pela Sonangol, exceptuando-se apenas os (poucos) poderes atribuídos expressamente na lei ao Conselho de Ministros e os (menos ainda) atribuídos ao Ministério dos Petróleos ("Minpet") na qualidade de ministério de tutela, sendo estes os seguintes:

a) Conselho de Ministros:

– Fixar a participação da Sonangol em associações que exerçam actividades no mar a uma profundidade superior a 150 metros – Conselho de Ministros (artigo 20.º);
– Autorizar a participação de terceiros nas associações com vista à obtenção de fundos necessários ao investimento (artigo 25.º);
– Autorizar a celebração de outros tipos de contratos não previstos na lei (artigo 29.º)
– Autorizar o Minpet a definir as áreas de concessão (artigo 3.º);
– Definir o conteúdo e fins dos direitos mineiros em casos especiais (artigo 6.º);

b) Minpet:

– Definir as áreas de concessão (artigo 3.º);
– Prorrogar a duração, estabelecida nos contratos, dos períodos de pesquisa e produção (artigo 9.º);
– Autorizar o início de produção após uma descoberta comercial (artigo 63.º, n.º 4.º);
– Conceder autorização provisória ou especial de pesquisa (artigo 12.º);
– Autorizar a queima de gás (artigo 14.º);
– Propor a revisão periódica das percentagens associativas ou de partilha de produção (artigo 27.º);

Em suma, ao abrigo da Lei 13/78, o poder concedente repartia-se por três entidades – o Conselho de Ministros, o Minpet e a Sonangol, sendo que a esta última cabia exercer todos os poderes não expressamente atribuídos aos primeiros, que eram, ao tempo, a maioria dos poderes concedentes.

Desta malha de competências resultou a grande influência da Sonangol no sector petrolífero angolano que, como veremos adiante nesse trabalho, permanece em grande medida até aos dias de hoje.

2. A reforma legislativa de 2004

Em 2004, o sector petrolífero angolano foi submetido a uma segunda e significativa reforma legislativa, tendo sido aprovado três diplomas essenciais:

- Uma nova Lei das Actividades Petrolíferas (Lei n.º 10/04, de 12 de Novembro);
- A Lei sobre o Regime Aduaneiro Aplicável ao Sector Petrolífero (Lei n.º 11/04, de 12 de Novembro); e
- A Lei sobre a Tributação das Actividades Petrolíferas (Lei n.º 13/04, de 24 de Dezembro).

Dado o objecto do presente trabalho, debruçar-nos-emos apenas sobre a Lei das Actividades Petrolíferas, por constituir a referência legislativa do sector petrolífero *upstream* angolano.

A aprovação de uma nova lei reguladora das actividades petrolíferas (que veio revogar a Lei 13/78) foi determinada por diversos factores como o desenvolvimento do próprio sector, o avolumar de experiências que tal desenvolvimento originou e, consequentemente, a necessidade de implementação de novos conceitos e práticas no âmbito das concessões petrolíferas.

Visou-se, essencialmente, não alterar substancialmente o sistema então inaugurado pela Lei 13/78, mas, pela positiva, completá-lo e ajustá-lo às necessidades de uma contemporaneidade que impunha novas formas de actuar e regular a actividade[19]. Como se verá a seguir, esses factores ditaram

---

[19] V. Preâmbulo da Lei das Actividades Petrolíferas.

a revisão (e revogação) da Lei 13/78, a qual manteve as linhas orientadores da reforma de 1978.

Como enunciámos, não obstante a Lei das Actividades Petrolíferas ter revogado a Lei 13/78, pela importância dos princípios fundamentais consagrados nessa lei no ordenamento jurídico angolano, tais princípios foram reiterados na Lei das Actividades Petrolíferas[20], tendo sido apenas reformulados e complementados; o mesmo será dizer que a reforma legislativa revalidou ou importou os princípios-chave do anterior regime legal.

Observa-se, entretanto, uma alteração substancial no que tange ao princípio da obrigatoriedade associativa: ao passo que na lei anterior, a Lei 13/78, este princípio aplicava-se apenas a sociedades e entidades estrangeiras, a Lei das Actividades Petrolíferas vem abolir essa distinção, passando a ser obrigatória a associação tanto de sociedades estrangeiras como das nacionais. Reza, na verdade, a norma que «toda a sociedade que pretenda exercer em território angolano operações petrolíferas fora do âmbito da licença de prospecção[21], apenas o pode fazer conjuntamente com a Concessionária Nacional (...)» (artigo 13.º).

Em rigor, esse seria o corolário natural do monopólio concessionário da Sonangol, i.e., sendo a Sonangol a concessionária exclusiva dos direitos mineiros, a Lei das Actividades Petrolíferas limita-se a retirar as devidas consequências, ao dispor que a necessidade de associação não se limita às empresas estrangeiras, sendo também aplicável às nacionais.

---

[20] Como resulta dos artigos 3.º, 4.º, 5.º, 13.º e 15.º.

[21] A Lei das Actividades Petrolíferas introduziu uma distinção entre a licença de prospecção e a concessão, atribuindo a cada uma um regime específico (*Vide* respectivamente, capítulo IV e capítulo V). De entre as diferenças entre os dois regimes, destaca-se a competência para atribuir os respectivos títulos – enquanto que a licença de prospecção é atribuída pelo Ministério dos Petróleos, a concessão petrolífera é atribuída pelo Conselho de Ministros (artigo 8.º). No entanto, o foco deste trabalho será a concessão petrolífera. Nesta matéria, importa distinguir "licença" de "autorização" – enquanto ambas são actos administrativos, a primeira é um acto pelo qual um órgão da Administração Pública atribui a alguém o direito de exercer uma actividade privada que é permitida por lei (neste caso, o particular não é titular de nenhum direito face à Administração), e a segunda é o acto pelo qual um órgão da Administração permite a alguém o exercício de um direito ou de uma competência pré-existente (ou seja, o particular já é titular do direito e apenas o seu exercício carece de autorização). Sobre esta matéria veja Freitas do Amaral, *op. cit.*, p. 257-258.

Por outro lado, parece-nos igualmente que tal solução se impunha em homenagem a um princípio de igualdade de tratamento, independentemente de se tratar de sociedades estrangeiras ou nacionais, num período em que os nacionalismos[22] já se haviam há muito esbatido. Note-se, que tal princípio de igualdade (de resto encontrando sede normativa no artigo 18.º da então Lei Constitucional) não significa que em tudo as empresas estrangeiras e nacionais devam ser absolutamente equiparadas[23].

Muitas foram as novidades trazidas pela nova lei, as quais prendem-se fundamentalmente com interesses de política económica e social para o sector petrolífero angolano e para o País, nomeadamente, a protecção do interesse nacional, a promoção do desenvolvimento do mercado de trabalho, a valoração dos recursos mineiros, a protecção do meio ambiente, a racionalização da utilização de recursos petrolíferos e o aumento da competitividade do país no mercado internacional[24].

Em resumo, a Lei das Actividades Petrolíferas apresenta as seguintes características fundamentais:

– Mantém os principais princípios já consagrados na Lei 13/78 com algumas reformulações[25];
– Densifica o conteúdo de alguns princípios e matérias já constantes da Lei 13/78: nomeadamente, definiu de forma clara a competência

---

[22] O mesmo se diga dos "acantonamentos" ideológicos da Guerra Fria, que ditaram também soluções jurídicas nos vários sistemas jurídicos durante esse período.

[23] Não nos parece ser este o sentido útil ou material da igualdade; se assim fosse, o recente regime aprovado pelo Decreto Legislativo Presidencial n.º 3/12, de 16 de Março, seria materialmente inconstitucional porque concede alguns incentivos – em rigor, isenta de algumas obrigações fiscais ou parafiscais – às sociedades nacionais, o que, de todo não nos parece inconstitucional no contexto de tentar colocar o empresariado nacional numa situação de maior relativa competitividade que lhes permita aceder aos recursos petrolíferos. Essencialmente, e como atrás dissemos, podemos falar aqui em "discriminação" positiva como forma complementar de apoio ao desenvolvimento do conteúdo local e, consequentemente, da economia do país. Diga-se ainda que tal exceção relativa à igualdade também ela está ancorada em considerações de aprovação por lei, adequação e proporcionalidade em respeito pelas limitações aos princípios constitucionais (como decorre do artigo 57.º da Constituição da República Angolana).

[24] Preâmbulo da Lei das Actividades Petrolíferas.

[25] V. Secção anterior.

para a emissão de títulos (artigo 8.º) e estabeleceu os requisitos das associadas da Concessionária Nacional (artigo 45.º);
– Enuncia princípios de matérias que, anteriormente, constavam de Decretos de Concessão como, por exemplo, segurança e higiene no trabalho (artigo 23.º), protecção ambiental (artigo 24.º), direitos e obrigações da Concessionária Nacional (artigos 29.º e 30.º), direitos e obrigações das associadas da Concessionária Nacional (artigo 31.º);
– Introduz matérias e princípios novos e inovadores com vista a adaptar a legislação às mais recentes inovações verificadas nos sectores petrolíferos angolano e internacional, como o princípio do fomento do empresariado privado angolano e promoção do desenvolvimento (artigo 26.º)[26], transmissão de interesses participativos (artigo 16.º), matérias relacionadas com concursos públicos e negociação directa (capítulo V), todas as matérias sobre operações petrolíferas (capítulo VI), fiscalização de operações petrolíferas (capítulo VII), etc.

3. As atribuições do poder concedente ao abrigo da Lei das Actividades Petrolíferas

Quanto ao seu objecto, dispõe a Lei das Actividades Petrolíferas no artigo 1.º que: «A presente lei visa estabelecer as regras de acesso e de exercício das actividades petrolíferas nas áreas disponíveis de superfície [solo] e submersa [subsolo] do território nacional, das águas interiores, do mar territorial, da zona económica exclusiva e da plataforma continental»; sendo que o conceito de «operações petrolíferas» para efeitos de aplicabilidade dessa lei, definido no n.º 12 do artigo 2.º, é o seguinte: «Operações petrolíferas são as actividades de prospecção, pesquisa [ou exploração], avaliação, desenvolvimento e produção de petróleo» – ou seja, as actividades designadas na indústria como *upstream*.

---

[26] Princípio esse que, como vimos, veio a materializar-se no Decreto n.º 4/07, de 22 de Janeiro e, mais recentemente, no Decreto Presidencial Legislativo n.º 3/12, de 16 de Março, que estabelece os incentivos fiscais às empresas nacionais do sector petrolífero e revoga o Decreto n.º 4/07.

Note-se que as actividades designadas de *downstream* (refinação, armazenagem, transporte, distribuição e comercialização) são excluídas e remetidas para regulação própria pelo n.º 2 do artigo 1.º[27].

Relativamente ao objecto do presente trabalho, e que é também o objecto do presente capítulo, de referir, antes de mais, que a Lei das Actividades Petrolíferas mantém a estrutura, já antes estabelecida pela Lei 13/78, de repartição do poder concedente pelas mesmas três entidades – o Conselho de Ministros, o Minpet e a Sonangol (actuando na qualidade de Concessionária Nacional). De referir, também, que, neste âmbito, a reforma de 2004 veio aumentar substancialmente o leque de atribuições do Minpet, o qual passou, pelo menos teoricamente, a deter a maioria das atribuições.

Para uma melhor compreensão do que enunciamos, passamos a enumerar as atribuições de cada uma das entidades "detentoras" de poder concedente em Angola.

3.1. Conselho de Ministros

Ao Conselho de Ministros, na qualidade de órgão representativo do Governo e como tal representante[28] do Estado angolano, são atribuídos

---

[27] Essas actividades são, actualmente, reguladas pela Lei n.º 26/12, de 22 de Agosto.

[28] Uma perplexidade que se levanta é a de saber como interpretar este sistema à luz da "reforma" constitucional de 2010, que em resultado da entrada em vigor da Constituição da República de Angola, aboliu o órgão Governo e elegeu como "titular" do Poder Executivo, o Presidente da República. A nosso ver, uma interpretação à luz da Constituição impõe, ao menos, que se equacione se os poderes que a Lei das Actividades Petrolíferas atribui ao Conselho de Ministros, mantêm o mesmo sentido que o legislador lhe atribuiu em 2004 ou se se deve fazer uma interpretação actualista ou conforme à Constituição da norma e logo de todo o sistema. A prática constitucional tem consistido em o Presidente da República submeter os actos à apreciação do Conselho de Ministros, nos termos constitucionais e, uma vez apreciado, aprovar o acto formal no âmbito dos seus poderes próprios, mencionando que o acto obteve a apreciação do Conselho de Ministros. Por outro lado, entende-se que os poderes do Minpet são exercidos no âmbito da delegação de poderes do Presidente da República. Esta prática vem, a nosso ver, consolidar a melhor interpretação da Constituição. De outra forma, não deixaria de ser curioso que, *aparentemente,* sob o novo regime de forte pendor presidencialista e no âmbito da matéria de maior sensibilidade económica do país, o Presidente da República não detivesse orgânica, material e formalmente poderes de decisão

todos os poderes relativos e conexos com a concessão de direitos mineiros à Sonangol e com as concessões petrolíferas em geral, bem como poderes relacionados com questões de interesse nacional. Em particular, cabe a essa entidade:

- Atribuir a concessão para o exercício de direitos mineiros (artigo 8.º, n.º 2);
- Atribuir os direitos mineiros à Concessionária Nacional sobre as áreas de concessão, através de um Decreto de Concessão (artigos 4.º, n.º 2 e 44.º);
- Autorizar o Minpet a definir as áreas de concessão (artigo 11.º);
- Retirar a qualidade de associada da Concessionária Nacional às entidades que, de forma grave ou reiterada, não cumpram as suas obrigações legais (artigo 47.º, n.º 1);
- Autorizar a Concessionária Nacional a associar-se à entidades privadas para a execução de operações petrolíferas (artigo 49.º, n.º 1, al. a);
- Aprovar o contrato associativo (em regra, Contrato de Partilha de Produção) entre a Sonangol e as associadas (artigo 49.º, n.º 1, al. c)[29];
- Autorizar todas e quaisquer alterações aos contratos associativos (artigo 50.º);
- Resgatar, total ou parcialmente, e por razões de interesse público e mediante justa compensação, as concessões petrolíferas (artigo 52.º, n.º 2). Este mecanismo equipara-se a uma expropriação por utilidade pública;
- No caso de situações de unitização em áreas que não se encontrem sob o regime de concessão ou relativas a país limítrofe, aprovar a estratégia a ser adoptada com vista a possibilitar a produção de petróleo (artigo 64.º, n.º 8);
- Em casos de emergência nacional (ex. conflito armado, catástrofe natural ou iminente expectativa dos mesmos), ordenar a requisição de instalações petrolíferas de qualquer concessão petrolífera, a qual

---

e que estes, na órbita do que sejam os poderes executivos, estivessem distribuídos ora no Conselho de Ministros ora no Ministro dos Petróleos.

[29] Esta aprovação consta do próprio Decreto de Concessão (*supra*).

produz efeitos apenas enquanto durar o estado de emergência (artigo 79.º, n.ᵒˢ 1 e 2);
– Autorizar a prospecção e produção de quaisquer outras substâncias (i.e. substâncias diversas de hidrocarbonetos), desde que tal não ponha em perigo ou interfira com as operações petrolíferas levadas a cabo na área respectiva (artigo 80.º, n.º 3); e
– Excepcionalmente, e por razões de segurança e de interesse nacional, determinar o condicionamento ou suspensão das operações petrolíferas (artigo 90.º).

3.2. Ministério dos Petróleos

Como já aqui disse, a Lei das Actividades Petrolíferas ampliou substancialmente as atribuições do Minpet no sector petrolífero. Estas passaram a ser as seguintes:

– Emitir as licenças de prospecção (artigo 8.º, n.º 1);
– Definir as áreas das concessões, mediante autorização do Conselho de Ministros (artigo 11.º);
– Prorrogar os prazos das licenças de prospecção e dos períodos de concessão[30], a requerimento da licenciada ou da Concessionária Nacional (artigo 12.º, n.º 3);
– Autorizar a cessão de interesses participativos (total ou parcialmente) por parte das associadas da Sonangol a terceiros (i.e. sociedades não afiliadas) (artigo 16.º, n.º 1);
– Autorizar a mudança de Operador nas concessões (artigo 19.º, n.º 3);
– Estabelecer os limites e o regime da zona de segurança adjacente ao local de implantação de equipamentos e instalações permanentes ou provisórias afectas à realização de operações petrolíferas (artigo 24.º);

---

[30] De acordo com o artigo 10.º, n.º 1, a concessão abrange dois períodos: (i) período de pesquisa que compreende as fases de pesquisa e avaliação; e (ii) período de produção que compreende as fases de desenvolvimento e produção. Contudo, prevê-se a possibilidade de a concessão abranger apenas o período de produção (artigo 10.º, n.º 2).

- Aprovar os planos de gestão da protecção do meio ambiente exigidos pela legislação petrolífera ambiental, submetidos pela Concessionária Nacional e suas associadas (artigo 24.°, n.° 2);
- Fiscalizar o cumprimento das normas relativas ao conteúdo nacional (o denominado na indústria por "*local content*") (artigo 27.°, n.° 3);
- Autorizar a abertura, pela Sonangol, de concurso público para associação com entidades privadas (artigo 30.°, n.° 1, al. j) e artigo 44.°, n.° 3[31]);
- Autorizar as licenciadas (i.e. titulares de licença de prospecção) a comercializar os dados e informações adquiridos durante a execução das operações petrolíferas ao abrigo das licenças (artigo 36.°, n.° 2);
- Rescindir as licenças de prospecção (artigo 41.°, n.° 2);
- Autorizar a atribuição da qualidade de associada da Concessionária Nacional mediante negociação directa (artigo 47.°, n.° 2);
- Propor ao Conselho de Ministros o resgate, total ou parcial, de uma concessão petrolífera (artigo 55.°, n.° 2);
- Aprovar o plano anual de trabalhos (artigo 58.°, n.° 3);
- Autorizar, a título excepcional, a Sonangol e quando for de reconhecido interesse para o estudo do potencial petrolífero de uma dada concessão a realização de trabalhos de prospecção numa área contígua a essa concessão, quer tal área esteja ou não abrangida por um título de concessão, a realizar tais trabalhos por um período determinado (artigo 61.°);
- Aprovar o plano geral de desenvolvimento e produção (artigo 63.°, n.° 1);
- Autorizar, excepcionalmente, a Concessionária Nacional a iniciar certas actividades contempladas no plano geral de desenvolvimento e produção antes da sua aprovação formal (artigo 63.°, n.° 7);
- Determinar a unitização de concessões petrolíferas com vista ao desenvolvimento e produção de jazigos de petróleo comercialmente viáveis e que se estendam para além da respectiva área de concessão (artigo 64.°, n.° 2);

---

[31] Essa competência é reiterada no n.° 1 do artigo 7.° do Decreto n.° 48/06, de 1 de Setembro, que aprova as regras e os procedimentos dos concursos públicos no sector petrolífero.

- Aprovar os planos anuais de desenvolvimento e de produção (artigo 65.º, n.º 1);
- Autorizar a instalação de oleodutos, gasodutos, cabos, instalações e outros meios de uma concessão petrolífera em toda a extensão de outra concessão, bem como o seu levantamento, desde que tal não perturbe o bom andamento dos trabalhos da última (artigo 67.º);
- Determinar a utilização de instalações de terceiros (i.e. de outra concessão) se tal utilização contribuir para uma gestão mais eficiente e económica dos recursos existentes e desde que tal não implique a redução dos níveis de produção nem perturbe o bom andamento das operações petrolíferas da concessão a que os meios estão afectos (artigo 68.º, n.º 1), assim como estabelecer o preço pela respectiva utilização no caso de não haver acordo entre a Concessionária Nacional e suas associadas;
- Homologar o acordo relativo ao pagamento pela utilização de instalações de terceiros (artigo 68.º, n.º 3);
- Autorizar o início da produção comercial (artigo 69.º, n.º 1);
- Aprovar os planos anuais de produção e quaisquer alterações (artigo 70.º, n.ºs 1 e 3);
- Aprovar e licenciar os projectos relativos à instalação e funcionamento de oleodutos, gasodutos e instalações de armazenagem de petróleo (artigo 72.º, n.º 1);
- Autorizar a queima de gás associado em jazigos marginais ou de pequena dimensão para viabilizar a sua exploração (artigo 73.º, n.º 3), podendo fixar a taxa correspondente (artigo 73.º, n.º 6);
- Aprovar os projectos de encerramento definitivo de poços produtivos (artigo 74.º);
- Aprovar o plano de abandono dos poços, instalações, equipamentos, recuperação paisagística, ou de continuação das operações petrolíferas, que devem ser entregues pela Concessionária Nacional e suas associadas até um ano antes do termo da concessão ou data de abandono de quaisquer áreas nela integrada (artigo 75.º, n.º 5);
- Acompanhar e fiscalizar toda a actividade desenvolvida pelas licenciadas, Concessionária Nacional e suas associadas no âmbito das operações petrolíferas (artigo 76.º, n.º 1);

- Ordenar a requisição de parte ou toda a produção de qualquer concessão petrolífera em casos de estado de emergência (artigo 79.º, n.ºˢ 1 e 2);
- Autorizar (em conjunto com o Ministério das Finanças) a Concessionária Nacional e sua associadas a recorrer a terceiros para obtenção de fundos necessários ao investimento nas operações petrolíferas, que implique a atribuição de direitos mineiros (artigo 85.º);
- Estabelecer normas técnicas aplicáveis ao exercício de operações petrolíferas (artigo 87.º)[32];
- Instaurar e instruir os processos de infracções e aplicar as respectivas multas (artigo 88.º, n.º 4).

Como fica patente, em resultado da Lei das Actividades Petrolíferas, o Minpet passou a deter um vasto número de competências relativas à regulação do sector petrolífero angolano, tendo-se, desta forma e a nosso ver bem, limitado os poderes da Sonangol. Efectivamente, enquanto que, ao abrigo da Lei 13/78, a Sonangol exercia todos os poderes que não estivessem expressamente reservados ao Conselho de Ministros e ao Minpet, actualmente, a Concessionária Nacional apenas pode exercer os poderes que lhe são expressamente confiados por lei, os quais abordaremos seguidamente.

3.3. Concessionária Nacional – Sonangol

À Sonangol, enquanto Concessionária Nacional, são atribuídos os seguintes poderes:

- Aprovar os instrumentos contratuais de cessão de interesses participativos das suas associadas a não afiliadas (artigo 16.º, n.º 4);
- Propor a mudança de Operador nas concessões (artigo 19.º, n.º 3);
- Emitir parecer sobre os pedidos de atribuição de licenças de prospecção (artigo 38.º, n.º 1);

---

[32] Neste domínio, a lei confere ao Minpet o papel de um verdadeiro regulador, ainda que – como decorre da natureza da instituição – não lhe atribua essa qualificação.

– Dar opinião sobre a rescisão de licenças de prospecção (artigo 41.º, n.º 2);
– Dar parecer sobre a atribuição da qualidade de associada da Concessionária Nacional mediante negociação directa (artigo 47.º, n.º 2);
– Declarar as descobertas comerciais (artigo 62.º, n.º 1);
– Fazer a demarcação preliminar dos jazigos após uma descoberta comercial (artigo 62.º, n.º 4);
– Dar opinião sobre a instalação de oleodutos, gasodutos, cabos, instalações e outros meios de uma concessão em outra concessão, bem como o seu levantamento (artigo 67.º);
– Dar opinião sobre a utilização de instalações de terceiros (i.e. de outras concessões mediante o pagamento de um preço) (artigo 68.º, n.º 2).

Resulta da articulação e distribuição de competências enumeradas acima que a esfera de autoridade da Sonangol cometida pela Lei das Actividades Petrolíferas prende-se mais com aspectos relacionados com as operações petrolíferas em si, não sendo, pelo menos directamente, tanto poderes regulatórios ou poderes concedentes, no sentido de poderes decisórios.

A única excepção de monta será o poder de aprovar os contratos de cessão de interesses participativos, pelas associadas, a não afiliadas: neste caso, a Sonangol actua como verdadeiro ente decisório, uma vez que a não aprovação dos contratos pela Sonangol irá obstar, por um lado, à celebração de tais contratos (pelo menos nos termos propostos pelas associadas) e, por outro, à autorização do Minpet para a transacção, pois, cronologicamente, a aprovação dos instrumentos contratuais antecede a autorização do Minpet.

Ainda assim, podemos notar aqui que a *ratio* normativa é permitir à Sonangol o controlo da relação contratual enquanto parte da relação associativa/contratual e titular dos direitos e não como entidade administrativa *supra partes*. Ou seja, mesmo nestes casos, parece-nos justificada a excepção, visto – bem analisadas as razões "por detrás" da norma – tratar-se de uma relação *inter partes*, cujo centro gravitacional são os direitos mineiros: neste caso, a transmissão de posições contratuais a terceiros.

A nosso ver, tal não deixa de ser a explicitação do princípio contido no artigo 424.º do Código Civil: a transmissão carece de autorização da contraparte cessionária. Ora, tratando-se aqui de uma relação eminentemente administrativa – que, recorde-se, visa acautelar interesses públicos e gerais da comunidade – mal se compreenderia que o legislador deixasse ao acaso essa situação jurídica.

Do quadro de competências ressalta pois que, na sua maioria, os poderes atribuídos à Sonangol assumem um carácter consultivo, i.e. de aconselhamento (normalmente, ao Minpet). O fundamento para uma tal opção legislativa poderá passar pelo facto de a Sonangol ter adquirido uma experiência considerável desde a sua criação, a qual deve ser tida em conta na tomada de decisões pelos órgãos decisórios.

Contudo, esse papel de "conselheiro" não deve, de forma alguma, ser sub-valorizado: na realidade, é um papel de grande importância na tomada de decisões no sector petrolífero angolano, devido à grande influência que a Sonangol tem exercido no sector (e no País) ao longo de mais de 30 anos de existência. Portanto, um parecer da Sonangol (positivo ou negativo), mais do que provavelmente, irá determinar a decisão final do órgão decisório.

Assim, nesse quadro, o sistema concede à Sonangol alguns poderes de autoridade que a colocam ao nível de "quasi"-regulador. Ora, apesar da Lei das Actividades Petrolíferas ter reduzido as competências da Sonangol, transferindo tais competências de tutela e regulação técnica para o Minpet, opção que, a nosso ver, equilibrou e introduziu maior racionalidade no sistema, a verdade é que ela não logrou extinguir – antes pelo contrário manteve, se não mesmo fomentou – situações de conflitos de interesses, como veremos de seguida, situações essas que futuras intervenções legislativas tenderão a dissipar.

4. A Concessionária Nacional enquanto entidade decisória. O Conflito de interesses

Enquanto que, ao abrigo da Lei das Actividades Petrolíferas, os poderes da Sonangol foram substancialmente reduzidos, traduzindo-se, conforme acabado de expor, na sua maioria, em poderes de aconselhamento ao órgão decisório, por excelência, mas não exclusivo (o Minpet), fora do âmbito da Lei das Actividades Petrolíferas, em particular, no âmbito dos concursos públicos para aquisição de bens e serviços (*procurement*) por parte dos Operadores das concessões, à Sonangol são atribuídos verdadeiros poderes decisórios.

Os concursos públicos para aquisição de bens e serviços no sector petrolífero vêm regulados no Decreto n.º 48/06, de 1 de Setembro (que aprova as regras e os procedimentos dos concursos públicos no sector petrolífero). Ao abrigo deste Decreto, compete à Sonangol, na qualidade de Concessionária Nacional:

– Aprovar a lista geral das entidades susceptíveis de serem contratadas, proposta pelo Operador, de contratos de valor superior a USD 250.000, (artigo 16.º, n.º 3) e, mesmo, o direito de opor-se à proposta de adjudicação do Operador (artigo 16.º, n.º 6);
– Aprovar a lista de entidades pré-qualificadas proposta pelo Operador, relativamente a contratos de valor igual ou superior a USD 750.000 e aprovar a adjudicação das propostas (artigo 16.º, 7.º, al. e));
– Relativamente a todos os contratos, aprovar quaisquer revisões aos contratos celebrados pelo Operador se o valor da revisão exceder 10% do valor original, ou se a revisão importar uma mudança significativa quer do alcance quer da duração dos contratos.

Fácil fica de concluir que no domínio da aquisição de bens e serviços no sector petrolífero, a Sonangol goza de verdadeiros poderes de decisão que podem, *de facto*, inviabilizar as pretensões do Operador.

Nesta medida, os poderes atribuídos à Sonangol levantam uma questão, que já foi alvo de contestação, e que se prende com o papel duplo que a Sonangol assume no sistema petrolífero angolano: por um lado, *player* e, por outro, entidade "quasi"-reguladora, no sentido de estar investida de poderes de autoridade decisória relativamente a certos aspectos relacionadas ou conexos com a "vida" das operações petrolíferas, como é o caso que acabamos de ver.

Assim sendo, torna-se legítimo questionar: não estará a lei a colocar a Sonangol perante uma dupla qualidade susceptível de gerar situações de conflito de interesses?

Prima facie, tender-se-á a responder afirmativamente: no caso em apreço, a grande consequência desse duplo papel da Sonangol é o surgimento de potenciais situações de conflito de interesses que resultam, por um lado, do facto de a Sonangol estar também ela sujeita à aplicação do diploma em referência (cf. artigo 1.º) e, por outro, do facto de à mesma Sonangol serem atribuídos poderes para impedir que o Operador contrate com determinadas entidades: basta para o efeito que, por exemplo, nos contratos de valor igual ou superior a USD 750.000, a Sonangol não aprove a adjudicação da proposta do Operador, conforme lhe é permitido fazer, ao abrigo da alínea e) do n.º 7 do artigo 16.º.

Ora, colocada assim a questão, a resposta não poderia deixar de ser afirmativa. No entanto, nem a colocação da questão nem a resposta se nos afiguram correctas: desde logo, os actos praticados pela Sonangol sob as vestes de Concessionária Nacional, são considerados actos administrativos por serem actos praticados por uma empresa concessionária no uso de poderes de autoridade[33]. Desta forma, tais actos estão sujeitos à legislação aplicável aos actos administrativos, em particular, ao Decreto-Lei n.º 16-A/95 (*supra*).

A título de exemplo, as consequências práticas do que acabamos de referir são (i) a aplicabilidade da regra da fundamentação das decisões (artigo 67.º); e (ii) a susceptibilidade de impugnação, por via de reclamação ou recurso hierárquico dos actos (artigo 100.º ss. do mesmo diploma). Assim sendo, ainda que a norma preveja poderes discricionários, as decisões ao abrigo dos mesmos devem ser fundamentadas e estão sujeitas a controlo judicial.

Mas a nosso ver, o núcleo do problema não se situa na natureza dos poderes ou no mérito ou ausência dele das decisões da Sonangol.

É que o conflito de interesses não é uma figura absoluta: ela é relativa, situacional. Na verdade, está em conflito ou potencial conflito de interesses aquele que, agindo numa determinada qualidade, poderá fazer uso das suas faculdades para retirar vantagens para si, agindo igualmente como contra-parte dos interesses que visa salvaguardar; ou dito de outra forma: haverá conflito ou potencial conflito de interesses se a Sonangol actuar não enquanto concessionária e regulador mas sim enquanto concessionária/regulador e concorrente a prestadora de serviços ou fornecimento de bens. Ou seja, a nosso ver, é conatural à qualidade de concessionária nacional a atribuição de alguns poderes de autoridade que visam salvaguardar o interesse público; no caso *sub judice*: a salvaguarda e o fomento do conteúdo local.

---

[33] Nos termos do n.º 3 do artigo 2.º do Decreto-Lei n.º 16-A/95 de 15 de Dezembro, que aprova as Normas do Procedimento e da Actividade Administrativa.

Já não o será e deve qualificar-se como conflito de interesses – sem prejuízo de outras qualificações legais ao abrigo de normas de outra natureza – as situações em que a Sonangol se apresente a concurso para aquisição de bens e serviços no sector petrolífero – directa ou indirectamente (através de interesses participativos em parcerias directas ou através de veículos comerciais por si controladas ou nas quais exerça uma influência dominante[34]).

Igualmente nessas situações de conflito de interesses se devem qualificar as situações em que a Sonangol, fazendo uso dos seus poderes, imponha às operadoras a contratação de serviços ou a aquisição de bens a empresas por si dominadas ou nas quais exerça uma influência relevante.

No entanto, porque por vezes a linha delimitadora não se afigura clara, o sistema ganhará com a clarificação. Daí que alguns proponham e está aberto o debate sobre a necessidade de criação de um sistema dualista[35], no qual se opere uma verdadeira distinção entre o papel e os poderes de regulação, que passam para uma entidade *supra partes* (o Minpet ou uma autoridade reguladora independente criada para o efeito[36]), a qual ficaria com as atribuições adequadas para agir como o "guardião do sistema" e, por outro lado, as atribuições de concessionária, que, note-se, serão relativamente *inter pares*.

Na verdade, não existe igualdade de posições relativas entre concessionária e associadas: nas diversas configurações que podem tomar as associações da concessionária ou nos caso de contratação de serviços, a Concessionária Nacional, *rectius*, a Sonangol é um *primus inter pares*; não só pela sua qualidade de concessionária e dos poderes/atribuições legais que lhe são cometidas como pela sua posição maioritária nos consórcios.

Pode objectar-se que, sem aqueles poderes e atribuições, os arranjos contratuais podiam ser outros onde o controlo podia ser destacado da detenção da participação maioritária. No entanto, não é esse o figurino normativo em vigor, sendo que, dentro da especulação, a imaginação seria o limite do exercício.

---

[34] No sentido que lhe confere o artigo 469.º da Lei das Sociedades Comerciais.

[35] À semelhança do sistema brasileiro (testado com sucesso) ou, mais próximo mas pese embora ainda não testado, do santomense.

[36] Como a Agência Nacional do Petróleo brasileira ou a Agência Nacional de Petróleo de São Tomé e Príncipe.

Passe o paradoxo, com a actual configuração, essa igualdade só se obteria reformando o sistema para o sistema pré-1978[37]. Todavia, não nos parece que o tema esteja agendado para um horizonte temporal previsível[38].

5. Conclusões

Das considerações acima expostas, podemos retirar as seguintes conclusões quanto ao sistema de poderes concedentes em vigor em Angola no *downstream* petrolífero:

1 – Até 1978 vigorava um sistema concessionário ao abrigo do qual as empresas interessadas em adquirir direitos petrolíferos propunham e obtinham a referida autorização.

2 – A partir de 1978 passou a vigorar o princípio da propriedade do Estado dos recursos do subsolo, i.e., dos recursos petrolíferos e com

---

[37] Veja-se como contraponto a este sistema, o sistema brasileiro. Noutras latitudes e contexto, também valerá a pena o sistema americano ou o inglês.

[38] Note-se que a entrada de Angola para a OPEP (Organização dos Países Exportadores de Petróleo) em 2008 não pode deixar de ser interpretada como nota política de perpetuidade deste sistema de concessionária nacional – pelo menos nos tempos do horizonte contemplados das circunstâncias hodiernas. A este propósito, vale a pena consultar a vasta bibliografia produzida e o debate contemporâneo sobre a alteração do "xadrez" da titularidade das reservas petrolíferas mundiais e a substituição das antigas "Sete Irmãs" (termo cunhado por Enrico Matei para designar as sete empresas petrolíferas internacionais – IOC – privadas mais poderosas ao tempo: Anglo-Persian Oil Company (actual BP); Gulf Oil, Standard Oil of California (SoCal) e Texaco (actual Chevron); Royal Dutch Shell; e Standard Oil of New Jersey (Esso) e Standard Oil Company of New York (Socony) (actual ExxonMobil)) pelas papel das empresas petrolíferas estatais – internacionalmente designadas pela sigla inglesa NOC (*nacional oil companies*) – que hoje já detêm a maioria dessas reservas. A título de nota história, refira-se que esse movimento teve o seu marco inicial com a criação da OPEP, em 1960. O contexto do "xadrez" mundial sobre o domínio e acesso às reservas petrolíferas parece sugerir que a tendência será a de tentativa dos Estados salvaguardarem os seus recursos naturais mediante concessionárias nacionais ou empresas por si controladas (caso brasileiro). Ainda a propósito do Brasil, convém revisitar o debate em torno da revisão do sistema aquando do anúncio das descobertas das reservas do designado pré-sal, que resultou na criação de um subsistema próprio com o PSA e com uma espécie de concessionária nacional.

ele, foi inaugurado um sistema misto de monopólio da Concessionária Nacional e contratual entre esta e empresas privadas.

3 – Ao abrigo dessa reforma, não foi contemplada uma entidade reguladora em que se concentre todo o poder concedente: em resultado, esse poder é repartido – ainda que de forma desigual – por três entidades – o Conselho de Ministros, o Minpet e a Sonangol, na qualidade de Concessionária Nacional.

4 – Nesse sistema, a Concessionária Nacional gozava de poderes manifestamente vastos, em virtude de lhe terem sido cometidos os poderes residuais que não estavam atribuídos às outras duas entidades.

5 – A reforma de 2004 veio aprofundar aspectos nucleares da reforma de 1978, podendo ser qualificada como uma continuidade do sistema, mas clarificando os aspectos mais controversos e adaptando e actualizando o sistema aos novos contextos.

6 – Ao abrigo da Lei das Actividades Petrolíferas actualmente em vigor, ao Minpet cabe a maioria dos poderes relativos ao exercício de actividades petrolíferas em Angola, podendo ser considerado, assim, como o poder concedente por excelência mas não exclusivo.

7 – No sistema vigente, o Minpet é não só o ministério responsável pelo sector (o "ministério de tutela") como igualmente exerce vastos poderes de controlo, fiscalização e regulação.

8 – No sector petrolífero, os interesses comerciais privados da Sonangol, quando associados aos seus poderes administrativos, na qualidade de Concessionária Nacional, podem originar situações de conflitos de interesses.

9 – Não existe nem se vislumbra a criação de uma verdadeira entidade reguladora para breve, embora não seja de descartar totalmente essa hipótese, dado que já se tem verificado em outros sectores (como o sector eléctrico) a criação de tais entidades.

Luanda, Março 2013

Arbitragem Petrolífera[*]

Dário Moura Vicente[**]

SUMÁRIO: I. A arbitragem como meio de resolução de litígios internacionais em matéria petrolífera: sua relevância actual e problemas que suscita; II. O quadro jurídico e institucional da arbitragem petrolífera internacional; III. O Direito aplicável ao mérito da causa; IV. A aplicabilidade da *Xaria*; V. A emergência de uma *lex petrolea*; VI. Cláusulas de estabilização.

I. A arbitragem como meio de resolução de litígios internacionais em matéria petrolífera: sua relevância actual e problemas que suscita

Os contratos internacionais respeitantes à produção de petróleo caracterizam-se, entre outros aspectos, pela elevada probabilidade de originarem litígios. Trata-se geralmente, com efeito, de contratos complexos e de longa duração, que têm como partes, por um lado, empresas privadas e, por outro, Estados ou outros entes públicos. Tais contratos implicam, além disso, consideráveis riscos comerciais e políticos, nomeadamente devido às frequentes variações do preço do *crude* nos mercados internacionais[1].

Estão em jogo neles interesses públicos do maior relevo, dado que têm por objecto a exploração de recursos naturais não renováveis de que são titulares, em muitos sistemas jurídicos, os próprios Estados. Outro interesse

---

[*] Texto que serviu de base às conferências proferidas pelo autor em Washington, D.C., em 7 de Abril de 2011, e em Luanda, em 20 de Junho de 2011.
[**] Professor Catedrático da Faculdade de Direito da Universidade de Lisboa.
[1] Ver Manuel A. Abdala, «Key Damage Compensation Issues in Oil and Gas International Arbitration Cases», *American University International Law Review,* 2009, pp. 539 ss.

não menos relevante na sua regulamentação prende-se com a concessão de tratamento equitativo aos investidores estrangeiros. É este interesse, bem como a preocupação em evitar a sujeição ao poder jurisdicional do Estado contratante, que frequentemente leva os investidores estrangeiros a preferirem a arbitragem como meio de resolução dos litígios emergentes dos contratos petrolíferos.

Outras razões ainda explicam esta preferência. Entre elas avultam: *a)* O alto grau de tecnicidade dos referidos litígios, o qual requer julgadores com conhecimentos especializados; *b)* A necessidade de assegurar a confidencialidade dos processos, que não raro é essencial a fim de preservar a imagem e os segredos de negócio das partes; *c)* A circunstância de as decisões arbitrais serem hoje, de um modo geral, mais facilmente reconhecidas além-fronteiras do que as decisões judiciais; e *d)* A exclusão dos recursos das decisões arbitrais, amplamente consagrada nas legislações contemporâneas, a qual assegura uma resolução mais rápida dos litígios pela via arbitral.

Embora a denominada *Doutrina Calvo*, de acordo com a qual os estrangeiros estão obrigatoriamente sujeitos à jurisdição dos tribunais nacionais, que não pode ser excluída por convenções de arbitragem, ainda prevaleça actualmente em algumas partes do mundo (nomeadamente na América do Sul), a maioria dos Estados tem vindo a superar a relutância, que tradicionalmente caracterizava um vasto número deles, em sujeitar a arbitragem os litígios emergentes de contratos petrolíferos[2].

Não obstante isso, são vários e muito complexos os problemas suscitados pelas denominadas arbitragens petrolíferas. Entre eles sobressai, em primeiro lugar, o da determinação da lei aplicável. Diferentemente dos tribunais estaduais, os tribunais arbitrais não têm *lex fori*, visto que não administram a justiça em nome do Estado. Por conseguinte, não estão directamente vinculados a determinadas regras de conflitos. Suscita-se assim a questão de saber como devem esses tribunais determinar a lei aplicável. Em segundo lugar, quando os Estados sejam partes de tais arbitragens, pode perguntar-se se e em que medida deve o Direito Internacional prevalecer sobre os

---

[2] Ver Pieter Sanders, *Quo Vadis Arbitration?*, Haia, 1999, pp. 40 ss.; Gary B. Born, *International Commercial Arbitration*, 3.ª ed., Alphen aan den Rijn, 2009, p. 144; e Bernardo M. Cremades, «State Participation in International Arbitration», *Revista Internacional de Arbitragem e Conciliação*, 2011.

respectivos Direitos. Em terceiro lugar, sempre que seja aplicável ao mérito da causa o Direito de um Estado islâmico, coloca-se o problema de saber se os árbitros podem aplicar a *Xaria*, que como se sabe vigora em numerosos países produtores de petróleo. Em quarto lugar, podemos interrogar-nos sobre que efeito (se algum) deve ser atribuído pelos árbitros, na resolução dos litígios em apreço, a critérios jurídicos supranacionais como os usos e costumes da indústria petrolífera (a denominada *lex petrolea*). Em quinto lugar, põe-se o problema de saber até que ponto devem ser reconhecidos efeitos pelos tribunais arbitrais internacionais às denominadas *cláusulas de estabilização* frequentemente inseridas em contratos petrolíferos.

Ao longo dos últimos 60 anos, estes problemas foram amplamente versados em múltiplas sentenças arbitrais respeitantes a litígios emergentes de contratos petrolíferos. Essas sentenças deram assim um importante contributo, que iremos examinar neste estudo, para a teoria da arbitragem internacional. Antes porém importa traçar um breve panorama do actual quadro jurídico e institucional da arbitragem petrolífera internacional.

II. O quadro jurídico e institucional da arbitragem petrolífera internacional

a) Entre os textos normativos de maior significado para a arbitragem de litígios resultantes de investimentos estrangeiros conta-se a Convenção de Para a Resolução de Diferendos Relativos a Investimentos Entre Estados e Nacionais de Outros Estados, concluída em Washington, D.C., em 1965, sob os auspícios do Banco Mundial[3]. Até Maio de 2011, tinham ratificado esta Convenção 157 Estados[4].

---

[3] Vejam-se sobre a Convenção: Aron Broches, «The Convention on the Settlement of Disputes Between States And Nationals of Other States», *Recueil des Cours de l'Académie de La Haye de Droit International,* vol. 136 (1972-II), pp. 331 ss.; Andreas R. Lowenfeld, «The ICSID Convention: Origins and Transformation», *Revista Internacional de Arbitragem e Conciliação,* 2008, pp. 37 ss.; Luís de Lima Pinheiro, «A arbitragem CIRDI e o regime dos contratos de Estado», *Revista Internacional de Arbitragem e Conciliação,* 2008, pp. 75 ss.; e Christoph H. Schreuer, Loretta Malitoppi, August Reinisch & Anthony Sinclair, *The ICSID Convention: A Commentary,* 2.ª ed., Cambridge, 2009.

[4] Ver http://icsid.worldbank.org/ICSID.

A Convenção de Washington prevê a resolução dos litígios que integram o respectivo objecto por pessoas escolhidas pelas partes ou nomeadas pelo Presidente do Centro Internacional Para a Resolução de Diferendos Relativos a Investimentos (ICSID ou CIRDI), de entre os membros de uma lista de árbitros. A competência deste Centro encontra-se definida no art. 25.º, n.º 1, da Convenção, nos termos do qual:

> «A competência do Centro abrangerá os diferendos de natureza jurídica directamente decorrentes de um investimento entre um Estado Contratante (ou qualquer pessoa colectiva de direito público ou organismo dele dependente designado pelo mesmo ao Centro) e um nacional de outro Estado contratante, diferindo esse cuja submissão ao Centro foi consentida por escrito por ambas as partes.»

Até Abril de 2010, foram decididos no âmbito do ICSID 220 casos. Actualmente, estão pendentes nele 121 processos, dos quais 47 (i. é, 39%) correspondem a litígios em matéria de energia. Vários destes resultam de contratos petrolíferos.

Embora a autoridade e a influência do Banco Mundial possam estimular particularmente o cumprimento voluntário das decisões arbitrais proferidas no âmbito do ICSID, a Convenção de Washington regula também o reconhecimento das decisões proferidas ao abrigo das suas disposições. Esse reconhecimento deve ter lugar, em cada Estado membro, segundo o art. 54.º, n.º 1, «como se [a decisão em causa] fosse uma decisão final de um tribunal desse Estado».

b) Outro importante foro para a resolução pela via arbitral de litígios respeitantes a investimentos é o Tribunal de Reclamações Irão-Estados Unidos (*Iran-United States Claims Tribunal*)[5].

---

[5] Sobre a qual podem ver-se: David Caron, «The Nature of the Iran-United States Claims Tribunal and the Evolving Structure of International Dispute Resolution», *American Journal of International Law,* 1990, pp. 104 ss.; George H. Aldrich, *The Jurisprudence of the Iran-United States Claims Tribunal: An Analysis of the Decisions of the Tribunal,* Oxford, 1996; David Caron & John R. Crook (editors), *The Iran-United States Claims Tribunal and the Process of International Claims Resolution,* Ardsley, Nova Iorque, 2000.

Este Tribunal foi constituído na Haia, em 1981, com base na denominada «Declaração de Resolução de Reclamações» (*Claims Settlement Declaration*) do Governo da Argélia, a que os EUA e o Irão posteriormente aderiram. A sua competência cinge-se às reclamações apresentadas por nacionais de um Estado Parte contra o outro Estado Parte e a certas questões entre os Estados Partes. As arbitragens instauradas ao abrigo da Declaração são conduzidas de acordo com uma versão modificada do Regulamento de Arbitragem da Comissão das Nações Unidas Para o Direito do Comércio Internacional (UNCITRAL).

Ao longo dos últimos 30 anos, as três Câmaras do Tribunal proferiram 600 decisões, várias das quais respeitantes a litígios petrolíferos.

Diferentemente porém das decisões proferidas nas arbitragens ICSID, as que emanam do Tribunal Irão-EUA não beneficiam de um mecanismo específico de reconhecimento. O art. IV, n.º 3, da *Claims Settlement Declaration* limita-se a dispor a este respeito:

«Qualquer decisão proferida pelo Tribunal contra um dos Governos será susceptível de ser reconhecida e executada contra esse Governo nos tribunais de qualquer país de acordo com as respectivas leis.»

O que levanta o problema de saber se o reconhecimento destas decisões pode processar-se ao abrigo da Convenção de Nova Iorque de 1958 Sobre o Reconhecimento e a Execução de Sentenças Arbitrais Estrangeiras.

No caso *Dallal v. Bank Mellat*[6], decidido em 1986, o *High Court* inglês considerou que uma decisão oriunda do Tribunal Irão-EUA não seria susceptível de ser reconhecida em Inglaterra ao abrigo dessa Convenção. Já no caso *Gould Marketing Inc. v. Ministry of Defence of the Islamic Republic of Iran*[7], julgado em 1992, o Tribunal Federal de Apelação para o 9.º Circuito entendeu que a mesma Convenção seria aplicável ao reconhecimento nos Estados Unidos das decisões do referido Tribunal, aduzindo para tanto que uma decisão «não carece de ser proferida ao abrigo de uma lei nacional

---

[6] Cfr. a decisão reproduzida no *Yearbook of Commercial Arbitration*, 1986, pp. 547 ss. Veja-se também, sobre este caso, P. F. Kunzlik, «Public International Law – Cannot Govern a Contract, Can Authorize an Arbitration», *The Cambridge Law Journal*, 1986, pp. 377 ss.

[7] Cfr. a decisão reproduzida em *ibidem*, 1990, pp. 605 ss.

para que um tribunal possa exercer a sua competência quanto ao respectivo reconhecimento nos termos da Convenção de Nova Iorque». A questão permanece controvertida na doutrina[8].

c) Em 1994, foi concluído em Lisboa um instrumento internacional inovador, que prevê a resolução por arbitragem de litígios em matéria de petróleo e outras fontes de energia: o Tratado da Carta da Energia (*Energy Charter Treaty* ou TCE)[9].

Este tratado multilateral foi subscrito por 51 países europeus e asiáticos, bem como pela União Europeia, e entrou em vigor em 1998. Um certo número de países, incluindo os Estados Unidos da América, acedeu entretanto ao estatuto de observador[10].

O Tratado visa abrir os mercados da energia dos respectivos Estados membros, em ordem a promover o seu funcionamento eficiente. Procura também proteger os investimentos no sector da energia e assegurar condições de igualdade aos concorrentes neste domínio da actividade económica.

O art. 26.º do TCE prevê que os diferendos entre uma Parte Contratante e um investidor de outra Parte Contratante, relativos a um investimento deste último no território da primeira, serão resolvidos por conciliação ou arbitragem. Os diferendos que não sejam resolvidos amigavelmente podem ser submetidos, à escolha do investidor, a uma de três modalidades de arbitragem mencionadas no art. 26.º, n.º 4: *a)* A arbitragem ICSID, se a Parte Contratante de que o investidor é nacional ou de acordo com cuja lei foi constituído e a Parte Contratante demandada forem ambas signatárias

---

[8] Ver Jean-François Poudret & Sébastien Besson, *Droit comparé de l'arbitrage international*, Zurique, etc., 2002, pp. 866 ss.

[9] Sobre as disposições de arbitragem deste Tratado, vejam-se Thomas W. Wälde, «Investment Arbitration Under the Energy Charter Treaty – From Dispute Settlement to Treaty Implementation», *Arbitration International*, 1996, pp. 429 ss.; Matthew D. Slater, «The Energy Charter Treaty: A Brief Introduction to its Scope and Initial Arbitral Awards», *in* Association for International Arbitration (org.), *Alternative Dispute Resolution in the Energy Sector*, Antuérpia/Apeldoorn/Portland, 2009, pp. 15 ss.; e Paul Oxnard & Benoit Le Bars, «Arbitration of Energy Disputes: Practitioners' Views From London and Paris», *in ibidem*, pp. 55 ss.

[10] Veja-se o estado das ratificações em http://www.encharter.org.

da Convenção de Washington (podendo também ter lugar uma arbitragem desse tipo ao abrigo do Regulamento de Facilidades Adicionais do ICSID, se uma das Partes Contratantes, mas não ambas, for parte dessa Convenção); *b)* A arbitragem *ad hoc* ao abrigo do Regulamento de Arbitragem da UNCITRAL; ou *c)* A arbitragem institucional prevista no Regulamento de Arbitragem da Câmara de Comércio de Estocolmo.

Diferentemente da Convenção ICSID, o TCE não exige uma convenção de arbitragem a fim de que o diferendo possa ser submetido a um tribunal arbitral. Ao subscreverem o Tratado, as Partes Contratantes deram, de acordo com o art. 26.º, n.º 3, o seu «consentimento incondicional para a submissão do diferendo a arbitragem ou conciliação internacional nos termos das disposições deste artigo». Para os Estados membros do TCE e para a União Europeia, a arbitragem ao abrigo do Tratado é *hoc sensu* obrigatória.

Este mecanismo de resolução de diferendos é, no entanto, restringido pelo art. 26.º, n.º 1, do Tratado às violações de obrigações das Partes Contratantes decorrentes da Parte III do Tratado, respeitante à promoção e protecção de investimentos.

De acordo com o art. 26.º, n.º 8, do Tratado, cada Parte Contratante obriga-se a executar sem demora qualquer decisão arbitral proferida em conformidade com as disposições daquele e a tomar medidas para a aplicação efectiva dessas decisões no respectivo território.

Os diferendos entre as Partes Contratantes do TCE podem também ser resolvidos por um tribunal arbitral *ad hoc* cujos membros serão nomeados, de acordo com o art. 27.º, pelas próprias partes ou pelo Secretário-Geral do Tribunal Permanente de Arbitragem Internacional. São aplicáveis, neste caso, as regras de arbitragem da UNCITRAL.

III. O Direito aplicável ao mérito da causa

a) Agora pergunta-se: que Direito devem os tribunais arbitrais aplicar às questões petrolíferas que lhes forem submetidas para julgamento?

As regras comuns de Direito Internacional Privado prevêem geralmente a aplicação aos contratos internacionais da lei de uma das partes – *v.g.*, na falta de escolha por estas, a lei do país onde a parte que deve realizar a prestação característica do contrato tem a sua residência habitual ou a sua administração central[11] ou a lei do lugar da celebração do contrato[12].

Tais regras mostram-se, todavia, inadequadas aos litígios emergentes de contratos petrolíferos entre Estados ou outros entes públicos e empresas estrangeiras.

Com efeito, as partes em tais contratos não se encontram, por via de regra, em posição de paridade, dado que os Estados exercem poderes soberanos ao abrigo dos quais podem modificar as leis ou regulamentos aplicáveis ao contrato, bem como nacionalizar ou expropriar os bens do investidor estrangeiro.

Os investidores privados que concluem tais contratos carecem, por isso, de protecção contra a possibilidade de os Estados utilizarem os seus poderes legislativos em ordem a subtraírem-se às respectivas obrigações contratuais.

Por outra parte, conforme notámos acima, estão também em jogo em tais contratos interesses públicos que têm de ser tidos em conta na resolução dos litígios deles emergentes, inclusive no que diz respeito à determinação do Direito aplicável.

b) Uma solução possível para este problema consiste em aplicar o Direito Internacional Público[13]. Esta solução reforça consideravelmente

---

[11] Ver o art. 4.º, n.º 2, do Regulamento (CE) n.º 593/2008 do Parlamento Europeu e do Conselho, de 17 de Junho de 2008, Sobre a Lei Aplicável às Obrigações Contratuais («Roma I»), publicado no *Jornal Oficial da União Europeia*, n.º L 177, de 4 de Julho de 2008, pp. 6 ss.

[12] Cfr. o art. 42.º, n.º 2, do Código Civil angolano.

[13] Solução que foi preconizada *inter alia* por Alfred Verdross, «Die Sicherung von ausländischen Privatrechten aus Abkommen zur wirtschaftlichen Entwicklung mit Schiedsklauseln», *Zeitschrift für ausländisches öffentliches Recht und Völkerrecht*, 1957/58, pp. 635 ss.; F.A. Mann, «The Proper Law of Contracts Concluded by International Persons», *British Yearbook of International Law*, 1959, pp. 34 ss.; Prosper Weil, «Problèmes relatifs aux contrats passés entre un État et un particulier», *Recueil des Cours de l'Académie de Droit International de La Haye*, vol. 128 (1969-III), pp. 95 ss. (pp. 148 ss.); e Karl-Heinz Böckstiegel, *Der Staat als Vertragspartner ausländischer Privatunternehmen*, Frankfurt a.M., 1971, pp. 119 ss. Ver também, na literatura portuguesa, Dário Moura Vicente, *Da arbitragem comercial internacional*, Coimbra, 1990, pp. 227 ss. e 286 ss.; idem, «Direito aplicável aos contratos públicos internacionais», in *Estudos em homenagem ao Professor Doutor Marcello Caetano no centenário do seu nascimento*, Lisboa, 2006, vol. I, pp. 289 ss.; Fausto de Quadros, «Direito Internacional Público I – Programa, conteúdos e métodos

a posição dos particulares que sejam partes nos contratos em apreço, na medida em que, por força dela, as obrigações assumidas pelos Estados em virtude de tais contratos são tratadas como vinculações internacionais, a que os Estados não podem eximir-se invocando as suas leis internas.

Não obstante isso, tem por vezes sido manifestada a preocupação, aliás inteiramente legítima, de que uma plena «internacionalização» ou «deslocalização» dos denominados *State Contracts* pode restringir indevidamente o direito dos povos à soberania permanente sobre os seus recursos naturais[14].

Além disso, o Direito Internacional Público não contém quaisquer regras que disciplinem certas questões do maior relevo frequentemente suscitadas pelas obrigações contratuais. A Convenção Sobre o Direito dos Tratados[15], por exemplo, não regula a indemnização dos danos causados pela violação de obrigações contratuais. A aplicação do Direito Internacional Público às arbitragens petrolíferas internacionais pode, por isso, revelar-se impraticável.

Não surpreende, a esta luz, que sejam raras as decisões arbitrais que determinam a aplicação exclusiva do Direito Internacional Público a litígios em matéria petrolífera. O que não significa, importa notá-lo, que o Direito Internacional Público seja irrelevante no que toca a esses litígios. Como veremos, ele pode ser atendido quer como elemento constituinte do Direito do Estado contratante quer como limite à aplicação deste último.

---

de ensino», *Revista da Faculdade de Direito da Universidade de Lisboa*, 1991, pp. 351 ss. (p. 445); *idem, A protecção da propriedade privada pelo Direito Internacional Público*, Coimbra, 1998, p. 55; André Gonçalves Pereira & Fausto de Quadros, *Manual de Direito Internacional Público*, 3.ª ed., Coimbra, 1993, p. 181; e Luís de Lima Pinheiro, *Contrato de empreendimento comum (joint-venture) em Direito Internacional Privado*, Lisboa, 1998, pp. 507 ss.

[14] Que as Nações Unidas reconheceram em diversas resoluções como elemento constitutivo fundamental do direito à auto-determinação: ver, por exemplo, a Resolução da Assembleia Geral n.º 1803 (XVII) de 14 de Dezembro de 1962.

[15] Feita em Viena em 23 de Maio de 1969 e em vigor desde 27 de Janeiro de 1980. Publicada *in United Nations Treaty Series*, vol. 1155, pp. 331 ss.

c) Uma solução alternativa, que visa também possibilitar uma certa «desnacionalização» das arbitragens petrolíferas, consiste em aplicar às questões controvertidas nestas os princípios gerais de Direito[16].

Esta orientação foi adoptada, por exemplo, no caso *Sapphire International Petroleum Limited v. National Iranian Oil Company (NIOC)*[17], decidido em 1963. O juiz suíço Pierre Cavin, funcionando em Lausana como árbitro único, aplicou nesse caso ao contrato que dera origem ao litígio os «princípios jurídicos geralmente reconhecidos pelas nações civilizadas», com exclusão do Direito iraniano, embora o Irão fosse o lugar da celebração do contrato e onde era devido o cumprimento das obrigações dele resultantes. Nessa base, o árbitro entendeu que a requerida, por se ter recusado a cooperar adequadamente com a requerente, tinha violado o princípio *pacta sunt servanda*; e decidiu que esta infracção aos seus deveres conferia à requerente o direito a ser indemnizada pelos danos sofridos.

Este precedente foi posteriormente invocado, *inter alia*, no caso *Deutsche Schachtbau- und Tiefbohrgesellschaft mbH (DST) et al. v. The Government of the State of R'as Al Khaimah and the R'as Al Khaimah Oil Company (Rakoil)*[18]. Na espécie, estava em causa um contrato de concessão concluído entre o Governo do R'as Al Khaimah e um grupo de empresas estrangeiras para a exploração de petróleo e gás nas águas territoriais deste Emirato Árabe. O tribunal arbitral, constituído por Pierre Folliet, Bjorn Haug e Cedric Barclay, considerou que seria inapropriada a aplicação da lei de qualquer das referidas empresas ou do Estado contratante. Por esse motivo, decidiu aplicar «o que se tornou prática comum nas arbitragens internacionais, em particular no domínio das concessões de exploração

---

[16] Ver Lorde McNair, «The General Principles of Law Recognized by Civilized Nations», *British Yearbook of International Law,* 1957, pp. 1 ss.; Philippe Fouchard, *L'arbitrage commercial international,* Paris, 1965, pp. 423 ss.; René David, «L'arbitrage en droit civil, téchnique de régulation des contrats», in *Mélanges dédiés à Gabriel Marty,* Toulouse, 1978, pp. 383 ss.; e Peter Nygh, *Autonomy in International Contracts,* Oxford, 1999, pp. 192 s.

[17] Cfr. a decisão reproduzida no *The International and Comparative Law Quarterly,* 1964, pp. 1011 ss.

[18] Decisão arbitral CCI n.º 3572, de 1982, reproduzida in Sigvard Jarvin, Yves Derains & Jean-Jacques Arnaldez (orgs.), *Collection of ICC Arbitral Awards 1986-1990,* Paris, etc., 1994, pp. 154 ss.

petrolífera e especialmente nas arbitragens localizadas na Suíça». Segundo o tribunal, essa prática «deveria ser do conhecimento das partes», sendo por isso «correspondente à sua vontade implícita». Nesta conformidade, declararam os árbitros que «a *proper law* deste caso são os princípios jurídicos internacionalmente aceites que regem as relações contratuais».

Esta linha de pensamento foi igualmente observada no caso *Mobil Oil Iran Inc. v. Islamic Republic of Iran,* decidido pelo *Iran-United States Claims Tribunal* em 1987[19]. Os requerentes haviam instaurado um processo arbitral contra o Governo do Irão e a *National Iranian Oil Company* (NIOC), visando a condenação destas entidades no pagamento de uma indemnização pelos danos que lhes haviam sido alegadamente causados em virtude do incumprimento e da resolução ilícita de um contrato de compra e venda de produtos petrolíferos concluído em 1973. O contrato continha uma cláusula de escolha da lei aplicável, nos termos da qual o mesmo deveria ser interpretado de acordo com a lei iraniana. Não obstante isso, a 3.ª Câmara do Tribunal Arbitral Irão-EUA entendeu que, dada a natureza internacional do contrato em apreço, não seria apropriado aplicar-lhe a lei de qualquer das partes. Por esse motivo, decidiu que o Direito iraniano apenas seria aplicável às questões de interpretação do contrato e que os princípios gerais de Direito Comercial e de Direito Internacional regeriam todas as demais questões controvertidas. Entre esses princípios contar-se-ia, segundo o Tribunal, o de que a «força maior» (*force majeure*) constitui fundamento de suspensão ou resolução do contrato. Contudo, o tribunal entendeu que, à data da resolução do contrato pela NIOC (10 de Março de 1979), a situação ocorrente não era susceptível de ser caracterizada como de força maior.

Apesar de engenhosa, esta construção não ficou imune à crítica. Frequentemente, com efeito, não é possível identificar princípios jurídicos universalmente aceites sobre questões da maior importância suscitadas pelos contratos internacionais. Tomemos, a fim de exemplificar, a responsabilidade pela violação de deveres pré-contratuais de conduta emergentes do princípio da boa fé. Ao passo que os Códigos Civis alemão e português impõem essa responsabilidade nos casos ditos de *culpa in contrahendo* e conferem por conseguinte um alto grau de protecção à confiança depositada por cada

---

[19] Cfr. a decisão reproduzida no *American Journal of International Law*, 1988, pp. 136 ss.

uma das partes na conduta da outra durante os preliminares do contrato, o Direito inglês, que adopta uma orientação muito mais liberal a este respeito, rejeita-a expressamente[20].

Mas ainda que possa identificar-se um princípio geral de Direito relativamente a determinada questão controvertida numa arbitragem internacional, a sua índole necessariamente muito indeterminada confere aos árbitros um alto grau de discricionariedade, que pode revelar-se nociva sob o ponto de vista da previsibilidade das suas decisões e, por conseguinte, da segurança jurídica no comércio internacional[21].

Consideremos, a título de exemplo, o caso *BP v. Líbia*, decidido em 1973 pelo Juiz Gunnar Lagergren como árbitro único[22]. A cláusula de escolha da lei aplicável contida no contrato que regulava a concessão petrolífera feita à BP pela Líbia adoptava um «sistema de dois níveis» («*two-tier system*»), de acordo com o qual os litígios dele emergentes seriam em primeira linha regidos pelos princípios de Direito comuns ao Direito líbio e ao Direito Internacional e, na falta de tais princípios, pelos princípios gerais de Direito. À luz destes, o árbitro decidiu que a nacionalização da concessão, decretada em 1971 pelo Governo líbio, constituía um incumprimento do contrato, na medida em que era arbitrária, discriminatória e confiscatória. O árbitro entendeu, todavia, que não haveria lugar na espécie à execução específica do contrato, dado que os Direitos inglês, americano, dinamarquês e alemão divergiam entre si quanto à respectiva admissibilidade. Com este fundamento, o árbitro decidiu que a Líbia apenas deveria ser obrigada a indemnizar a BP, em valor a liquidar em processo arbitral posterior[23].

À conclusão oposta chegou o Professor René-Jean Dupuy na decisão que proferiu em 1977 como árbitro único no caso *Texaco v. Libia*[24]. A cláu-

---

[20] Ver, sobre o ponto, Dário Moura Vicente, *Da responsabilidade pré-contratual em Direito Internacional Privado*, Coimbra, 2001, pp. 239 ss., com mais referências.

[21] Sublinhou-o Wilhelm Wengler, in «Allgemeine Rechtsgrundsätze als wählbares Geschäftsstatut», *Zeitschrift für Rechtsvergleichung*, 1982, pp. 11 ss.

[22] Decisão reproduzida no *Yearbook of Commercial Arbitration,* 1980, pp. 143 ss., e na *Revue de l'arbitrage,* 1980, pp. 117 ss.

[23] As partes puseram mais tarde termo ao litígio por uma transacção em que o Estado líbio se obrigou a pagar à BP o valor de 17,4 milhões de Libras esterlinas.

[24] Reproduzida no *Clunet – Journal de Droit International*, 1977, pp. 319 ss., e no *Yearbook of Commercial Arbitration*, 1979, pp. 177 ss. Ver também, sobre esta decisão,

sula de escolha da lei aplicável era neste caso idêntica à que figurava no referido contrato entre a BP e a Líbia. As pretensões da Texaco decorriam igualmente da nacionalização de uma concessão petrolífera, ocorrida em 1973 e 1974, que o árbitro entendeu constituir uma violação do contrato celebrado pelas partes. Mas o árbitro considerou que, ao abrigo do Direito líbio e do Direito Internacional, a reparação das consequências da violação das obrigações contratuais a cargo da parte inadimplente deveria ter lugar mediante a *restitutio in integrum*. A concessão continuaria, assim, a vincular as partes. Nesta conformidade, a Líbia foi condenada a cumprir o contrato[25].

Outra conclusão ainda foi alcançada, na base da mesma cláusula de escolha da lei aplicável, no caso *Libyan American Oil Company (LIAMCO) v. Líbia*, decidido em 1977 por um jurista libanês, Sobhi Mahmassani, funcionando também como árbitro único[26]. A LIAMCO, uma empresa norte-americana, tinha obtido uma concessão de exploração e produção de petróleo na Líbia, a qual fora nacionalizada entre 1973 e 1974. Instaurou subsequentemente um processo arbitral contra a República da Líbia, reclamando a restauração dos seus direitos ao abrigo da concessão ou o pagamento de uma indemnização. O árbitro entendeu que a nacionalização da concessão era lícita, mas que a concessionária tinha direito, apesar disso, a uma compensação. Decidiu outrossim que o montante dessa compensação deveria ser determinado em conformidade com os princípios gerais de Direito, dado que não havia qualquer prova concludente de que existissem princípios comuns ao Direito líbio e ao Direito Internacional a este respeito. Ora, segundo o árbitro, entre aqueles primeiros princípios incluir-se-ia o da equidade. Seria por isso razoável e justo adoptá-lo como critério de determinação do montante da compensação devida à LIAMCO. À luz deste critério, o valor a pagar pela Líbia deveria corresponder ao valor de mercado dos activos da LIAMCO, ao tempo da nacionalização. Os lucros cessantes deveriam também, de acordo com o mesmo critério, ser compen-

---

Jean-Flavien Lalive, «Un grand arbitrage pétrolier entre un Gouvernement et deux sociétés privées étrangères», *Clunet – Journal de Droit International*, 1977, pp. 319 ss.

[25] Também este litígio foi subsequentemente objecto de uma transacção, no montante de 152 milhões de dólares norte-americanos.

[26] Cfr. a decisão reproduzida na *Revue de l'arbitrage*, 1980, pp. 132 ss.

sados. Foi assim reconhecido à LIAMCO o direito a uma compensação no montante de aproximadamente 80 milhões de dólares, acrescidos de juros e custas.

Estes casos evidenciam que a aplicabilidade dos princípios gerais de Direito às arbitragens petrolíferas pode gerar um alto grau de incerteza quanto às respectivas decisões[27].

d) Uma terceira orientação acerca do modo de determinar a lei aplicável às arbitragens petrolíferas ganhou entretanto terreno. Consiste em aplicar as regras escolhidas pelas partes ou, na falta de escolha, as do Estado contratante. A aplicabilidade do Direito interno deste encontra-se no entanto, de acordo com a mesma orientação, limitada pelo Direito Internacional, na medida em que as regras do primeiro não se aplicam sempre que se mostrem incompatíveis com as do segundo.

Este sistema, dito de «Direitos concorrentes», procura tomar em conta os diferentes interesses em jogo: por um lado, a aplicabilidade da lei do Estado contratante atende aos interesses soberanos deste; por outro, a relevância conferida ao Direito Internacional confere a protecção necessária aos interesses dos particulares que com ele contratam.

É esta, no essencial, a orientação acolhida no art. 42.º, n.º 1, da Convenção ICSID, que dispõe:

> «O tribunal julgará o diferendo em conformidade com as regras de direito acordadas entre as partes. Na ausência de tal acordo, o tribunal deverá aplicar a lei do Estado Contratante parte no diferendo (incluindo as regras referentes aos conflitos de leis), bem como os princípios de direito internacional aplicáveis.»

Por força desta regra, se o Direito nacional aplicável ao contrato permitir ao Estado contratante expropriar ou nacionalizar os bens da outra parte sem compensação, prevalecerá sobre ele o princípio de Direito Internacional costumeiro que exige o pagamento dessa compensação.

---

[27] Para uma comparação das três decisões descritas no texto, veja-se Brigitte Stern, «Trois arbitrages, un même problème, trois solutions. Les nationalisations pétrolières libyennes devant l'arbitrage international», *Revue de l'arbitrage,* 1980, pp. 3 ss.

Foi esta a conclusão fundamental a que chegou o tribunal arbitral na decisão proferida sobre o caso *AGIP v. Congo*, a primeira arbitragem petrolífera que teve lugar sob a égide da Convenção ICSID[28]. Os bens da AGIP no Congo haviam sido nacionalizados em 1975 e transferidos para uma empresa local por um decreto que declarava expressamente não resultar dele o direito dos titulares da empresa nacionalizada a qualquer compensação. Numa decisão proferida em 1979, o tribunal, composto por Jogen Trolle, René-Jean Dupuy e Fuad Rouhani, examinou a validade do referido decreto sob o ponto de vista do Direito Internacional e concluiu que o acto de nacionalização era incompatível com este. O Governo do Congo foi condenado, com esse fundamento, a indemnizar a AGIP.

A mesma orientação fundamental foi observada numa decisão proferida em 1988 no caso *Wintershall AG v. The Government of Qatar*[29], por um tribunal arbitral *ad hoc* integrado por John Stevenson, Bernardo Cremades e Ian Brownlie. O caso dizia respeito a um Acordo de Partilha de Exploração e Produção (*Exploration and Production Sharing Agreement* ou EPSA), ao abrigo do qual o Qatar havia concedido à requerente e a outras empresas o direito exclusivo de explorar e produzir petróleo numa determinada área sita ao largo do Qatar, assim como de armazenar, transportar e vender esse petróleo no Qatar e de exportá-lo. Os requerentes alegavam que o Qatar tinha violado o dito acordo, ao impedir o seu acesso a uma parte da área concessionada. O contrato não continha qualquer cláusula de escolha da lei aplicável. O tribunal entendeu que a lei aplicável seria a do Qatar, dada a estreita conexão entre o contrato e este país. O Direito Internacional Público seria, no entanto, também aplicável segundo o tribunal (embora não fosse relevante quanto às questões controvertidas no caso).

Nesta matéria, a *Iran-US Claims Settlement Declaration* confere ao tribunal arbitral uma discricionariedade mais ampla, ao dispor no art. V:

«O Tribunal decidirá todos os casos com base no respeito pelo Direito, aplicando as regras de conflitos de leis e os princípios de Direito comercial e internacional que considere aplicáveis e tomando em consideração os usos mercantis relevantes, as estipulações contratuais e as alterações de circunstâncias.»

---

[28] Reproduzida no *Yearbook of Commercial Arbitration*, 1983, pp. 133 ss.
[29] Reproduzida in *International Legal Materials*, 1989, pp. 795 ss.

De todo o modo, a referência constante deste preceito a regras de conflitos de leis sugere que deve ser sempre considerada pelo Tribunal a aplicabilidade de um Direito nacional.

O art. 26.°, n.° 6, do Tratado da Carta da Energia revela uma orientação mais restritiva no que se refere à aplicabilidade da lei do Estado contratante, na medida em que dispõe:

«Um tribunal estabelecido nos termos do n.° 4 decidirá as questões em litígio em conformidade com o presente Tratado e as regras e os princípios aplicáveis do direito internacional.»

Parece-nos, contudo, que esta disposição não deve ser interpretada no sentido de que exclui a aplicação do Direito do Estado contratante, pelo menos nos litígios com investidores privados. Por diversas razões.

Por um lado, porque a aplicabilidade de um Direito nacional se encontra expressamente prevista nas regras de conflitos da Convenção ICSID (art. 42.°), do Regulamento de Arbitragem da UNCITRAL (art. 33.°) e do Regulamento de Arbitragem da Câmara de Comércio de Estocolmo (art. 22.°), para as quais remete, como vimos, o art. 26.°, n.° 4, do TCE.

Por outro lado, porque sempre que o contrato de que o litígio resulte contiver uma cláusula de escolha da lei aplicável os árbitros não podem ignorá-la, na medida em que se trata de uma expressão da autonomia privada protegida pelo próprio Direito Internacional. Este ponto de vista foi, aliás, explicitamente admitido no caso *LIAMCO*.

Finalmente, porque, conforme dissemos, frequentemente o Direito Internacional não dá qualquer resposta aos problemas jurídicos postos pelos contratos ou concessões submetidos à apreciação dos tribunais arbitrais. Tal a razão por que a força vinculativa do contrato deve, a nosso ver, ser aferida em primeira linha de acordo com um Direito nacional.

A disposição atrás citada deve por isso ser entendida, no nosso modo de ver, no sentido de que, sempre que seja aplicável um Direito nacional, este deve conformar-se com o Direito Internacional.

A aplicabilidade de um Direito estadual à arbitragem internacional, na falta de escolha pelas partes da lei aplicável, encontra-se também prevista no art. 43.º, n.º 3, da lei angolana da arbitragem voluntária (a Lei n.º 16/03, de 25 de Julho)[30].

IV. A aplicabilidade da *Xaria*

a) Em muitos países produtores de petróleo, a *Xaria* islâmica é a principal fonte de Direito. Tal o caso, *inter alia*, da Líbia e da Nigéria, em África, e da Arábia Saudita e do Kuwait no Médio Oriente.

Esta circunstância suscita o problema de saber se e em que medida devem ser aplicadas as regras da *Xaria* às arbitragens internacionais relativas a litígios petrolíferos[31]. Este problema foi objecto de diversas decisões arbitrais, das quais emergiram duas orientações fundamentais.

b) No caso *Petroleum Development Ltd. v. Sheikh of Abu Dhabi*, decidido em 1951 por Lorde Asquith of Bishopstone[32], o árbitro único declarou no tocante à questão da lei aplicável à interpretação do contrato:

> «Este é um contrato concluído no Abu Dhabi e cuja execução é inteiramente devida nesse país. Se fosse aplicável um sistema jurídico nacional, este seria *prima facie* o do Abu Dhabi. Não pode todavia razoavelmente sustentar-se que um tal sistema exista. O Xeque administra uma justiça puramente discricionária com apoio no Corão; e seria fantasioso sugerir que nesta região muito primitiva existe um corpo assente de princípios jurídicos aplicáveis à interpretação de instrumentos comerciais modernos.»

---

[30] Dispõe esse texto: «Na falta de designação das partes, o tribunal aplica o direito resultante da aplicação da regra de conflitos de leis que julgue aplicável na espécie».

[31] Ver, sobre o ponto, Pieter Sanders, *op. cit. supra* (nota 2), pp. 51 ss.; Alan Redfern & Martin Hunter, *Law and Practice of International Commercial Arbitration*, 3.ª ed., Londres, 1999, pp. 110 ss.; Julian D. M. Lew, Loukas A. Mistelis & Stefan M. Kröll, *Comparative International Commercial Arbitration*, The Hague/London/New York, 2003, pp. 447 ss.; Ali Mezghani, «Le droit musulman et l'arbitrage», *Revue de l'arbitrage*, 2008, pp. 211 ss.; Mary B. Ayad, «Harmonisation of International Commercial Arbitration and *Sharia*», *Macquarie Journal of Business Law*, 2009, pp. 93 ss.; Abdul El-Ahdab, *Arbitration With the Arab Countries*, 3.ª ed., Alphen aan den Rijn, 2011.

[32] Decisão reproduzida no *The International and Comparative Law Quarterly*, 1952, pp. 247 ss., e em *International Law Reports*, 1957, pp. 144 ss.

O árbitro invocou em seguida uma cláusula do contrato da qual se retiraria, em seu entender, a aplicabilidade de «princípios fundados no bom senso e na prática comum da generalidade das nações civilizadas – uma espécie de Direito Natural moderno». Nesta base, declarou o árbitro:

> «Embora o Direito inglês seja inaplicável enquanto tal, algumas das suas regras estão a meu ver de tal forma baseadas na razão que devem ser tidas como integrantes deste Direito Natural moderno.»

Suscitou-se um problema semelhante no caso *Ruler of Qatar v. International Marine Oil Company, Ltd.*, decidido em 1953 por Sir Alfred Bucknill[33]. Em face dos pareceres de dois peritos em Direito Muçulmano, o árbitro concluiu que «não existe no Qatar um conjunto de princípios jurídicos aplicáveis à interpretação de instrumentos comerciais modernos» e que «o Direito [Muçulmano] não contém princípios suficientes para interpretar este contrato em particular». Além disso, segundo o árbitro, «se fosse aplicável o Direito Muçulmano, certas partes do contrato ficariam expostas à grave crítica de serem inválidas». Na sua opinião, por conseguinte, «nenhuma das partes teve em mente a aplicação do Direito Muçulmano». Ao invés, as partes teriam «querido que o acordo fosse regido pelos "princípios da justiça, da equidade e da boa consciência"».

c) Em ambos os casos os árbitros excluíram, por conseguinte, a aplicabilidade do Direito Muçulmano ao mérito da causa. Esta «escolha negativa» do Direito aplicável não foi contudo reiterada em litígios posteriores.

No caso *Aramco v. Saudi Arabia*[34], julgado em 1958 por um tribunal arbitral integrado por um professor de Direito suíço, Georges Sauser-Hall, e por dois juristas egípcios, Mohamed Hassan e Saba Habachi, a convenção de arbitragem determinava expressamente que o litígio seria decidido de

---

[33] Decisão reproduzida em *International Law Reports*, 1953, pp. 534 ss.

[34] Decisão reproduzida na *Revue critique de droit international privé*, 1963, pp. 304 ss. Ver também sobre este caso Suzanne Bastid, «Le droit international public dans la sentence arbitrale de l'Aramco», *Annuaire français de droit international*, 1961, pp. 300 ss.; e Henri Batiffol, «La sentence Aramco et le droit international privé», *Revue critique de droit international privé*, 1964, pp. 647 ss.

acordo com o Direito da Arábia Saudita no tocante às matérias pertencentes à jurisdição da Arábia Saudita; e pelo Direito que o tribunal arbitral considerasse aplicável nas demais matérias. O Direito saudita era, de acordo com a mesma convenção, «o Direito Muçulmano conforme ensinado pela Escola do Imã Ahmed Ibn Hanbal e aplicado na Arábia Saudita». A concessão em causa nesse processo foi assim tida pelo tribunal arbitral por sujeita à *Xaria*, tal como esta vigorava na Arábia Saudita. Contudo, a *Xaria* não continha, segundo o tribunal, regras precisas sobre a exploração de jazidas petrolíferas. Na medida em que subsistissem dúvidas sobre o conteúdo ou o significado do contrato, seriam por conseguinte aplicáveis os princípios gerais de Direito. Estes completariam também, de acordo com o tribunal, as estipulações das partes quanto aos seus direitos e obrigações.

No caso *LIAMCO*, foi levado a cabo um esforço consideravelmente superior no sentido de determinar a existência de regras da *Xaria* aplicáveis a uma concessão petrolífera e às consequências da sua resolução. Citando o Corão, a Suna e a Majala Otomana, o árbitro único procurou neste caso demonstrar que a *Xaria* – que considerou parte do Direito líbio – continha regras compatíveis com o Direito Internacional sobre a força vinculativa dos contratos, a execução específica das obrigações contratuais e a indemnização dos danos causados por incumprimento contratual. O árbitro distanciou-se assim da internacionalização do litígio empreendida pelos árbitros nos casos líbios acima referidos.

A Convenção ICSID não regula expressamente o problema da aplicabilidade de fontes religiosas de Direito. Mas o art. 42.º, n.º 1, dessa Convenção, a que fizemos referência, afigura-se incompatível com a orientação seguida nas arbitragens relativas aos casos de que eram partes o Abu Dhabi e o Qatar. Por duas razões: em primeiro lugar, porque ao determinar a aplicação das «regras de Direito que hajam sido acordadas pelas partes», a Convenção parece permitir a escolha pelas partes de regras de Direito religioso; em segundo lugar, porque ao dispor que se aplicará a lei do Estado Contratante parte no diferendo, na falta de escolha pelas partes das regras aplicáveis, a Convenção conduz também à aplicação das regras da *Xaria* que integrem o Direito vigente nesse Estado. Tais regras apenas poderão ser excluídas pelos árbitros, de acordo com o mesmo preceito, se e na medida em que se revelem incompatíveis com os ditames do Direito Internacional.

V. A emergência de uma *lex petrolea*

a) Pode ainda perguntar-se a respeito do tema em exame qual o papel que deve ser reservado aos usos e costumes da indústria petrolífera, que alguns têm caracterizado como uma *lex petrolea* ou um novo ramo da denominada *lex mercatoria*[35].

Na jurisprudência arbitral, a noção de *lex petrolea* parece ter sido utilizada pela primeira vez na decisão proferida em 1982 sobre o caso *Kuwait v. American Independent Oil Company (Aminoil)*[36]. Este caso dizia respeito à nacionalização de uma concessão petrolífera de que era titular esta empresa no Kuwait, a qual lhe havia sido outorgada em 1948 por 60 anos. De acordo com o tribunal, seriam aplicáveis ao caso o Direito do Kuwait e o Direito Internacional Público, este último enquanto elemento constituinte do primeiro.

Nas suas alegações, o Governo do Kuwait invocou diversas decisões anteriores respeitantes a nacionalizações de concessões petrolíferas ocorridas no Médio Oriente. Essas decisões teriam alegadamente gerado uma regra de Direito costumeiro própria da indústria petrolífera – uma regra da *lex petrolea* – segundo a qual a compensação a pagar em caso de nacionalização de uma concessão deveria limitar-se ao valor contabilístico líquido («*net book value*») dos activos do concessionário.

O tribunal, constituído pelos Professores Paul Reuter e Hamed Sultan e por Sir Gerald Fitzmaurice, Q.C., não se conformou, contudo, com este ponto de vista. Sublinhou, na sua decisão, que o critério do «valor contabilístico líquido», preconizado pelo Kuwait, tinha sido utilizado em negociações e não em arbitragens; que o consentimento dado pelos investidores a esse critério havia sido obtido no contexto de constrangimentos económicos e políticos muito fortes; e que o mesmo não constituía uma expressão da *opinio iuris*, não podendo, por conseguinte, ser tido como correspondente a uma regra de Direito Internacional. Em consequência disso, o tribunal concedeu à Aminoil uma compensação que visava reflectir as suas expectativas legíti-

---

[35] Ver, sobre o conceito de *lex petrolea*, R. Doak Bishop, «International Arbitration of Petroleum Disputes: The Development of a *Lex Petrolea*», *Yearbook of Commercial Arbitration*, 1998, pp. 1131 ss.

[36] Decisão reproduzida no *Yearbook of Commercial Arbitration*, 1984, pp. 71 ss.

mas quanto à evolução das receitas da concessão, à luz das circunstâncias ocorrentes no período que precedeu a nacionalização dos seus activos no Kuwait.

b) Pode, em todo o caso, perguntar-se qual deve ser o estatuto da *lex petrolea* na arbitragem internacional.

Não é certo, a nosso ver, que os usos e costumes da indústria petrolífera possam com propriedade ser caracterizados como um sistema jurídico autónomo (*hoc sensu,* uma *lex*) susceptível de ser aplicado nas arbitragens petrolíferas como uma alternativa às leis nacionais.

Em larga medida, esses usos e costumes não foram codificados (contrariamente ao que sucedeu noutros ramos da *lex mercatoria,* como por exemplo os que são abrangidos pelos *Incotermos,* pelas *Regras e Usos Uniformes Sobre Garantias Contratuais* e pelas *Regras e Usos Uniformes Sobre Créditos Documentários* emanados da Câmara de Comércio Internacional). A índole mais indeterminada dos usos da indústria petrolífera poderia assim gerar, caso os mesmos fossem tomados como critério único de decisão de litígios, um grau considerável de incerteza.

Finalmente, parece altamente improvável que os Estados aceitem submeter-se exclusivamente a tais usos e costumes nos litígios respeitantes à exploração dos seus recursos naturais.

c) O papel dos usos e costumes da indústria petrolífera é pois, a nosso ver, essencialmente complementar dos Direitos nacionais, devendo aplicar--se sempre que as partes se lhes refiram e na medida em que não sejam contrários às regras imperativas do Direito aplicável, assim como em ordem a preencher as lacunas deste.

Foi justamente esse o efeito que lhes foi reconhecido na decisão proferida sobre o caso *Aramco v. Saudi Arabia.* Segundo o tribunal arbitral, nas questões de Direito Privado as lacunas do Direito nacional aplicável (que era, como vimos, o Direito saudita) deveriam ser supridas pelos «costumes e usos mundialmente aceites na indústria e no comércio do petróleo».

A Convenção ICSID é omissa quanto a este ponto. O art. 42.º, n.º 1, pode decerto ser interpretado no sentido de que permite a escolha pelas partes de regras consuetudinárias observadas pela indústria petrolífera. Mas na falta de uma tal escolha é duvidoso que os árbitros possam referir-se exclusivamente a estas regras[37].

Uma referência mais explícita aos usos mercantis figura na Lei-Modelo da UNCITRAL Sobre a Arbitragem Comercial Internacional[38], que dispõe no art. 28.º, n.º 4:

«Em qualquer caso, o tribunal arbitral decidirá de acordo com as estipulações do contrato e terá em conta os usos do comércio aplicáveis à transacção.»

Uma regra semelhante consta do art. 35.º, n.º 3, do Regulamento de Arbitragem da UNCITRAL (na redacção dada em 2010)[39]; e a *Iran-US Claims Settlement Declaration* determina igualmente, no art. V, que o Tribunal tomará em consideração os usos relevantes do comércio. Outra não é a orientação acolhida no art. 43.º, n.º 5, da Lei angolana sobre a arbitragem voluntária[40].

VI. Cláusulas de estabilização

a) O tema do presente estudo suscita uma última questão, que importa agora considerar. Nos contratos petrolíferos a longo termo são por vezes incluídas «cláusulas de estabilização» destinadas a evitar modificações das regras aplicáveis por um acto unilateral do Estado contratante (incluindo as decisões administrativas ou judiciais que interpretem o Direito vigente) ou a preservar o *statu quo* económico existente ao tempo da conclusão do contrato[41].

---

[37] Ver, no sentido de que «o mandato conferido a um tribunal arbitral ICSID é, pois, claro e as regras relevantes para a decisão da causa são as que se encontram nos sistemas jurídicos tradicionais, com exclusão da *lex mercatoria*», Georges Delaume, «Comparative Analysis as a Basis of Law in State Contracts: The Myth of the Lex Mercatoria», *Tulane Law Review*, vol. 63 (1988-1989), pp. 575 ss. (p. 591).

[38] Disponível em http://www.uncitral.org.

[39] Disponível em http://www.uncitral.org.

[40] Segundo o qual: «Em qualquer caso, o Tribunal Arbitral toma em conta os usos e costumes do comércio internacional aplicável ao objecto da convenção de arbitragem».

[41] Ver, sobre essas cláusulas, René David, «Les clauses de stabilité dans les contrats pétroliers», *Clunet: Journal de Droit international*, 1986, pp. 79 ss.; Margarita T.B. Coale, «Stabilization Clauses in International Petroleum Transactions», *Denver Journal of Inter-*

Tais cláusulas podem estipular que o Direito estadual aplicável compreende apenas as regras em vigor no momento da celebração do contrato, excluindo desse modo todas as modificações subsequentemente introduzidas nele. Por este motivo, são também por vezes denominadas «cláusulas de congelamento» (*freezing clauses*).

Nos contratos de concessão líbios que deram origem às decisões arbitrais atrás referidas, essas cláusulas eram do seguinte teor:

> «Durante o período da sua vigência, a concessão será interpretada de acordo com o Direito petrolífero e os regulamentos em vigor à data da celebração do acordo [...].»

Em alternativa, as cláusulas de estabilização podem impor ao contraente particular que se conforme com as leis novas emanadas do Estado contratante, mas prevêem que o primeiro será compensado pelos custos adicionais que para si decorram dessa circunstância (através, *v.g.*, de ajustamentos tarifários, da prorrogação da concessão, de reduções fiscais, de compensações monetárias, etc.). Designam-se nestes casos *cláusulas de equilíbrio económico*.

b) A validade e os efeitos destas cláusulas são controvertidos.

O art. 3.º da Resolução do Instituto de Direito Internacional sobre *A Lei Aplicável ao Contrato em Acordos Entre Um Estado e Um Particular Estrangeiro*, adoptada em 1979[42], permite-as sem reservas. De acordo com essa disposição:

> «As partes podem convencionar que as disposições de Direito interno referidas no contrato devem ser entendidas como as que se encontravam em vigor ao tempo da conclusão do contrato.»

---

national Law and Policy, vol. 30:2, 2001/2002, pp. 217 ss.; Andrea Giardina, «Clauses de stabilisation et clauses d'arbitrage: vers l'assouplissement de leur effet obligatoire?», *Revue de l'arbitrage,* 2003, pp. 647 ss.; Zeyad A. Alqurashi, *International Oil and Gas Arbitration,* 2005, pp. 179 ss.; Ahmed El-Kosheri, «International arbitration and petroleum contracts», *in Encyclopaedia of Hydrocarbons,* vol. IV, *Hydrocarbons: Economics, Policies and Legislation,* Roma, 2005, pp. 879 ss.; e Stefan Leible, «Private International Law: Contracts for the Delivery of Gas», *German Yearbook of International Law,* 2009, pp. 327 ss. (p. 331 s.).

[42] Disponível em http://www.idi-iil.org.

A responsabilidade dos Estados pela violação de uma cláusula de estabilização deve, por seu turno, ser aferida de acordo com a lei aplicável ao contrato. Di-lo a mesma Resolução no art. 6, que dispõe:

«As regras escolhidas de acordo com as disposições precedentes regem a responsabilidade contratual entre as partes, em especial a que decorre do exercício pelo Estado de poderes soberanos em violação de compromissos assumidos perante o seu parceiro contratual.»

Mas a jurisprudência arbitral a este respeito é ambivalente.

No caso *Texaco v. Líbia*, o árbitro entendeu que a cláusula de estabilização inserida no contrato de concessão inibia o Estado de nacionalizar. Nas palavras do árbitro:

«O reconhecimento pelo Direito Internacional do direito de nacionalizar não constitui motivo bastante para que um Estado ignore os seus compromissos, pois o Direito Internacional também reconhece o poder do Estado de se vincular internacionalmente, mormente aceitando a inclusão de cláusulas de estabilização num contrato concluído com um particular estrangeiro.»

Contudo, no caso *Kuwait v. Aminoil* o tribunal entendeu que a finalidade de uma cláusula de estabilização inserida no contrato concluído pelas partes consistia apenas em inibir nacionalizações de índole confiscatória, i. é, sem uma indemnização adequada. As nacionalizações não seriam, pois, em si mesmas excluídas pela cláusula. O tribunal admitiu porém que as cláusulas de estabilização criam expectativas, que devem ser tidas em consideração ao determinar-se o montante da indemnização.

A Resolução do Instituto de Direito Internacional de 1991 sobre *A Autonomia das Partes nos Contratos Internacionais Entre Pessoas ou Entidades Privadas*[43] adopta uma orientação mais restritiva a respeito da eficácia dessas cláusulas, estabelecendo no art. 8:

«Se as partes convencionarem que a lei escolhida deve ser aplicada tal como se encontrava em vigor ao tempo em que o contrato foi concluído, as

---

[43] Disponível em *ibidem*.

disposições dessa lei serão aplicadas como regras de Direito material incorporadas no contrato; se, porém, a lei escolhida tiver sido alterada ou revogada por regras imperativas que tenham em vista os contratos existentes, ser-lhes-ão reconhecidos efeitos.»

c) Seja como for, são muito raras as decisões que impõem a observância das estipulações constantes de um contrato de Estado com fundamento numa cláusula de estabilização.

As cláusulas em apreço operam essencialmente como *garantias financeiras adicionais* para os investidores que concluem contratos com Estados ou outros entes públicos e não tanto como limites ao exercício por estes dos seus poderes soberanos.

O efeito principal dessas cláusulas consiste, por conseguinte, em reforçar a probabilidade de a parte lesada obter uma indemnização no caso de um acto unilateral do Estado afectar negativamente o ambiente jurídico ou o equilíbrio económico do contrato[44].

Em qualquer caso, a validade das cláusulas de estabilização deve considerar-se subordinada à sua conformidade com o Direito Internacional: um Estado não pode excluir validamente a aplicação de regras imperativas de Direito Internacional através de tais cláusulas; o que tem evidente importância no que respeita às regras sobre direitos humanos e à protecção do ambiente.

---

[44] Ver Eduardo Jiménez de Arechaga, «International Law in the Past Third of a Century», *Recueil des Cours de l'Académie de Droit International de La Haye*, vol. 159 (1978-I), pp. 1 ss. (p. 307).

Os Contratos no Direito do Petróleo e do Gás

Luís Manuel Teles de Menezes Leitão*

SUMÁRIO: 1. Generalidades; 2. Os contratos celebrados com o Estado detentor no sector *Upstream*; 3. Os contratos celebrados entre companhias petrolíferas no âmbito do sector *Upstream*; 4. Os contratos celebrados pelas companhias petrolíferas com terceiros no âmbito do sector *Upstream*; 5. Os contratos *Midstream*; 6. Os contratos *Downstream*.

1. Generalidades

O Direito do Petróleo e do Gás obedece a modelos contratuais muito específicos que procuraremos examinar neste trabalho. Infelizmente, no entanto, apesar da enorme importância que os recursos energéticos em geral e o petróleo em particular assumem na economia mundial verifica-se que existe muito pouca investigação jurídica realizada nesta matéria, especialmente na área da contratação[1].

O primeiro aspecto a salientar é o cariz predominantemente internacional da contratação nesta área. Efectivamente, verifica-se que a indústria

---

* Professor Catedrático da Faculdade de Direito da Universidade de Lisboa.

[1] São excepção entre nós os estudos de PAULO MARQUES, "Da natureza jurídica do *Production Sharing Agreement* (PSA) à luz do ordenamento jurídico português", em PEDRO MELO / JOÃO GARCIA PULIDO / PAULO MARQUES / ALEXANDRA BEATO, *Estudos sobre Energia: Petróleo e Gás Natural*, Coimbra, Almedina, 2004, pp. 9-68 e FRANCISCO BRIOSA E GALA, "A tipicidade das formas contratuais atípicas no comércio internacional de petróleo", em *O Direito* 141.º (2009), IV, pp. 999-1026.

do petróleo possui, em relação às outras actividades económicas, um cariz internacional muito maior, atento o facto de, devido à escassez dos recursos petrolíferos, ser necessária a prospecção e pesquisa do petróleo em todo o mundo. Esse cariz internacional é muito antigo, constituindo uma evidente característica da indústria petrolífera desde os seus primórdios, quando se deu a expansão das mais importantes companhias petrolíferas ao redor do mundo, como a *Standard Oil Company*, a *British Petroleum* (BP) e a *Royal--Shell*. A globalização da actividade económica contribuiu, no entanto, para acentuar esse cariz, na medida em que levantou as barreiras alfandegárias e contribuiu para a internacionalização dos contratos relativos ao petróleo. Em consequência, a maioria dos contratos celebrados no âmbito da indústria petrolífera possui quase sempre cariz internacional, em virtude de possuir elementos de conexão que remetem para leis diferentes, como a nacionalidade ou domicílio das partes, o lugar da celebração ou da execução ou a lei aplicável ao contrato[2].

Para além disso, os contratos internacionais sobre petróleo são contratos que envolvem um risco muito elevado e que por isso necessitam de um investimento financeiro assegurado por garantias especiais. Este tipo de riscos costumam ser divididos em riscos de avaliação ou riscos geológicos e riscos políticos, relacionados com a situação do país de acolhimento ou com a evolução da situação política internacional em torno do comércio petrolífero[3].

Os riscos de avaliação ou riscos geológicos correspondem à possibilidade de não ser encontrada uma reserva comercializável na zona do contrato, o que tem como consequência a perda de um investimento considerável[4].

---

[2] Cfr. Diogo Pignataro de Oliveira, "Os contratos internacionais e a indústria do petróleo" em *Jus Navigandi, Teresina*, ano 12, n. 1532, 11 set. 2007, disponível em http://jus.uol.com.br/revista/texto/10391 .

[3] Cfr. Briosa e Gala, *O Direito* 141.º (2009), IV, p. 1010.

[4] Conforme refere Paulo Marques, *op. cit.*, pp. 20-21: "O Petróleo, considerada a forma e estado em que se encontra na natureza, não se vê, sente ou cheira. A sua existência não é descortinada pelos sentidos. Qual objecto das mais delirantes histórias de piratas, é um tesouro enterrado; ao caso, com mais um senão, não há X no mapa que dê conta do lugar, que o aponte. Começa a levantar-se o véu. Se o petróleo está enterrado como o descobrir? É precisamente dessa questão que trata o *"Up-Stream"*. É precisamente o resultado daquela equação que faz a diferença entre o sucesso e o desastre. É precisamente a resposta àquela

Efectivamente, o investimento na exploração de petróleo é necessariamente um investimento a longo prazo, implicando a afectação durante décadas de recursos humanos, capital e tecnologia. Basta ver que implica a abertura de poços para a extracção do petróleo, o que é uma infra-estrutura de grande dimensão e muito custosa. Por outro lado, o constante declínio dos recursos petrolíferos – falando-se inclusivamente no facto de já se ter ultrapassado o pico do petróleo e poder haver um esgotamento do produto neste século – obriga cada vez mais as companhias petrolíferas a procurar petróleo em areas de acesso geográfico cada vez mais difícil, o que faz aumentar os custos da extracção, podendo chegar-se a um ponto em que os benefícios da exploração deixem de compensar esses custos.

Já em relação aos riscos políticos, estes resultam do facto de, em virtude da importância estratégica que normalmente os países dão aos seus recursos naturais, a gestão de recursos como o petróleo e o gás é sujeita a políticas governamentais muito instáveis, podendo igualmente ocorrer a todo o tempo alterações de regulação da actividade de prospecção e da sua tributação, crises políticas, mudanças de regime, revoluções seguidas de nacionalização das companhias petrolíferas, e até guerras motivadas por causa do petróleo. O petróleo pode ser aliás sujeito a condicionamentos geopolíticos internacionais de vária ordem como se verificou com os diversos choques petrolíferos causados por decisões da OPEP[5]. Por todos esses motivos, o preço da matéria prima é extremamente volátil nos mercados internacionais, podendo ocorrer grandes variações entre a data da celebração do contrato e a data da entrega do produto, as quais são influenciadas pela alterações da cotação da divisa na qual são feitos os pagamentos[6].

Tudo isto contribui para criar um enorme risco económico neste tipo de contratos, embora também possa potenciar os benefícios deles resultantes. Esses benefícios têm que ser naturalmente analisados pela indústria petro-

---

pergunta que permite afirmar estarmos em presença de um negócio de "álea", e portanto, de RISCO".

[5] WENDY NICOLE DUONG, "Partnerships with Monarchs – Two Case Studies: Case One – Partnerships with Monarchs in the Search for Oil: Unveiling and Re-Examining the Patterns of 'Third World' Economic Development in the Petroleum Sector" em *University of Pennsylvania Journal of International Economic Law*, vol. 25 (2004), pp. 1171-1296 (1204).

[6] Cfr. DIOGO PIGNATARO DE OLIVEIRA, *loc. cit.*

lífera em confronto com os riscos, sendo até muito comum as companhias petrolíferas estabeleceram remunerações bastante elevadas nuns contratos, em ordem a compensar que sofrem noutros contratos[7]. A análise risco-benefício é assim uma constante no âmbito da contratação internacional em torno do petróleo.

Para além disso, a utilização dos recursos petrolíferos é uma actividade que tem um ciclo de produção muito extenso, que vai desde a prospecção e descoberta do petróleo, passando pela sua transformação e refinação até à sua venda ao consumidor final num posto de abastecimento de combustível. Esse ciclo de produção tão extenso implica a celebração de uma série de contratos que abrangem toda o circuito comercial do petróleo. Normalmente, tendo em conta os diferentes tipos de transacções comerciais, a que dão origem, estes contratos podem ser qualificados como contratos *Upstream, Midstream e Downstream*. Os contratos *Upstream* são aqueles que têm por objecto a prospecção, descoberta e extracção do petróleo em estado bruto. Os contratos *Midstream* têm por objecto a transformação do petróleo em estado bruto num produto energético utilizável. Finalmente, os contratos *Downstream* têm por objecto a refinação, venda e distribuição ao consumidor do produto energético acabado[8]. Estes sectores são muito diversificados, e são regulados de forma muito distinta, pelo que naturalmente as regras que regulam as transacções *Upstream* são totalmente inaplicáveis às transacções *Downstream*.

Ao longo deste trabalho iremos então examinar os vários modelos de contratos existentes nestes vários sectores.

2. Os contratos celebrados com o Estado detentor no sector *Upstream*

2.1. Generalidades

Comecemos por examinar a primeira fase da contratação na indústria petrolífera, que é composta pelos contratos celebrados com o Estado deten-

---

[7] Cfr. WENDY NICOLE DUONG, *U. Pa. J. Int'l Econ. L.* 25 (2004), p. 1257 e BRIOSA E GALA, *O Direito* 141.º (2009), IV, p. 1010.

[8] Cfr. BRIOSA E GALA, *O Direito* 141.º (2009), IV, p. 1004.

tor de recursos petrolíferos no sector *Upstream*. Correspondem àqueles contratos pelos quais o país detentor de recursos petrolíferos garante a uma empresa multinacional o direito de explorar petróleo e gás natural no seu terrritório, tendo por objecto as matérias primas e os recursos naturais. O segmento *Upstream* encontra-se normalmente dividido em três fases: a *exploração* do petróleo; o *desenvolvimento* desse petróleo na fonte; e a *produção* desse petróleo previamente à sua distribuição para uma refinaria. Entre a exploração e o desenvolvimento do petróleo pode ainda existir uma sub-fase denominada *avaliação*, durante a qual a reserva descoberta é avaliada para efeitos de desenvolvimento técnico[9]. São fases muito demoradas o que os tornam em contratos de execução prolongada, uma vez que só a fase de exploração pode demorar à volta de cinco anos.

Historicamente, a exploração petrolífera obedecia a dois modelos de relações entre o Estado e as Companhias Petrolíferas: o modelo da concessão ou *royalty tax system* (anglo-americano) e o modelo contratual (francês), que se distinguem consoante admitam a propriedade privada dos recursos minerais existentes no subsolo ou excluam essa possibilidade. Analisemos separadamente estes dois modelos.

2.2. O modelo da concessão

O modelo da concessão ou *royal tax system* assenta num pressuposto jurídico, que é a possibilidade de existência de propriedade privada sobre os recursos minerais, mesmo que a actividade de produção e extracção de petróleo seja intensamente regulada pelo Estado. Efectivamente, normalmente o Estado exige uma licença antes do início de toda a actividade no sector *Upstream*, como a exploração, a avaliação, o desenvolvimento e a produção. O Estado tem assim direito a cobrar uma *royalty* por cada licença que concede bem como impostos em relação ao petróleo que é extraído pelos privados. Quando é o Estado a possuir a propriedade de recursos minerais (como sucede necessariamente nas águas territoriais) transfere a propriedade desses minerais para a companhia petrolífera, recebendo em contrapartida uma *royalty* por essa transferência e os impostos sobre o rendimento obtido

---

[9] Cfr. WENDY NICOLE DUONG, *U. Pa. J. Int'l Econ. L.* 25 (2004), p. 1216.

pela companhia petrolífera, no âmbito da sua soberania tributária sobre os rendimentos gerados no seu território. Em consequência, a companhia petrolífera após o pagamento das *royalties* e dos impostos pode reclamar a propriedade em relação ao petróleo e gás natural extraídos[10].

O modelo de concessão tem origem na famosa concessão outorgada em 1920 pelo Governo da Pérsia (hoje Irão) ao cidadão inglês William Knox D'Arcy, que ficou conhecida como a Concessão D'Arcy. Esse modelo espalhou-se então por todo o mundo, passando a ser utilizado pelas principais companhias petrolíferas para conduzir a sua actividade a nível mundial.

Tradicionalmente, o modelo da concessão – hoje denominado de concessão clássica – caracterizava-se pelos seguintes traços distintivos, muito desfavoráveis para os Estados detentores de recursos petrolíferos:

a) amplas áreas de concessão, sem direito de desistência, de parte a parte;
b) longa duração do contrato, sem possibilidade de revisão, podendo em certos casos ultrapassar 65 anos;
c) direitos exclusivos sobre todas as operações referentes ao petróleo extraído na área concedida (alguns contratos previam, inclusive, direitos sobre as operações de *Downstream);*
d) direito de propriedade sobre as reservas de petróleo em favor das companhias petrolíferas estrangeiras;
e) isenção de todos os impostos e taxas aduaneiras;
f) pagamento de um reduzido valor de *royalty* sobre o volume total de petróleo produzido;
g) transferência para o governo local da área concedida e dos equipamentos remanescentes ao final da concessão;
h) fixação arbitrária e unilateral do preço do petróleo extraído, sem qualquer participação do governo local[11].

---

[10] Cfr. WENDY NICOLE DUONG, *U. Pa. J. Int'l Econ. L.* 25 (2004), pp. 1217 e ss.

[11] Cfr. ALFREDO RUY BARBOSA, "Breve panorama dos contratos no setor de petróleo" em *Jus Navigandi, Teresina*, ano 7, n.º 55, 1 Mar. 2002. disponível em http://jus.uol.com.br/revista/texto/2794. e PAULO MARQUES, *op cit.*, pp. 23-24..

Naturalmente que estas cláusulas desequilibravam enormemente os contratos em prejuízo dos Estados detentores, o que levou a um grande fracasso do modelo clássico da concessão, hoje praticamente abandonado.

Hoje em dia, no entanto, ainda é possível encontrar modelos de concessão, ainda que expurgados deste regime. São as chamadas *concessões modernas,* ou *concessões do pós-guerra,* que se caracterizam por uma enorme redução da área e do prazo de duração da concessão, atribuírem o risco do investimento ao concessionário, estabelecendo variadíssimas obrigações a seu cargo, incluindo o pagamento de *royalties* e impostos, ainda que lhe garantam a propriedade do petróleo extraído. Assim, se a companhia petrolífera continua a manter o direito exclusivo de, por sua conta e risco, pesquisar, produzir e exportar o petróleo, podendo dispor dele como entender – pois como sua proprietária tem o livre uso, fruição e disposição do petróleo extraído – assume também uma série de novas obrigações. Essas obrigações envolvem habitualmente: a) destinar uma quota do petróleo produzido para abastecimento no mercado interno do país de acolhimento; b) pagar uma renda anual como contrapartida da área geográfica que lhe é atribuída na concessão; c) pagar *royalties* em dinheiro, em petróleo bruto, ou numa combinação de ambos, d) pagar impostos sobre os rendimentos. A concessão torna-se assim por esta via mais equilibrada em benefício do Estado detentor, mas continua a ter o defeito de não envolver esse Estado, ainda que indirectamente, na actividade da multinacional petrolífera, o que impede a transferência de tecnologia e a formação de mão de obra local[12].

O modelo da concessão voltou hoje a ser utilizado no Brasil[13]. Efectivamente, embora o art. 277.º, I, da Constituição estabeleça que as jazidas são da propriedade da União, a lei admite a sua concessão ao particulares, no âmbito da qual se estabelece que o petróleo explorado se torna da propriedade do

---

[12] Cfr. PAULO MARQUES, *op. cit.*, p. 24.
[13] Explica ALFREDO RUY BARBOSA, *loc. cit.*, que o Brasil passou por diversos modelos em relação à indústria petrolífera. O período da concessão foi iniciada em 1864 com a atribuição das primeiras concessões para a prospecção e extracção de minérios, incluindo petróleo. A partir de 1938 é instituído um monopólio estatal em resultado da campanha "o petróleo é nosso". Depois a partir de 1964 surge o modelo dos contratos de risco, pelos quais eram remunerados os investidores. A partir de 1988, e em resultado da Constituição regressa-se ao modelo da concessão, agora sob a forma da concessão moderna.

concessionário. Assim, o art. 23.º da Lei 9.478, de 6 de Agosto de 1997, estabelece que "as atividades de exploração, desenvolvimento e produção de petróleo e de gás natural serão exercidas mediante contratos de concessão, precedidos de licitação, na forma estabelecida nesta Lei", acrescentando o seu § único que "a ANP definirá os blocos a serem objeto de contratos de concessão". O art. 26.º da mesma Lei especifica que "a concessão implica, para o concessionário, a obrigação de explorar, por sua conta e risco e, em caso de êxito, produzir petróleo ou gás natural em determinado bloco, conferindo-lhe a propriedade desses bens, após extraídos, com os encargos relativos ao pagamento dos tributos incidentes e das participações legais ou contratuais correspondentes". Conforme se pode verificar o concessionário, torna-se proprietário do petróleo bruto e do gás natural extraídos, sendo a contrapartida do Estado detentor o recebimento das *royalties* pela exploração e dos impostos que cobra essa actividade. Efectivamente, o art, 46.º da mesma lei apenas prevê as seguintes contrapartidas para o Estado: a) bónus de assinatura; b) *royalties;* c) participação especial; d) pagamento pela ocupação ou retenção de área.

O art. 46.º da Lei 9.478 estabelece as cláusulas obrigatórias no contrato de concessão, determinando que ele deverá reflectir fielmente as condições do edital e da proposta vencedora e terá como cláusulas essenciais:

I – a definição do bloco objecto da concessão;
II – o prazo de duração da fase de exploração e as condições para sua prorrogação;
III – o programa de trabalho e o volume do investimento previsto;
IV – as obrigações do concessionário quanto às participações, conforme o disposto na Secção VI;
V – a indicação das garantias a serem prestadas pelo concessionário quanto ao cumprimento do contrato, inclusive quanto à realização dos investimentos ajustados para cada fase;
VI – a especificação das regras sobre devolução e desocupação de áreas, inclusive retirada de equipamentos e instalações, e reversão de bens;
VII – os procedimentos para acompanhamento e fiscalização das atividades de exploração, desenvolvimento e produção, e para auditoria do contrato;

VIII – a obrigatoriedade de o concessionário fornecer à ANP relatórios, dados e informações relativos às atividades desenvolvidas;
IX – os procedimentos relacionados com a transferência do contrato, conforme o disposto no art. 29;
X – as regras sobre solução de controvérsias, relacionadas com o contrato e sua execução, inclusive a conciliação e a arbitragem internacional;
XI – os casos de rescisão e extinção do contrato;
XII – as penalidades aplicáveis na hipótese de descumprimento pelo concessionário das obrigações contratuais.

O art. 44.º impõe ainda que o contrato de concessão estabeleça as seguintes obrigações para o concessionário:

I – adoptar, em todas as suas operações, as medidas necessárias para a conservação dos reservatórios e de outros recursos naturais, para a segurança das pessoas e dos equipamentos e para a protecção do meio ambiente:
II – comunicar à ANP, imediatamente, a descoberta de qualquer jazida de petróleo, gás natural ou outros hidrocarbonetos ou de outros minerais;
III – realizar a avaliação da descoberta nos termos do programa submetido à ANP, apresentando relatório de comercialidade e declarando seu interesse no desenvolvimento do campo;
IV – submeter à ANP o plano de desenvolvimento de campo declarado comercial, contendo o cronograma e a estimativa de investimento;
V – responsabilizar-se civilmente pelos actos de seus prepostos e indemnizar todos e quaisquer danos decorrentes das actividades de exploração, desenvolvimento e produção contratadas, devendo ressarcir à ANP ou à União os ónus que venham a suportar em consequência de eventuais demandas motivadas por actos de responsabilidade do concessionário;
VI – adoptar as melhores práticas da indústria internacional do petróleo e obedecer às normas e procedimentos técnicos e científicos pertinentes, inclusive quanto às técnicas apropriadas de recupe-

ração, objectivando a racionalização da produção e o controle do declínio das reservas.

O modelo da concessão, mesmo na sua vertente moderna, tem sido, no entanto, objecto de críticas pelo facto de, assentando essencialmente numa receita das *royalties e* impostos, necessitar que o Estado detentor possua um sistema fiscal e de controlo da receita muito eficaz, sem o que as companhias petrolíferas tenderão a evadir os pagamentos. Por outro lado, as companhias petrolíferas estão constantemente sujeitas às alterações no sistema fiscal, o que aumenta o risco político.

2.3. O modelo contratual

2.3.1. Generalidades

O modelo da concessão tem sido genericamente considerado como inadequado à promoção do desenvolvimento dos países detentores de petróleo, uma vez que não permitia uma repartição equitativa dos benefícios resultantes da exploração petrolífera. Acabou por isso por triunfar o modelo contratual, que se caracteriza por os recursos petrolíferos extraídos serem sempre da propriedade do Estado, tendo as companhias petrolíferas apenas direito a receber uma determinada contrapartida pela sua actividade, podendo essa contrapartida ser paga em dinheiro ou numa percentagem dos recursos energéticos produzidos. Esse modelo é chamado de francês, pelo facto de na tradição napoleónica francesa as minas serem consideradas bens do domínio público, que não poderia ser objecto de propriedade privada, sendo antes detidas pelo Estado em benefício de todos os cidadãos[14]. É esse o sistema adoptado por Angola. Efectivamente, a Lei 10/2004, de 12 de Novembro, é muito clara ao estabelecer no seu art. 3.º que "os jazigos petrolíferos existentes nas áreas referidas no art. 1.º fazem parte integrante

---

[14] Cfr. WENDY NICOLE DUONG, *U. Pa. J. Int'l Econ. L.* 25 (2004), p. 1219. Conforme salienta esta autora na nota (121), não deixa de ser irónico este qualificativo, já que o Code Civil francês de 1804, no seu art. 552 determina que a propriedade se estende ao subsolo. O mesmo tem origem na legislação de Napoleão sobre minas de 1810, que atribuiu a sua propriedade ao Estado, admitindo apenas a possibilidade de a sua exploração ser concessionada aos privados.

do domínio público do Estado". Os direitos mineiros sobre esses jazigos são atribuídos à concessionária nacional (SONANGOL), em exclusividade (art. 4.º), estado vedado a esta proceder à sua alienação total ou parcial, sendo nulos e ineficazes os actos praticados em contrário (art. 5.º). O art. 13.º estabelece finalmente o princípio da obrigatoriedade de associação, estabelecendo que toda a sociedade que pretenda exercer em território angolano operações petrolíferas fora do âmbito da licença de prospecção, apenas o pode fazer conjuntamente com a concessionária nacional (art. 13.º).

Há, porém, vários modelos de contratos conhecidos nesta área.

Um é o *contrato de prestação de serviços* em que as empresas multinacionais de produção petrolífera se comprometem perante o Estado a prestar o serviço de prospecção e extracção de petróleo. Estes por sua vez ainda compreendem dois modelos: o modelo clássico, em que a empresa multinacional recebe o pagamento, independentemente de ser ou não encontrado petróleo, e o modelo de contrato de risco (*Risk Service Contract*), em que a empresa multinacional apenas recebe o pagamento se o petróleo vier a ser efectivamente descoberto e produzido, sendo assim obrigada a assumir o risco relativa à prospecção petrolífera[15].

Outro é o *contrato de empreendimento comum* (*joint venture*), que assume na doutrina a distinção entre a *incorporated joint venture* e a *unincorporated joint venture*. No primeiro caso, é instituída uma sociedade para a realização da exploração petrolífera. Na segunda hipótese, é apenas celebrado um contrato de consórcio entre as partes[16].

O modelo mais conhecido é, porém, o dos PSC (*Production Sharing Contracts*), que poderemos designar como *contratos de partilha da produção petrolífera*. Trata-se de contratos que não se encontram regulados em legislação especial, mas que são objecto de uma tipicidade social, em virtude da frequência com que são utilizados na prática. Estes contratos vieram a tornar-se o modelo predominante, uma vez que o modelo da concessão e o modelo da prestação de serviços não permitiam um adequado controlo do Estado sobre as multinacionais e, uma vez terminados os contratos, não asseguravam que a propriedade dos meios tecnológicos necessários para a extracção acabasse por ser atribuída ao Estado nem instituíam obrigações

---

[15] Cfr. BRIOSA E GALA, *O Direito* 141.º (2009), IV, p. 1005.
[16] Cfr. BRIOSA E GALA, *O Direito* 141.º (2009), IV, p. 1005.

de formação profissional dos agentes locais[17]. Em consequência, a partir do fim da II Guerra Mundial os países exportadores de petróleo exigiram a revisão das antigas concessões concedidas às companhias petrolíferas, como forma de assumir o seu peso na escala internacional. Esta atitude implicou a busca de um novo modelo contratual, o qual foi aceite pelas companhias petrolíferas, em virtude do receio de que os Estados lhes cortassem o acesso à matéria prima. Inicialmente foi adoptado o modelo da prestação de serviços, mas em 1967 a Indonésia impôs pela primeira vez a uma companhia petrolífera o modelo PSC, modelo que se estendeu ao Egipto, Guiana e Malásia, passando a ser então este o modelo comum nos contratos relativos à produção de petróleo numa margem de 5 para 1 em relação aos contratos de prestação de serviços[18].

O art. 14.º da Lei Angolana 10/04 de 12 de Novembro admite a celebração de praticamente todos estes contratos entre as companhias petrolíferas. Efectivamente, o n.º 1 deste artigo estabelece que "a Concessionária Nacional pode associar-se com entidades nacionais ou estrangeiras de comprovada idoneidade e capacidade técnica e financeira, mediante prévia autorização do Governo". O n.º 2 esclarece que a associação pode revestir as seguintes formas: a) sociedade comercial; b) contrato de consórcio; c) contrato de partilha de produção, acrescentando ainda o n.º 3 que "é permitido também à Concessionária Nacional o exercício das operações petrolíferas através de contratos de serviços com risco". Daqui resulta, portanto, que o único modelo contratual vedado em Angola para o exercício das operações petrolíferas é o modelo da prestação de serviços clássica, sendo aceites todos os outros modelos.

Examinemos sucessivamente estes diversos modelos contratuais.

2.3.2. Os contratos de prestação de serviços

Um dos modelos contratuais existentes no sector *Upstream* é o do contrato de prestação de serviços. Corresponde este ao contrato em que não há

---

[17] Cfr. BRIOSA E GALA, *O Direito* 141.º (2009), IV, p. 1005, nota (13).
[18] Cfr. WENDY NICOLE DUONG, *U. Pa. J. Int'l Econ. L.* 25 (2004), p. 1222, e BRIOSA E GALA, *O Direito* 141.º (2009), IV, p. 1006.

qualquer transferência da propriedade do petróleo extraído para a companhia petrolífera, limitando-se esta a prestar serviços técnicos ao Estado detentor e a receber uma contrapartida pecuniária pela prestação desses serviços. Acessoriamente pode, no entanto, ser atribuído ao prestador de serviços um direito de opção ou de preferência em relação ao petróleo bruto comercializado pelo Estado detentor.

O contrato de prestação de serviços admite duas modalidades, podendo corresponder a um contrato de prestação de serviços clássico ou puro (*Classical or Pure Services Contract*) ou um contrato de prestação de serviços a risco (*Risk Services Contract*). No contrato de prestação de serviços clássico, a contrapartida pecuniária da prestação de serviços é paga independentemente do sucesso ou do fracasso da operação de prospecção e extracção do petróleo, pelo que o prestador de serviços tem sempre direito a ela. Já no contrato de prestação de serviços a risco, a contrapartida pecuniária apenas é paga se e quando se verificar a descoberta e a produção do petróleo. A distinção entre estas duas modalidades radica assim na existência ou não de uma assunção de risco do fracasso da actividade de prospecção ou exploração, traduzido na perda nesse caso da contraprestação por parte do prestador de serviços, o que leva a que o contrato de prestação de serviços clássico seja um contrato comutativo e a prestação de serviços a risco um contrato aleatório[19].

Os contratos de prestação de serviços mais comuns são os contratos de serviços a risco, uma vez que dificilmente os Estados detentores aceitam assumir sozinhos o risco do fracasso da operação, transferindo assim normalmente esse risco para uma companhia petrolífera, ainda que a actividade desta se reconduza à mera prestação de serviços.

Já os contratos de prestação de serviço clássicos são raros, podendo apenas encontrar-se nos países do Médio Oriente que, por serem detentores de uma riqueza petrolífera considerável e por ser muito provável a descoberta comercial, não se importam de assumir os riscos resultantes do fracasso da operação, estando mais interessados em obter o concurso da experiência e da tecnologia do prestador na sua actividade. É por isso normal esses Estados celebrarem contratos de assistência técnica, onde as empresas especializadas estrangeiras se limitam a transmitir os conhecimentos e a

---

[19] Cfr. WENDY NICOLE DUONG, *U. Pa. J. Int'l Econ. L.* 25 (2004), pp. 1218-1219.

tecnologia necessária para a extracção petrolífera, efectuando o Estado ou as suas companhias nacionais a realização da extracção[20].

Correspondem ainda ao modelo de prestação de serviços clássica os contratos pelos quais as companhias petrolíferas contratam a realização de tarefas acessórias ou instrumentais à actividade de prospecção e extracção, tais como os serviços de construção de plataformas petrolíferas, os serviços de perfuração, os serviços de helicóptero, os serviços de transporte do pessoal e os serviços médicos. O pagamento da contraprestação pela realização desses serviços nunca fica assim dependente da verificação de uma descoberta comercial[21].

Já o contrato de prestação de serviços a risco foi introduzido pelo Irão, tendo sido denominado *exploration purchase contract,* tendo correspondido ao modelo típico usado no Brasil entre 1976 e 1988, altura em que com a entrada em vigor da Constituição de 1988, passou a considerar-se os recursos naturais pertença do Estado, passando a proibir-se expressamente a celebração de contratos de prestação de serviços a risco, uma vez que neste o preço contratual estava indexado ao resultado das descobertas[22]. Através deste contrato, a companhia petrolífera obriga-se perante o Estado detentor a realizar as actividades de pesquisa e exploração do petróleo, mas a remuneração pela sua actividade está dependente da descoberta do petróleo, podendo eventualmente essa remuneração ser satisfeita através de um desconto na aquisição do petróleo no Estado detentor. Em consequência nos contratos de prestação de serviço, o Estado detentor conserva a propriedade sobre o petróleo descoberto, controlando e fiscalizando as actividades e exploração e desenvolvimento e executa directamente a fase da produção petrolífera[23].

2.3.3. Os contratos de empreendimento comum (*Joint Venture*)

Conforma acima se salientou os contratos de empreendimento comum podem revestir duas modalidades: os contratos de sociedade comercial

---

[20] Cfr. WENDY NICOLE DUONG, *U. Pa. J. Int'l Econ. L.* 25 (2004), p. 1219 e nota (120).
[21] Cfr. WENDY NICOLE DUONG, *U. Pa. J. Int'l Econ. L.* 25 (2004), pp. 1219 e nota (119).
[22] Cfr. PAULO MARQUES, *op. cit., p.* 27, e nota (30).
[23] Cfr. PAULO MARQUES, *op. cit.,* pp. 26-27.

(*incorporated joint venture*) e os contratos de consórcio (*unincorporated joint venture*).

No âmbito do sector *Upstream* é mais comum a modalidade da *incorporated jointe venture,* em ordem a tornar possível a participação directa do Estado detentor ou da sua concessionária de direito público na pesquisa e exploração dos seus recursos naturais. Através do estabelecimento de uma sociedade comercial, o Estado detentor vem a tornar-se sócio das companhias petrolíferas multinacionais, participando nas decisões de gestão e operacionais e nos ganhos e perdas da operação, partilhando com a multinacional petrolífera os proveitos e os riscos. No âmbito dessa sociedade, o Estado detentor impõe normalmente aos sócios obrigações de transferência de tecnologia e de formação da mão de obra local, e participa directamente na administração da sociedade, o que lhe permite controlar directamente a política financeira e o desenvolvimento do negócio. O prazo da sociedade pode ser previamente fixado, determinando o Estado detentor, após o seu termo, a transferência a seu favor de todos ou alguns dos bens, equipamentos e activos utilizados na exploração petrolífera[24]. A sociedade comercial assim constituída sujeita-se às leis do Estado onde tem sede, tendo o Estado detentor e a companhia petrolífera como titulares de participações sociais, sendo a lei desse Estado que irá regular as relações entre as partes.

Em alternativa à celebração de uma sociedade comercial, nos casos em que tal seja permitido pela lei local, podem as partes estipular uma *unincorporated joint venture,* a qual é qualificada como um consórcio nos direitos continentais ou como uma *partnership* no direito norte-americano. Neste caso, o Estado detentor associa-se à multinacional petrolífera na gestão da pesquisa e da produção, comparticipando nas despesas decorre ntes dessa actividade na medida da participação estabelecida, incluindo o pagamento de *royalties* ao próprio Estado. Em caso de descoberta comercial, os lucros serão igualmente repartidos pelas partes na proporção estabelecida, após a dedução dos custos de exploração e das *royalties* pagas[25]. O consórcio caracteriza-se por ter um fim específico e uma duração limitada para determinado projecto, contendo ainda cláusulas a determinar a repartição da

---

[24] Cfr. WENDY NICOLE DUONG, *U. Pa. J. Int'l Econ. L.* 25 (2004), p. 1226 e PAULO MARQUES, *op. cit.*, p. 25.

[25] Cfr. PAULO MARQUES, *op. cit.,* pp. 25-26.

responsabilidade entre os seus membros. O consórcio não é, porém, necessariamente sujeito às leis do Estado detentor, podendo as partes efectuar a escolha de outra lei aplicável ao contrato[26]

Em Angola, o art. 15.º da Lei 10/04 estabelece que nas associações em que a Concessionária Nacional detenha uma participação associativa esta deve, por regra, ser superior a 50% (n.º 1), podendo, no entanto, o Governo em casos devidamente fundamentados, autorizar a Concessionária Nacional a deter uma participação inferior (n.º 2).

2.3.4. Os contratos de partilha da produção petrolífera (*Production Sharing Contract* ou PSC)

O contrato de partilha da produção petrolífera (*Production Sharing Contract* ou PSC) pode ser definido como o contrato celebrado entre um Estado detentor de recursos petrolíferos e uma ou várias empresas multinacionais pelo qual as partes acordam em participar na exploração e extracção do petróleo, repartindo entre si o petróleo extraído em determinada percentagem assim como os encargos resultantes desta actividade. O modelo do PSC foi estabelecido em virtude da crescente força negocial dos países produtores de petróleo, e do facto de a alteração de regimes nesses países, como sucedeu no Irão e na Líbia, colocar facilmente em riscos as concessões anteriormente estabelecidas. As companhias petrolíferas procuraram então estabelecer um modelo contratual que assegurasse o interesse do Estado na exploração petrolífera, através de uma constante partillha do petróleo extraído. Surge então o contrato de partilha da produção, que teve pela primeira vez aplicação na Indonésia em 1967[27]. Esse contrato teve no entanto ainda como precedentes a decisão da Venezuela em 1948 de estabelecer o princípio da repartição igualitária dos lucros do projecto (50-50), seguida pela Arábia Saudita em 1950.

---

[26] Cfr. WENDY NICOLE DUONG, *U. Pa. J. Int'l Econ. L.* 25 (2004), p. 1227.

[27] Cfr. WENDY NICOLE DUONG, *U. Pa. J. Int'l Econ. L.* 25 (2004), p. 1220. Sobre o enquadramento legislativo da actividade de produção de petróleo na Indonésia, cfr. KHONG CHO WON, *The Politics of Oil in Indonesia. Foreign Company-Host Government Relations*, Cambridge, University Press, 1986, pp. 28 e ss.

A repartição dos encargos consiste em o Estado efectuar a concessão à empresa multinacional do exclusivo da prospecção e exploração do petróleo em determinada área do seu território (*contract area*), assumindo esta o risco geológico, operacional e financeiro dessa actividade de prospecção, que deve realizar mediante um programa de trabalhos. Esse programa de trabalhos inclui a obrigação de estabelecer uma informação geológica detalhada sobre o terreno explorado e a definição de um número obrigatório de poços de petróleo a explorar (*obligatory wells*), que poderá ser complementado com um número adicional não obrigatório de poços que poderão ser explorados (*non obligatory wells*). Adicionalmente a multinacional petrolífera assumirá ainda outras obrigações relacionadas com o programa de trabalhos. Em contrapartida do programa de trabalhos assumido, a única coisa que a companhia petrolífera recebe do Estado é o direito de instalar e operar no seu território o equipamento destinado à perfuração do solo[28].

No caso de ser descoberto o petróleo, os custos suportados pela multinacional serão recuperados através da produção do *crude oil* e repartição com o Estado com base numa percentagem pré-definida, não lhe cabendo proceder à venda do petróleo. O PSC não produz consequentemente qualquer transmissão dos recursos geológicos, cuja propriedade continua a pertencer ao Estado detentor, sendo apenas parte do petróleo bruto (*Crude Oil*) que depois de extraído é atribuído à multinacional petrolífera. Essa parte do petróleo bruto atribuído destina-se a remunerar duas componentes: a recuperação dos custos de produção (*Cost Recovery Oil*) e o lucro contratual estipulado com a outra parte (*Profit Oil*). Os produtos da exploração são assim divididos após a dedução desses custos entre o Estado detentor e a multinacional petrolífera, de acordo com a percentagem estabelecida (*Profit Split*). A parte dessa produção atribuída à empresa multinacional é ainda sujeita a tributação no Estado e eventualmente ao pagamento de *royalties*, adquirindo o Estado ainda os equipamentos e instalações construídas no final do contrato[29].

---

[28] Cfr. Wendy Nicole Duong, *U. Pa. J. Int'l Econ. L.* 25 (2004), p. 1234 e Briosa e Gala, *O Direito* 141.º (2009), IV, p. 1008, nota (23).

[29] Cfr. Wendy Nicole Duong, *U. Pa. J. Int'l Econ. L.* 25 (2004), p. 1221 e Briosa e Gala, *O Direito* 141.º (2009), IV, p. 1007.

A repartição dos valores entre o Estado detentor e a multinacional petrolífera assenta numa definição prévia da *Economic Rent* ou *Excess Profit* com base na fórmula *Value of Petroleum – (Expenses + Other Party Profit) = Economic Rent = Excess Profit*. O valor que cada parte tem a receber corresponde assim ao resultado da exploração após a dedução dos custos, a qual abrange não apenas as despesas relacionadas com a extracção, mas também o valor que cabe ao outro contraente. Em relação ao país detentor a sua *Economic Rent* poderá ser incrementada, aumentando as despesas em que incorre a multinacional petrolífera, através do lançamento de taxas e impostos, pagamento de *royalties* sobre os direitos de exploração, percentagem da produção e cobrança de bónus. A multinacional petrolífera terá o lucro correspondente às receitas de exploração, depois de deduzidos esses custos[30].

O PSC apresenta assim os seguintes traços distintivos gerais:

a) A propriedade dos hidrocarbonetos permanece no Estado, não sendo admitida qualquer forma de propriedade privada sobre os mesmos, salvo em relação à quota atribuída como remuneração contratual na partilha da produção;

b) O Estado mantém controlo sobre a actividade, sendo a outra parte que assume a responsabilidade pela sua execução;

c) A companhia petrolífera submete anualmente os seus programas de trabalho e orçamentos à aprovação pelo Estado;

d) A companhia petrolífera assegura o financiamento e a transferência de tecnologia e assume todos os riscos dessa actividade;

e) A companhia petrolífera tem direito a uma parte do petróleo destinada a amortizar os seus custos (*Cost Recovery*). Após a recuperação dos custos, o excedente será repartido entre as partes na proporção pré-estabelecida (*Profit Split*);

f) Todo o equipamento importado para o Estado detentor ficará a ser pertença deste, salvo quanto ao equipado locado ou objecto de subcontratos de prestação de serviços, o que constitui o corolário da propriedade do Estado sobre os recursos petrolíferos e os activos destinados à exploração petrolífera[31].

---

[30] Cfr. BRIOSA E GALA, *O Direito* 141.° (2009), IV, pp. 1007-1008, nota (22).
[31] Cfr. WENDY NICOLE DUONG, *U. Pa. J. Int'l Econ. L.* 25 (2004), pp. 1223-1224.

2.4. Comparação entre os diversos modelos contratuais

Se analisarmos com alguma justiça, verificaremos que os diversos tipos de contratos entre os Estados e as companhias petrolíferas não são muito diferentes entre si[32]. Assim, verifica-se em primeiro lugar que a diferença principal entre o modelo da concessão e o modelo do PSC reside no momento em que é atribuída a propriedade sobre o petróleo extraído, que ocorre aquando da sua extracção da jazida no modelo da concessão, ou aquando do pagamento ou da exportação, no caso do PSC. Em ambos os modelos, no entanto, a companhia petrolífera acaba por receber petróleo bruto e a ter que pagar *royalties* e impostos ao Estado detentor.

Da mesma forma, o PSC não se distingue muito do contrato de prestação de serviços a risco, uma vez que em ambos os contratos a companhia petrolífera assume o risco de não receber qualquer remuneração pela sua actividade, a não ser se e quando se verificar a descoberta de petróleo. Na prática a distinção entre os dois contratos acabará por se resumir ao facto de a companhia petrolífera receber o pagamento em dinheiro (*in cash*) ou em espécie (*in kind*), mais precisamente em petróleo bruto (*crude oil*). No contrato de prestação de serviços a retribuição em dinheiro tende a corresponder a um valor fixo, enquanto que no PSC a mesma corresponde a uma parte da produção, o que permite ao contratante beneficiar do seu potencial. Já se tem afirmado por isso que o PSC não passa de uma derivação do contrato de prestação de serviços a risco, desenvolvido pelos negociantes americanos para corresponder às aspirações dos países produtores[33].

3. Os contratos celebrados entre companhias petrolíferas no âmbito do sector *Upstream*

3.1. Generalidades

Além dos contratos celebrados com o Estado detentor de recursos petrolíferos pode haver ainda contratos celebrados entre as companhias

---

[32] Cfr. WENDY NICOLE DUONG, *U. Pa. J. Int'l Econ. L.* 25 (2004), pp. 1221 e ss.
[33] Cfr. WENDY NICOLE DUONG, *U. Pa. J. Int'l Econ. L.* 25 (2004), pp. 1221-1222.

petrolíferas entre si, visando a divisão da actividade e dos benefícios resultantes do contrato principal e a partilha dos riscos deles resultantes. Neste âmbito temos os acordos de proposta conjunta (*Joint Bidding Agreements*), que correspondem a associações de empresas com o fim de participarem na licitação sobre uma área específica do território, cuja exploração o Estado colocou a concurso, formalizando entre si as regras dessa participação; os acordos de actividade conjunta (*Joint Operating Agreements*), celebrados entre empresas exploradoras e produtoras de petróleo que acordam entre si na forma como se deve desenvolver a sua actividade, dividindo as funções respectivas; e os acordos de cessão da posição contratual (*Farm in Farm out Agreements*), que envolvem a cessão de direitos de exploração e produção dos concessionários para terceiros[34]. Muito conhecidos na área petrolífera são também os acordos de individualização ou unitização (*Unitization Agreements*), através dos quais as companhias a quem foi concedida a exploração de determinadas áreas contratuais, no caso de encontrarem uma reserva petrolífera ou de gás natural que se expande por mais de uma área contratual, acordam entre si em estabelecer uma gestão única de todas as plataformas que se encontram nessa reserva, em ordem a maximizar os benefícios da exploração, reduzindo os seus custos.

Analisemos sucessivamente estes contratos.

3.2. Os acordos de proposta conjunta (*Joint Bidding Agreements*)

É extremamente comum as companhias petrolíferas, antes de entrarem em qualquer projecto, decidirem formar grupos destinados a fazer propostas conjuntas em relação a áreas que sejam postas a concurso. Esse tipo de acordos têm sido denonominados de *Joint Bidding Agreements*, e permitem limitar a exposição das companhias a projectos de grande risco ou excessivamente caros. Normalmente, eles seguem o modelo da *Association of International Petroleum Negotiators*, deles constando uma obrigação segundo a qual as partes ou os seus afiliados se comprometem a a nunca realizar uma oferta isoladamente ou em associação com um terceiro, sem a participação de todo o grupo.

---

[34] Cfr. DIOGO PIGNATARO DE OLIVEIRA, *loc. cit.*

Os *Joint Bidding Agreements* regulam a forma como a área deverá ser avaliada, qual a parte ou partes que irão proceder a essa avaliação, e qual a forma de repartição das despesas entre eles, estabelecendo ainda que o avaliador não será responsável pela avaliação efectuada. Após a realização do estudo, o mesmo é apresentado às partes que decidirão quais serão as que participarão na oferta e quais a que ficarão de fora, e designarão apenas uma das partes a fazer uma oferta em nome de todas, abdicando as outras de fazer uma oferta concorrente. O acordo contém ainda cláusulas de confidencialidade só podendo a mesma ser quebrada perante autoridades, oficiais do governo, potenciais adquirentes e consultores[35].

3.3. Os acordos de actividade conjunta (*Joint Operating Agreements*)

Os acordos de actividade conjunta (*Joint Operating Agreements* ou JOA) são contratos celebrados entre uma companhia petrolífera, que assume a qualidade de operador de petróleo e gás em determinada área contratual e se responsabiliza pelo sucesso da operação, e outras entidades participantes no projecto de exploração petrolífera, as quais podem ser outras companhias petrolíferas, outros titulares de direitos de exploração, simples investidores nesse projecto, ou mesmo a própria entidade empresarial criada pelo Estado detentor para esta actividade, que pode associar-se como parceiro na operação de exploração petrolífera. Característica comum dos participantes no JOA é o facto de partilharem o risco do investimento com o operador. O JOA estabelece as relações internas entre as partes e define os procedimentos de gestão, controlo e questões operacionais, nomeadamente em relação à prospecção inicial, desenvolvimento posterior, operações a realizar, partilha de receitas e prestação de contas[36].

Normalmente, os *Joint Operating Agreements* encontram-se numa relação de união de contratos com os PSC, pelo que a relação para a partilha da

---

[35] Cfr. A Timothy Martin, "Model Contracts: A Survey of the Global Petroleum Industry", disponível em http://www.timmartin.ca/fileadmin/user_upload/pdfs/Model_Contracts--Survey_of_Global_Petroleum_Industry_Aug2004_.pdf , p. 8.

[36] Cfr. Wendy Nicole Duong, *U. Pa. J. Int'l Econ. L.* 25 (2004), p. 1226 e John S. Lowe, *Oil and gas Law in a Nut Shell*, 5.ª ed., St. Paul MN, Thomson Reuters, 2009, p. 392.

produção petrolífera no sector *Upstream* caba por resultar do conjunto dos dois contratos, que por esse motivo são normalmente objecto de negociação conjunta. No entanto, ao contrário dos PSC, que correspondem habitualmente a um modelo comum, os JOC são muito variados entre si, dependendo das negociações estabelecidas entre os participantes no projecto[37]. Apesar disso existem vários modelos de contrato nesta área. A *American Association of Professional Landmen* (AAPL) desenvolveu o *AAPL Form 610 Model Form Operating Agreement* (AAPL 610), em 1956 para as operações *onshore* nos EUA, tendo-o revisto em inúmeras ocasiões, desenvolvendo posteriormente um outro modelo para as operações *offshore* no Golfo do México. Também a *Rocky Moutaind Mineral Law Foundation* publicou um acordo modelo para as Montanhas Rochosas Americanas e o *American Petroleum Institute* (API) designou um modelo para as operações no Golfo do México. A *Canadian Association of Petroleum Landmen* (CAPL) designou dois modelos para o Canadá. Existem igualmente modelos aprovados para o Mar do Norte do Reino Unido e Austrália. Nas restantes áreas do mundo a AIPN desenvolveu o seu *International Model Form Operating Agreement*[38].

Os JOA regulam no entanto obrigatoriamente três questões essenciais: a) os poderes do operador de petróleo e gás; b) a prospecção inicial e c) o desenvolvimento posterior[39].

A primeira questão regulada nos JOA diz respeito à designação do operador de petróleo e gás, que vem a ser responsável de forma contínua por todas as operações. Normalmente os modelos contratuais atribuem grande poderes ao operador, tipificando os casos em que o mesmo pode ser destituído e ainda limitando a sua responsabilidade aos casos de dolo e negligência grosseira (*"gross negligence or willful misconduct"*). A razão para estas limitações reside no facto de o operador ser o principal interessado na exploração petrolífera, pelo que se espera que a conduza de forma diligente, em ordem a obter o lucro esperado, cobrando dos outros participantes apenas uma remuneração pela sua actividade. O operador não é em consequência considerado como representante ou comissário dos outros participantes no

---

[37] Cfr. WENDY NICOLE DUONG, *U. Pa. J. Int'l Econ. L.* 25 (2004), pp. 1226.
[38] Cfr. A TIMOTHY MARTIN, *op. cit.*, p. 11.
[39] Cfr. JOHN S. LOWE, *Oil and Gas Law,* pp. 392 e ss.

JOA pelo que eles não respondem pelos contratos celebrados pelo operador ou pelos delitos por este praticados[40].

Os JOA não deixam, no entanto, de estabelecer certas obrigações e limitações aos poderes do operador. Em termos de obrigações, para além da obrigação de realizar a actividade, podem estabelecer-se obrigações relativas à contratação de seguros, manutenção de certas contas, contratação de assistência jurídica e contabilística. Já em termos de limitações, pode estabelecer-se que o operador não poderá, só por si, fechar poços petrolíferos ou suspender a produção, ou tomar decisões que envolvam custos financeiros acima de certos limites, salvo em caso de emergência[41].

Os JOA regulam também necessariamente a questão da prospecção inicial no terreno, dado que habitualmente apenas são celebrados quando as partes já decidiram efectuar pelo menos a perfuração de um primeiro poço. Normalmente os acordos estabelecem por isso os termos em que o operador irá realizar essa perfuração inicial, o tempo em que ela deverá ser iniciada e estar concluída, a profundidade que deve ser atingida e as formações que devem ser testadas. Normalmente é ainda estabelecido que o operador não poderá abandonar a perfuração do poço sem o consentimento de todas as partes[42].

Os JOA regulam ainda o desenvolvimento posterior da actividade após a perfuração inicial no terreno. Poderá ser convencionada a realização de operações de perfuração posterior em área diferente da inicial, eventualmente com redução do número de participantes interessados nesse desenvolvimento. Normalmente os modelos contratuais estabelecem um sistema de incentivos à continuação da participação na actividade, ainda que seja sempre reconhecido aos participantes o direito de não participar em operações de desenvolvimento posterior. Nesse caso, os participantes remanescentes terão que adiantar a parte dos custos que caberia aos participantes que se excluem, mas recebem em contrapartida o direito à produção petrolífera que caberia aos não participantes até à recuperação integral dos seus custos mais uma percentagem destinada a premiar a decisão de continuar no negócio[43].

---

[40] Cfr. JOHN S. LOWE, *Oil and Gas Law*, pp. 393-394.
[41] Cfr. JOHN S. LOWE, *Oil and Gas Law*, pp. 394-395
[42] Cfr. JOHN S. LOWE, *Oil and Gas Law*, p. 395.
[43] Cfr. JOHN S. LOWE, *Oil and Gas Law*, p. 396.

3.4. Os contratos de cessão da posição contratual (*Farm in Farm Out Agreements*)

Em relação aos contratos de cessão da posição contratual (*Farm in Farm Out Agreements*), correspondem eles aos contratos pelos quais o titular do direito de exploração e produção petrolífera cede, normalmente mediante uma contrapartida, esses direitos a outras entidades que assumem igualmente a obrigação de realizar ou participar na exploração e na produção do petróleo[44]. São assim contratos de cessão da posição contratual sendo a cedente designada por *Farmor* e a cessionária por *Farmee*. Trata-se de uma solução interessante para as companhias petrolíferas que por vezes se vêem perante uma exploração que não conseguem conduzir de forma viável, pretendendo por isso a transmissão dos seus direitos para outros parceiros, mais capazes de levar a cabo essa exploração. A cessão pode ainda ocorrer a título parcial, como no caso de se pretender a associação de novas empresas na exploração petrolífera, normalmente em virtude de se pretender uma partilha dos encargos e o contributo de novas tecnologias ou técnicas de produção ou o intercâmbio da experiência adquirida no sector. Nesses casos, a cessão parcial dará origem a uma relação de empreendimento comum (*joint venture*). Mas pode não ocorrer qualquer relação desse tipo quando a cessão implique apenas uma divisão da área contratual, continuando cada companhia petrolífera a explorar apenas a sua parte[45].

As razões para a celebração de contratos *Farm in Farm out* são muito variadas. Em relação à cessão total, a mesma normalmente decorre de as características da jazida implicarem uma actividade de perfuração que a companhia petrolífera não está em condições de assegurar, o que justifica a transferência para outra entidade com essa capacidade técnica. Em rela-

---

[44] Cfr. Kendor P. Jones, "Something Old, Something New: The Evolving Farmout Agreement", disponível em http://www.washburnlaw.edu/wlj/49-2/articles/jones-kendor.pdf e Ana Christina Pisco Rocha da Silva / Carlos Alberto Gonçalves Brandão Júnior / Otacílio dos Santos Silveira Neto / Sheyla Yusk Cunha / Ygor Medeiros Brandão, "Transferência de direitos decorrentes da concessão: Os contratos de Farm-In/Fram-Out em face dos princípios da ordem jurídica brasileira", disponível em http://www.portalabpg.org.br/PDPetro/3/trabalhos/IBP0523_05.pdf .

[45] Cfr. Rocha da Silva / Brandão Júnior / Silveira Neto / Yusk Cunha / Ygor Medeiros Brandão, *op. cit.*, p. 3.

ção à cessão parcial, a principal razão para a sua celebração diz respeito à necessidade de divisão dos riscos, sabendo-se que são enormes os riscos financeiros, ambientais, laborais, e outros, que ocorrem no âmbito da indústria petrolífera, que provocam que haja interesse na sua dispersão por várias entidades. A outra razão prende-se com o facto de *a Farmee* poder ser uma empresa menos conhecida no meio, conseguindo assim com essa associação a sua primeira actividade neste terreno[46].

Na realidade, no entanto, os candidatos a um *Farm In* não surgem do nada, sendo normalmente outras multinacionais petrolíferas ou companhias estatais suportados por estados vizinhos e com interesses económicos e poder político na região. Estes candidatos ao *Farm in* têm assim que demonstrar possuir a mesma capacidade, recursos e posicionamento no sector da multinacional petrolífera que faz a exploração daquela área contraual, e de quem o Governo espera que complete o programa de trabalhos. Na verdade há que ter em consideração que a empresa que busca um *Farm Out* constitui normalmente uma multinacional petrolíferas ou um consórcio dessas companhias, uma vez que apenas estas podem assumir os riscos de um contrato no sector *Upstream*, sendo o seu nome no sector que lhe garante a aquisição do contrato. Por isso, ela procurará para a cessão parceiros *Farm in* que possuuam a mesma filosofia negocial, e possam assegurar uma aliança a longo prazo, que assegure a partilha de custos e o fornecimento de capital. É por isso muito difícil aos pequenos empresários adquirir posição nestes contratos[47].

Os contratos *Farm in Farm out* são muito praticados na indústria petrolífera, fornecendo um enquadramento adequado para as alianças empresariais e para a distribuição do risco, dos custos e da informação. Os contratos variam habitualmente na sua estrutura, mas habitualmente assentam nas seguintes três características: 1) pressupõem a realização pelo cessionário de operações de exploração petrolífera; 2) em consequência da realização dessas operações e de outras contrapartidas, o cessionário adquire a posição contratual do cedente ou uma sua parte; 3) a aquisição dessa

---

[46] Cfr. ROCHA DA SILVA / BRANDÃO JÚNIOR / SILVEIRA NETO / YUSK CUNHA / YGOR MEDEIROS BRANDÃO, *op. cit.*, p. 3.

[47] Cfr. WENDY NICOLE DUONG, *U. Pa. J. Int'l Econ. L.* 25 (2004), p. 1229.

posição contratual permite ao cessionário obter direitos sobre a produção petrolífera[48].

A primeira característica dos contratos *Farm In Farm Out* é o facto de pressuporem a realização pelo cessionário de operações de prospecção petrolífera. Efectivamente, essa constitui uma das vantagens destes contratos, na medida em que permitem ao cedente libertar-se da tarefa de realizar a prospecção petrolífera numa determinada área, transferindo esse encargo para uma companhia petrolífera que disponha de uma tecnologia superior ou de maior experiência nessa tarefa. A realização da actividade de prospecção petrolífera por parte do cessionário pode ser configurada como uma condição ou como uma obrigação. No caso de ser configurada como uma condição, que é a solução mais comum no Direito Norte-Americano, a cessão da posição contratual fica dependente da realização das operações de prospecção, pelo que o cessionário nada adquirirá se essas operações não vierem a ser realizadas. Já no caso de ser configurada como uma obrigação, a cessionária responderá pelos danos causados ao cedente pelo facto de a prospecção não ter sido realizada. Podem ainda as partes configurar a situação como uma obrigação dependente de uma condição, como na hipótese de a cessionária se obrigar efectivamente a realizar a actividade de prospecção, mas condicionar a sua obrigação a certos pressupostos, como a existência de determinadas características do terreno, ou excluir essa obrigação, mediante a verificação de determinados eventos[49].

A segunda característica destes contratos é de que a realização desses operações permite adquirir a posição contratual da outra parte ou uma parte dela. Normalmente a aquisição dos direitos só se verifica quando o cessionário realiza à sua custa as operações previstas dentro do prazo contratualmente determinado. Essas operações envolvem normalmente realizar determinado número de furos a uma profundidade estabelecida, completar todos os testes e obter um volume de produção necessário para repor os custos e obter determinado lucro. As partes podem, porém, negociar a aquisição dos direitos apenas em caso de cumprimento parcial ou mesmo determinar a transferência dos direitos sem que se verifique qualquer produção comercial[50].

---

[48] Cfr. JOHN S. LOWE, *Oil and Gas Law*, pp. 388 e ss.
[49] Cfr. JOHN S. LOWE, *Oil and Gas Law*, pp. 389 e ss.
[50] Cfr. JOHN S. LOWE, *Oil and Gas Law* , p. 391.

A terceira característica destes contratos é de que permitem ao cessionário obter direitos sobre a produção petrolífera. Esses direitos variarão consoante a negociação das partes, podendo deles resultar uma aquisição total dos direitos ou uma aquisição parcial reservando o cedente alguma percentagem da produção para si.

O interesse nestes contratos levou a que os mesmos tenham vindo a ser reconhecidos pelas diversas leis petrolíferas. No entanto, a cessão da posição contratual envolve bastantes riscos para o Estado detentor, especialmente no caso de a transferência ser realizada *offshore,* fora da sua jurisdição, o que deixaria o Estado sem um parceiro local fiável a quem pudesse exigir o cumprimento das obrigações assumidas no contrato. Efectivamente, a cessão da posição contratual pode representar uma forma de a companhia petrolífera fugir ao cumprimento das suas obrigações contratuais, transferindo a sua posição contratual para um terceiro[51]. É por isso comum o Estado detentor pretender conservar o seu poder para aprovar ou vetar a cessão da posição contratual, ou impor certas condições para a mesma. É o que sucede com a legislação brasileira (art. 29.º da Lei 9.478/97) e com a legislação angolana (art. 16.º da Lei 10/04). Normalmente os governos dão facilmente a aprovação, exigindo apenas a avaliação e prova da capacidade técnica e financeira da *Farmee*. Em certos casos, no entanto, pode ser a aprovação motivada por decisões geopolíticas[52] ou económicas[53].

É de notar, porém, que nos contratos *Farm In Farm Out* é igualmente possível ocorrerem cessões ocultas, como sucede se o contrato for celebrado *offshore* sem intervenção do Estado detentor, sendo sujeito a um *confidentiality agreement*. Neste caso, o Estado detentor ignorará a existência de um contrato *Farm in Farm out,* pelo que continuará a considerar aquela multinacional petrolífera como seu único parceiro contratual.

---

[51] Cfr. Wendy Nicole Duong, *U. Pa. J. Int'l Econ. L.* 25 (2004), p. 1228.

[52] Assim, Wendy Nicole Duong, *U. Pa. J. Int'l Econ. L.* 25 (2004), p. 1229, sustenta que num contrato para exploração de petróleo no Vietname dificilmente o Governo aprovaria uma *Farmee* que possuísse interesses numa área contratual concedida pela China.

[53] Será este o caso de o Estado preferir favorecer como *Farmee a* empresa da área contratual adjacente em ordem a permitir economias de escala. Cfr. Wendy Nicole Duong, *U. Pa. J. Int'l Econ. L.* 25 (2004), p. 1230.

Os acordos *Farm in Farm out* têm sido ainda criticados por levarem à criação de cartéis de facto, uma vez que através dos mesmos um grupo de companhias petrolíferas assume o controlo da área contratual, o que restringe a concorrência, situação que é facilitada pelo facto de as condições para a aprovação da operação pelo Estado normalmente não se basearem em questões concorrenciais[54].

3.5. Os acordos de unitização (*Unitization Agreements*)

A expressão *unitization*, que seguindo a tendência comum poderemos aportuguesar para unitização, significa agregar contratos e poços petrolíferos numa formação de produção conjunta para desenvolver operações relativas a uma única área ampla. A unitização pode ser desencadeada por decisão dos participantes na exploração petrolífera (unitização voluntária) ou ser imposta por decisão da entidade reguladora (unitização forçada). A unitização permite assim às partes ou ao regulador proceder, por razões de racionalidade económica, à agregação ou unificação de diversas explorações petrolíferas, ajustando os direitos das partes face a essa situação[55].

A unitização ocorre normalmente em virtude da necessidade de manutenção da pressão ou no intuito de lançar operações de recuperação secundária ou terciária, que normalmente beneficiam a exploração a longo prazo, aumentando a quantidade de produção que pode ser retirada da propriedade. A necessidade de unitização ocorre com imensa frequência no sector petrolífero, quando uma jazida de petróleo ou gás tem vários titulares de direitos de exploração correspondentes a áreas geográficas diversas, mas relativas à mesma jazida. Nestes casos, os Governos ou as entidades reguladoras e as próprias companhias petrolíferas têm interesse em promover a unitização em ordem a promover a conservação ambiental e efectuar uma exploração racional da jazida, evitando custos desproporcionados. É, no entanto, um processo complexo e demorado, uma vez que exige uma

---

[54] Cfr. WENDY NICOLE DUONG, *U. Pa. J. Int'l Econ. L.* 25 (2004), p. 1231.
[55] Cfr. JOHN S. LOWE, *Oil and Gas Law*, pp. 240 e ss.

avaliação prévia de toda a jazida e a distribuição de volumes de produção e custos entre as várias empresas envolvidas[56].

A unitização é habitualmente prevista nos próprios contratos celebrados com o Estado detentor ou a sua companhia concessionária, através de uma cláusula de unitização (*unitization clause*). Essa cláusula atribui ao Estado, à sua concessionária ou às companhias petrolíferas a possibilidade de exigirem a exploração conjunta de áreas respeitantes a contratos diferentes, mas correspondentes à mesma jazida petrolífera, quando se verifique ser mais benéfica essa exploração conjunta.

O Estado ou a concessionária ficam consequentemente habilitados a constranger os diversos titulares de direitos de exploração petrolífera a acordar numa exploração conjunta de uma ampla área abrangida, unificando assim as diversas explorações.

A unitização pode ser, no entanto, desencadeada por vontade dos titulares por meio dos chamados acordos de unitização. Através destes acordos, as companhias a quem foi concedida a exploração de determinadas áreas contratuais, no caso de encontrarem uma reserva petrolífera ou de gás natural que se expande por mais de uma área contratual, acordam entre si no estabelecimento de uma gestão única de todas as plataformas que se encontram nessa reserva, o que lhes permite maximizar os benefícios da exploração, reduzindo os seus custos.

A celebração de acordos de unitização é do interesse de todas as companhias envolvidas, uma vez que estando em causa a mesma jazida, como o petróleo e o gás não são estáticos, a concorrência de várias extracções redundaria num benefício injustificado para quem se adiantasse na extracção. A unitização permite assim repartir adequadamente o petróleo e o gás com base nos direitos contratualmente reconhecidos às partes, e não com base na extracção que vier a ser realizada em cada área.

A nível internacional os acordos de unitização obedecem a um modelo, aprovado pela AIPN, o *Model Form International Unitization and Unit Operating Agreement 2006*. Este modelo regula os direitos e obrigações das partes relativamente à unitização e regula a forma de assegurar a produção e o tratamento da unidade que vier a ser formada. Trata-se de um modelo essencialmente concebido para as situações em que o direito de explorar o

---

[56] Cfr. A Timothy Martin, *op. cit.*, p. 14.

petróleo provém de um contrato de partilha da produção, ainda que o mesmo possa depois ser adaptado a outras situações[57].

Em Angola a unitização encontra-se mesmo prevista a nível legislativo no art. 64.º da Lei 10/04, subordinado à epígrafe "unitização e desenvolvimento conjunto". O n.º 1 desse art. 64.º determina que a concessionária nacional deve informar de imediato o Ministério da Tutela logo que: 1) descubra na área da concessão um jazigo de petróleo capaz de um desenvolvimento comercialmente viável e que se estenda para além da área da referida concessão; 2) descubra na área da concessão um jazigo de petróleo que apenas pode ser desenvolvido comercialmente em conjunto com um jazigo de petróleo existente numa área adjacente à área da referida concessão; 3) considere que uma descoberta comercial na concessão deve, por razões técnico-económicas, ser desenvolvida conjuntamente com uma descoberta comercial existente numa área adjacente à referida concessão. Uma vez realizada essa comunicação "no caso de as duas áreas se encontrarem sob o regime de concessão petrolífera, o Ministério de tutela pode, através de notificação escrita dirigida à Concessionária Nacional e suas associadas, determinar que o petróleo descoberto seja desenvolvido e produzido em conjunto" (art. 64.º, n.º 2). Caso o Ministério da Tutela exerça essa faculdade, "as entidades envolvidas devem cooperar com vista à elaboração de um plano geral de desenvolvimento e produção conjunto para o petróleo em questão" (art. 64.º, n.º 3). O referido plano "deve ser apresentado ao Ministério de tutela, para apreciação e decisão, no prazo de 180 dias contados a partir da data em que a Concessionária Nacional tenha recebido a notificação referida no número anterior ou num prazo mais longo se tal for concedido pelo Ministério de tutela" (art. 64.º, n.º 4). Não sendo apresentdo o plano dentro do prazo "o Ministério de tutela pode contratar um consultor independente para que, de acordo com a prática geralmente aceite na indústria petrolífera internacional e a expensas da Concessionária Nacional e/ou das suas associadas, elabore o citado plano" (art. 64.º, n.º 5). Para esse efeito, o consultor "deve realizar consultas e manter todas as partes permanentemente informadas sobre o seu trabalho" (art. 64.º,

---

[57] Cfr. A. TIMOTHY MARTIN / J. JAY PARK, "Global petroleum industry model contracts revisited: *Higher, faster, stronger*" no *Journal of World Energy Law & Business*, 2010, vol. 3, n.º 1, pp. 4-43 (22).

n.º 6). Uma vez elaborado o referido plano, deve o mesmo ser executado pela Concessionária Nacional e pelas suas associadas, sob pena de os jazigos em questão voltarem para a titularidade do Estado (art. 64.º, n.º 7). No caso de as situações que justificam a unitização "se verificarem relativamente a uma área que não se encontre sob o regime de concessão petrolífera ou a um país limítrofe, o Ministério de tutela, mediante proposta da Concessionária Nacional deve submeter à aprovação do Governo, a estratégia a ser adoptada com vista a possibilitar a produção do petróleo em questão" (art. 64.º, n.º 8).

4. Os contratos celebrados pelas companhias petrolíferas com terceiros no âmbito do sector *Upstream*

4.1. Generalidades

No âmbito do sector *Upstream* podem surgir ainda diversos tipos de contratos celebrados entre as companhias petrolíferas e terceiros, que permitem a estes desenvolver actividade no sector. Entre estes contratos encontram-se os contratos para a realização de estudos sísmicos (*Seismic Contracts*), os contratos para a perfuração de poços (*Drilling Contracts*), os contratos de apoio à prospecção e perfuração petrolífera (*Support or Contribution Agreements*), os contratos de prestação de serviços relativos a poços petrolíferos (*Well Services contracts*) e e os contratos relativos à concessão de *royalties* sobre a produção petrolífera.

Examinemos sucessivamente estes contratos.

4.2. Os contratos para a realização de estudos sísmicos (*Seismic Contracts*)

Os contratos para a realização de estudos sísmicos correspondem a contratos pelos quais o prestador se compromete a produzir vibrações no solo em ordem a avaliar a resposta sísmica e geológica do terreno a essas vibrações, descobrindo assim a sua composição geológica. Trata-se de contratos destinados assim a conduzir estudos geológicos em determinado terreno e fornecer os resultados desses estudos, em ordem a concluir se o terreno é adequado à prospecção e extracção de petróleo e gás. O prestador assume ainda uma obrigação de confidencialidade em relação ao resultado dos estudos. Para além da obrigação de pagar o estudo e as despesas contraídas pelo prestador, a companhia petrolífera costuma assumir a responsabilidade pelos danos causados em virtude da realização dos estudos sísmicos, até um certo limite[58].

4.3. Os contratos para a perfuração de poços (*Drilling Contracts*)

O contrato para a perfuração de poços (*Drilling Contract*) corresponde a um contrato de empreitada entre um construtor e uma companhia petrolífera, pelo qual o empreiteiro assume a obrigação de perfurar o terreno e construir poços contra o pagamento de uma remuneração por parte da companhia petrolífera. O empreiteiro assume assim a obrigação de realizar a perfuração do terreno em ordem à construção de um ou vários poços, assumindo a companhia petrolífera a obrigação de pagar a remuneração correspondente a essa actividade. Essa remuneração poderá ser estabelecida numa base temporal, ou tomar por referência a profundidade atingida, ou ainda estabelecer um preço global para toda a obra. Consoante o tipo de remuneração estipulada, fala-se respectivamente em três subtipos de *Drilling Contracts*: os contratos com pagamento por dia de trabalho (*Daywork Contracts*), os contratos com pagamento pela perfuração realizada (*Footage Contracts*), e os contratos chave-na-mão (*Turnkey Contracts*).

O contrato com pagamento por dia de trabalho (*Daywork Contract*) é um contrato de empreitada de construção de um poço em que o empreiteiro é pago com base no tempo de trabalho que despende na sua actividade. Nesse caso, normalmente a actividade é realizada sob a direcção do operador, a quem o empreiteiro disponibiliza os seus trabalhadores e o seu equipamento, comprometendo-se a aceitar as suas instruções em relação à actividade de perfuração. Em consequência, o operador assume a responsabilidade pelas consequências das instruções que dá.

---

[58] Encontra-se um modelo de *seismic contract* em http://oilandgastraining.org/data/gp21/P0725.asp?Code=6041

O contrato com pagamento pela perfuração realizada (*Footage Contract*) consiste igualmente num contrato de empreitada de construção de um poço, em que a remuneração é paga com base na profundidade de perfuração atingida. Nesse contrato, a companhia petrolífera já não tem idêntica possibilidade de dirigir as operações de perfuração e dar instruções ao empreiteiro, pelo que a sua responsabilidade será igualmente muito mais reduzida.

Finalmente o contrato chave-na-mão (*Turnkey Contract*) corresponde também a um contrato de empreitada de construção em que o empreiteiro se compromete a perfurar, completar, equipar e entregar à companhia petrolífera um poço pronto a utilizar, recebendo em contrapartida um preço globalmente estipulado. Nesse caso, a companhia petrolífera não tem qualquer possibilidade de dar instruções sobre a forma de construção do poço, pelo que também não será responsável pelo resultado dessa actividade[59].

Existem igualmente contratos-modelo nesta área. Um é o elaborado pela *International Association of Drilling Contractors*, uma associação de empreiteiros da indústria de perfuração. Outro é o elaborado pelo *American Petroleum Institute*, uma associação de companhias petrolíferas. Naturalmente que estes modelos contratuais se apresentam como mais favoráveis aos empreiteiros ou às companhias petrolíferas, consoante a organização que os elaborou. É, por isso, comum que, quer os empreiteiros, quer as companhias petrolíferas, procedam à elaboração das suas próprias cláusulas contratuais gerais, baseadas nalgum destes modelos contratuais[60].

4.4. Os contratos de apoio à prospecção e exploração petrolífera (*Support or Contribution Agreements*)

Os *Support Agreements,* por vezes também designados *Contribution Agreements* são contratos celebrados entre as companhias petrolíferas e terceiros pelos quais estes concedem determinado apoio às operações de prospecção e perfuração, em troca de informação geológica ou tecnológica relativa à actividade. Uma das partes aceita assim conceder dinheiro ou direitos relativos uma determinada área em apoio à actividade de prospecção

---

[59] Cfr. JOHN S. LOWE, *Oil and Gas Law,* pp. 397-398.
[60] Cfr. JOHN S. LOWE, *Oil and Gas Law,* pp. 398.

e exploração em troca da informação geológica ou tecnológica que vier a ser obtida sobre aquele terreno. A companhia petrolífera consegue por essa via diminuir o risco da actividade de prospecção e perfuração enquanto que a outra parte adquire informação geológica e tecnológica sobre a actividade.

Há normalmente três tipos de *Support Agreements*, que se distinguem consoante o facto que determina o pagamento da contribuição ou a forma como esta é realizada: o acordo de pagamento em caso de escavação de um poço vazio (*Dry-Hole Agreement*), o acordo de pagamento quando a escavação atinge certa profundidade (*Bottom-Hole Agreement*) e o acordo de concessão de novas áreas de exploração quando a escavação atinge certa profundidade (*Acreage-Contribution Agreement*).

No *Dry-Hole Agreement* a parte contribuidora aceita efectuar um pagamento em dinheiro à companhia petrolífera se vier a ser perfurado um poço vazio, enquanto que a companhia se compromete a fornecer informação geológica e técnica sobre a perfuração, independentemente de o poço escavado estar ou não vazio.

No *Bottom-Hole Agreement* a parte contribuidora aceita efectuar um pagamento em dinheiro à companhia petrolífera em troca de informação geológica e técnica relativa à perfuração, se a companhia petrolífera escavar um poço até determinada profundidade, independentemente de ocorrer ou não a descoberta de petróleo ou gás.

No *Acreage Contribution Agreement* a parte contribuidora aceita conceder direitos sobre uma área de prospecção vizinha em troca de informação técnica relativa à perfuração, desde que a companhia petrolífera escave um poço até determinada profundidade[61]. Trata-se de um acordo semelhante ao *Bottom-Hole Agreement*, mas que dele se distingue por a remuneração não consistir em dinheiro, mas antes em direitos de exploração sobre áreas de prospecção vizinhas.

---

[61] Cfr. JOHN S. LOWE, *Oil and Gas Law*, pp. 387-388.

4.5. Os contratos de prestação de serviços relativos a poços petrolíferos (*Well services contracts*)

Os contratos de prestação de serviços relativos a poços petrolíferos (*Well Services Contracts*) correspondem a todos os contratos de prestação de serviços destinados a assegurar o necessário para a gestão e o correcto funcionamento dos poços petrolíferos. Esses contratos podem incluir contratos relativos à instalação de tubos de perfuração (*Drilling Rig Contracts*) contratos relativos à construção de plataformas e oleodutos chave-na-mão (*Platform and Pipeline EPCI*[62]), contratos relativos à recolha e armazenagem de petróleo em navios (*FPO*[63] *Vessel*), podendo incluir a sua produção (*FPSO Vessel*[64]), estabelecimento de unidades de produção móvel *offshore* (MOPU[65]), contratos de aluguer de plataformas fixas (*Fixed Platform Hire Contracts*), e contratos relativos a operações e manutenção *(O&M*[66] *Contracts)*[67].

Existem igualmente modelos contratuais aprovados pelas associações representivas do sector. O mais conhecido é o da *Association of International Petroleum Negotiators*, que possui o *AIPN 2002 International Model Well Services Contract*.

Os contratos de prestação de serviços relativos a poços petrolíferos caracterizam-se por estabelecer rigorosamente o regime da responsabilidade civil das partes por todo o tipo de danos resultantes da sua actuação, incluindo danos pessoais, à propriedade, danos sofridos por terceiros, danos ao ambiente e prejuízos indirectos ou consequenciais. Normalmente as partes asseguram uma responsabilidade cruzada, estabelecendo no contrato que a outra parte será indemnizada por todos os danos que sofra em relação ao seu pessoal e à sua propriedade, bem como pelos danos económicos e consequenciais, não assumindo assim qualquer responsabilidade que resulte

---

[62] EPCI: *Engineering, Procurement, Construction and Instalation*.
[63] FPO: *Floating, Storage and Offtake*.
[64] FPSO: *Floating, Production, Storage and Offtake*.
[65] MOPU: *Mobile Offshore Production Unit*
[66] O&M: *Operation and Maintenance*
[67] Cfr. TOBY HEWITT, ''Who is to Blame? Allocating Liability in Upstream Project Contracts'' no *Journal of Energy & Natural Resources Law*, Vol 26 No 2 (2008), pp. 177--206 (180).

de actos da contraparte (*"mutual hold harmless" or "knock for knock" indemnities regime*). Por esse motivo estes contratos obrigam à contratação de seguros específicos contra todos estes danos, que incluam a outra parte e as suas filiais como beneficiários, renunciando a companhia de seguros ao seu direito de sub-rogação contra estes[68].

4.6. Os contratos relativos à concessão de *royalties* sobre a produção petrolífera

No Direito Norte-Americano é comum a atribuição de *royalties* sobre a produção petrolífera. A *royalty* corresponde à remuneração mais comum dada ao titular do solo como contrapartida da exploração dos recursos minerais. Ao contrário do que sucede em relação a outros minérios, em que *a royalty* tem um valor fixo, na indústria petrolífera *a royalty* corresponde a um percentagem da produção petrolífera ou ao valor dela, livre dos custos da mesma.

A *royalty* é normalmente paga ao titular do solo como contrapartida pela atribuição do direito de procurar e produzir petróleo, sendo então denominada de *land owner's royalty*. É possível, porém, os titulares dos direitos de exploração atribuírem a terceiros, como contrapartida dos contratos que com eles celebram, direito a outras *royalties* relativas à produção petrolífera. Nesse caso, a *royalty* é denominada por *overriding royalty,* sendo atribuída a partir dos direitos de exploração do titular do direito, consistindo numa participação sobre os seus próprios direitos de produção. Estas *royalties* são normalmente atribuídas a exploradores, advogados ou geólogos como contrapartida pelo seu contributo para a exploração petrolífera. Já *a non participating royalty* corresponde a uma *royalty* atribuída pela alienação de terrenos mineiros, mas que não está relacionada com nenhuma locação específica. Por exemplo, alguém pode alienar a terceiro o seu terreno onde suspeita existirem direitos mineiros, reservando o seu direito a receber metade das *royalties* que sejam pagas ao novo titular do terreno como contrapartida das locações que venham a ser concedidas nesse terreno.

---

[68] Cfr. TOBY HEWITT, *Journal of Energy & Natural Resources Law*, Vol. 26 No 2 (2008), pp, 180 e ss.

As *royalties* podem ser concedidas a termo (*term royalty*) ou perpétuas (*perpetual royalty*). As *royalties* a termo também podem ser a termo certo, por exemplo, por um período de 25 anos (*fixed*) ou variável (*defeasible*), por exemplo 25 anos ou enquanto houver produção. A *mineral royalty* da Lousiana, uma vez que admite a sua extinção pelo não uso constitui um exemplo de *defeasible royalty*[69].

Como direitos que incidem sobre a produção petrolífera, as *royalties* caracterizam-se por possuirem os seguintes traços distintivos:

a) não atribuem qualquer direito de uso do terreno; efectivamente as *royalties* correspondem a um direito a uma parte da produção e não a um direito de uso do terrreno, pelo que o titular da *royalty* não tem qualquer direito de explorar petróleo e só se pode dirigir ao terreno para reclamar e receber a sua quota na produção;

b) correspondem a uma partilha da produção, e não a uma partilha de lucros e perdas, pelo que a sua atribuição é independente de quaisquer lucros e perdas suportados pelo titular. A *royalty* tem que ser paga, mesmo que a produção não esteja a dar lucro e o seu pagamento é independente dos custos suportados;

c) uma vez que não atribuem direitos de uso e de exploração, também não podem conceder a outrem esses direitos. A sua participação na exploração resume-se a receber a sua quota da produção[70].

5. Os contratos *Midstream*

5.1. Generalidades

Diferentes dos contratos *Upstream* são os denominados contratos *Midstream*. Correspondem àqueles contratos pelos quais se convenciona a transformação do crude num produto energético utilizável, incluindo o desenvolvimento de infra-estruturas, o processamento e transporte da

---

[69] Cfr. JOHN S. LOWE, *Oil and Gas Law,* pp. 45-46.
[70] Cfr. JOHN S. LOWE, *Oil and Gas Law,* pp. 46-47. A pp. 411-413 este autor transcreve uma minuta de uma *conveyance of non participating royalty interest.*

matéria prima, a sua conversão num produto energético e todos os outros processos de conexão entre o sector *Upstream* e o sector *Downstream*.

Os contratos *Midstream* mais comuns correspondem aos contratos de venda de petróleo bruto e de gás natural, os *Crude Oil Sales Agreements* e os *Gas Sales Agreements*. Estes correspondem a contratos entre exportadores e importadores, produtores e outros agentes da cadeia económica ou entre participantes de uma mesma *joint venture*, que que têm por objecto a venda de crude e de gás natural[71]. Existem, no entanto, ainda outros contratos como os acordos de equilíbrio da produção do gás (*Gas Balancing Agreements*) e os acordos de agregação de vendas de petróleo e gás (*Common Stream Agreements*).

Examinemos estes diversos contratos:

5.2. Os contratos de compra e venda de petróleo bruto (*Crude Oil Sales Agreements*)

Os *Crude Oil Sales Agreements* correspondem aos contratos relativos à compra e venda de petróleo bruto. Trata-se de contratos simples que tanto podem ser celebrados a nível interno como a nível internacional. Os contratos de venda de petróleo bruto celebrados a nível internacional encontram-se habitualmente formulados em barris de petróleo, sendo que cada barril corresponde a 159 litros.

Não existem especificidades próprias da indústria petrolifera neste tipo de contratos, costumando ser adoptado o modelo contratual vigente nas diversas jurisdições para a compra e venda de mercadorias.

Os contratos de venda de petróleo bruto estabelecem especificações relativas à qualidade do petróleo que os vendedores asseguram ao comprador, se ele não preferir conduzir ele próprio uma análise da mercadoria. Tal deve-se ao facto de o petróleo bruto não constituir um produto que possa ser consumido enquanto tal, tendo que ser transformado nas refinarias petrolíferas em produtos que os consumidores e as empresas possam utilizar, tais como a gasolina, o gasóleo, o *jet fuel*, os óleos de queima, etc. Ora, como a qualidade do petróleo bruto varia muito consoante as jazidas de onde

---

[71] Cfr. Diogo Pignataro de Oliveira, *loc. cit.*

provém, há que averiguar se a mesma é compatível com o tipo de refinação a que se destina, a qual pode exigir ainda refinarias específicas. Para além disso, no caso de o petróleo bruto ter de ser transportado por oleoduto, haverá ainda que determinar se a qualidade desse petróleo é compatível com os requisitos do oleoduto, em ordem a evitar problemas de fluxo ou de contaminação do restante petróleo que nele circula com componentes indesejáveis. Precisamente por esse motivo, é comum os vendedores de petróleo bruto estabelecerem especificações de qualidade, normalmente em relação à densidade e ao teor de enxofre existente no produto.

Os contratos de venda de petróleo contêm também habitualmente regras detalhadas relativamente à entrega e carga do produto, que têm que estar em conformidade com os procedimentos adoptados no terminal de carga.

Se os contratos respeitarem a petróleo transportado em navios, os contratos tendem a ser de muito curta duração (*spot contracts*), podendo mesmo ser celebradas vendas individuais relativas a cargas de navios, o que é muito comum na bacia atlântica. São também celebrados contratos de fornecimento continuado com duração de um a cinco anos. Se se tratar de petróleo fornecido através de oleodutos ou em quantidades muito avultadas, os contratos já serão de duração maior, porque o número de refinarias disponíveis diminui tendo que ser assegurada a sua disponibilidade por períodos prolongados.

Se os contratos de venda de petróleo forem de longa duração, o preço será calculado com base numa fórmula previamente estabelecida entre as partes no momento da celebração do contrato, que estabelecerá a sua variação. Se forem de curta duração, o preço será o praticado no mercado no momento em que o petróleo é carregado[72]. Embora historicamente os contratos de venda do petróleo tivessem estabelecido preços fixos, a actual volatilidade dos preços do produto leva ao estabelecimento de preços variáveis com base na actual cotação do preço do barril nos diversos mercados.

---

[72] Cfr. O. GUDMESTAD / A. ZOLOTUKHIN / E. T. JARLSBY, *Petroleum Resources with Emphasis on Offshore Fields*, Southampton, Wit Press, 2010, pp. 114-115.

5.3. Os contratos de venda de gás natural (*Gas Sales Agreements*)

O *Gas Sales Agreement* é um contrato para a venda de gás natural efectuado por um produtor de gás a uma empresa de gasodutos, uma companhia de distribuição local ou um utilizador final. Embora se trate de contratos muito variados, normalmente estes contratos possuem certos padrões comuns em relação ao prazo de duração, preço, quantidades de aquisição obrigatórias, áreas e instalações abrangidas[73].

Em relação ao prazo de duração, os contratos iniciais relativos à venda de gás natural surgidos nos EUA possuíam uma duração bastante prolongada, podendo abranger um período de 25 anos até à própria duração do poço. Tal sucedia devido ao facto de a legislação americana, o *Natural Gas Act* de 1938 exigir que os contratos relativos à venda de gás natural transportado entre os Estados fossem sujeitos a um período mínimo de 15 anos. Para além disso, os constrangimentos económicos do negócio exigiam igualmente uma duração muito prolongada, devido ao enorme financiamento necessário para construir as linhas de condução do gás e as condições de segurança exigidas para essa distribuição. Mais recentemente, no entanto, tornaram-se comuns os contratos de venda de gás com períodos de duração muito mais limitados, como sejam os de cinco anos um ano ou mesmo alguns meses. Por vezes surgem mesmo contratos de muito curto prazo, como seja de um mês, uma semana ou um dia, que são denominados de *spot market contracts*. Normalmente esse tipo de contratos é associado a uma cláusula que estende a sua duração até que a outra parte decida proceder ao seu termo com alguma antecedência (*evergreen provision*). No início as vendas de gás em *spot market* eram realizadas através de contratos redigidos pelas companhias petrolíferas. Actualmente, no entanto, os mesmos obedecem a um modelo comum da *North American Energy Standards Board* (NAESB), sendo o último modelo de 2006 (NAESB 2006)[74].

O preço de venda do gás natural apresenta-se como variável consoante o prazo de duração estipulado para o contrato. Em contratos de longa duração existem naturalmente cláusulas a estipular um ajustamento periódico dos preços (*price-adjustment clauses*). Essas cláusulas podem ser de natureza

---

[73] Cfr. JOHN S. LOWE, *Oil and Gas Law*, pp. 399 e ss.
[74] Cfr. JOHN S. LOWE, *Oil and Gas Law*, pp. 399-400.

variável. Em primeiro lugar, temos a cláusula de escalonamento fixo (*fixed--escalation clause*) a qual estabelece uma subida periódica do preço do gás, quer com base num valor pecuniário quer com base numa percentagem (ex. 4 cêntimos ou 1%). Depois temos a cláusula do preço mais elevado na zona (*area-rate clause*), a qual estabelece que o preço do gás será ajustado para o preço mais eleva do que seja permitido naquela zona por parte de uma entidade reguladora. Em seguida surge a cláusula de nação mais favorecida (*most-favored nations clause*) que estabelece o ajustamento do preço sempre que qualquer outro produtor estabelecido na área receba um preço superior por venda de gás em quantidade e qualidade similar. A *two-party most favored nations clause* estabelece o ajustamento do preço apenas se a outra parte contratual pagar um preço superior a outro produtor. A *three--party most favored nations clause* estabelece esse ajustamento se qualquer comprador pagar um preço superior pelo gás. A *price-renegotation clause* permite a renegociação do preço a todo o tempo, em ordem a que as partes possam tomar em consideração a evolução das condições do merca do. A *index-adjustment clause* estabelece uma evolução do preço com base na indexação em relação ao preço de outros produtos, que as partes consideram como adequados para determinar a valorização do preço do gás natural. A *net-back clause* estabelece que o preço que o vendedor recebe será determinado pelo *netting-back* da quantidade recebida, deduzindo as despesas do transporte e qualquer outros custos em que tenha incorrido.

Já em relação aos contratos de curta duração ou *spot-market* eles habitualmente assentam num preço fixo, sem cláusulas de ajustamento. Se a evolução do mercado tornar o preço irreal as partes procedem a uma renegociação do mesmo. Se um contrato de curta duração tem uma cláusula de extensão (*ever-green provision*) que o sujeita a uma renovação periódica, o preço de renovação resultará do preço praticado no *spot-market,* conforme referido nas publicações da indústria[75].

Os contratos de venda do gás natural a longo termo estipulam habitualmente quantidades de aquisição obrigatória do produto, uma vez que a sua procura é altamente cíclica, dependendo das condições atmosféricas e económicas, sendo por isso necessário assegurar que o vendedor possua um mínimo de fluxo de caixa. Normalmente essas cláusulas revestem a natureza

---

[75] Cfr. JOHN S. LOWE, *Oil and Gas Law* , pp. 401-402.

de uma obrigação alternativa, vinculando o comprador a adquirir uma determinada quantidade de gás ou a pagar pela quantidade de gás que não quis adquirir. Esta cláusula é por isso denominada de cláusula *take-or-pay*. No caso de optar apenas pelo pagamento, o comprador adquire posteriormente o direito de adquirir a quantidade de gás que não quis na altura, pagando apenas a diferença entre o preço pago na altura e o preço actual. Já pelo contrário os contratos de curta duração não possuem esse tipo de cláusulas, sendo antes comum no *spot market* as partes combinarem a todo o tempo a quantidade de gás que adquirem *(handshake deal)*[76].

Os contratos de aquisição do gás natural a longo prazo estabelecem ainda certas regras relativamente às áreas e instalações abrangidas, indicando assim ao comprador as terras, poços e instalações de onde o gás pode ser retirado. Normalmente a definição das áreas e instalações é estabelecida em termos mais ou menos amplos consoante se verifica escassez ou abundância de gás. Já os contratos de curto prazo não possuem habitualmente essa definição[77].

Os contratos de venda de gás natural incluem ainda por vezes reservas relativamente a certas quantidades de gás natural que o produtor se reserva o direito de conservar para utilização própria.

Finalmente, os contratos de venda de gás natural estabelecem ainda condições relativamente à qualidade do gás entregue e ao lugar da sua entrega. Trata-se de condições de grande relevância económica, uma vez que ao se assegurar certa qualidade do gás, assume-se o compromisso de dele retirar uma enorme quantidade de impurezas o que tem custos consideráveis embora aumente o valor do gás fornecido. Da mesma forma, o transporte de gás em gasoduto para determinada área é um factor decisivo em termos de custos negociais. É por isso muito comum as partes, nos contratos a longo prazo, desenvolverem negociações intensas em relação a estas cláusulas. Já nos contratos de curto prazo apenas se especifica que o gás deve ser de qualidade suficiente para ser transportado em gasoduto (*of pipeline quality*) e impõe apenas ao vendedor a obrigação de o entregar num mercado de recolha.

---

[76] Cfr. JOHN S. LOWE, *Oil and Gas Law*, pp. 402-403.
[77] Cfr. JOHN S. LOWE, *Oil and Gas Law*, p. 404.

5.4. Os acordos de equilíbrio da produção do gás (*Gas Balancing Agreements*)

Os acordos de equilíbrio na produção do gás (*Gas Balancing Agreements*) destinam-se a balancear a produção do gás perante a oferta e a procura. Efectivamente, sendo o mercado desregulado com muito produtores, vendedores, e negociantes, o tempo de produção do gás pelos produtores individuais pode variar de forma significativa e não corresponder às exigências do mercado, o que leva as partes a estabelecer acordos destinados a balancear a produção do gás em função da correspondente procura, o que no fundo corresponde a estabelecer acordos de diferimento da produção do gás[78]. Da mesma forma muitas vezes ocorre que os produtores de gás vendem o gás produzido aos compradores a preços diferentes e com regras diferentes, o que leva à existência de desequilíbrios nos diversos contratos. Como o gás é fungível e é distribuído através do mesmo gasoduto não é possível aos adquirentes distinguir qual o produtor cujo gás levantam e a que preço, pelo que quem adquirir o gás receberá não apenas aquele que pertence mas também a outros. É necessário por isso regular a produção e distribuição do gás pelos produtores aos compradores, o que é realizado através dos *Gas Balancing Agreements*[79].

Tradicionalmente existia um costume na indústria petrolífera, segundo o qual o acordo de equilíbrio na distribuição de gás é realizado em espécie (*balance in kind*). Nesses casos, o operador compromete-se a ajustar periodicamente as entregas aos compradores por parte dos diversos produtores em ordem a que a distribuição de gás efectuada por todos se encontre equilibrada. Surgiram, no entanto, litígios relativamente à periodicidade do ajuste e à eventual necessidade de pagamentos em dinheiro (*cash balancing*) para restabelecer o equilíbrio, tendo-se então discutido se nesse caso o pagamento deveria ser realizado tomando por referência o preço recebido pelo gás vendido, o valor do mesmo ou outra base. Precisamente por esse motivo, os *Gas Balancing Agreements* contêm disposições esclarecendo a periodicidade em que o operador deve efectuar o balanceamento do gás, e obrigam-no a contabilizar em relação aos diversos produtores os casos de

---

[78] Cfr. A Timothy Martin, *op. cit.*, p. 17.
[79] Cfr. John S. Lowe, *Oil and Gas Law*, p. 406.

superprodução ou sub-produção desse gás. Quando se verifica uma situação de sub-produção, o produtor adquire o direito a entregar mais gás, ou no caso de tal não ser possível receber pagamentos em dinheiro com base no que os outros participantes receberam em excesso. Em tempos de produção excessiva, normalmente é preferido o pagamento em dinheiro[80].

5.5. Os acordos de agregação de vendas de petróteo ou de gás (*Common Stream Agreements*)

O acordo de agregação de vendas de petróleo ou de gás (*Common Stream Agreement*) corresponde a uma forma de unificar uma série de contratos de venda de petróleo ou gás, seja com um comprador, seja com um conjunto de compradores. O acordo designará uma entidade, normalmente o operador, para coordenar os diversos aspectos que tenham que ser tratados em comum pelos diversos vendedores por forma a satisfazer melhor o interesse dos compradores. Trata-se assim de um contrato celebrado entre os diversos vendedores entre si por um lado e entre os vendedores e o comprador, pelo outro lado, pelo qual serão tratadas em conjunto os requisitos necessários, verificação e testes, em lugar de serem realizados por cada vendedor individualmente.

6. Os contratos *Downstream*

Os contratos *Downstream* têm por objecto a refinação, comercialização, venda, distribuição e entrega ao consumidor dos produtos energéticos acabados. Sendo orientados em relação ao consumidor final, apresentam uma natureza diferente dos contratos *Upstream* e *Midstream*, pois não assentam necessariamente em relações duradouras entre Estados e multinacionais petrolíferas, nem envolvem sempre grandes investimentos de capital ou riscos elevados. São exemplos de contratos *Downstream*: a) os contratos celebrados com refinarias em ordem a refinar o crude; b) os contratos de distribuição e venda de produtos petrolíferos em determinado país celebrados

---

[80] Cfr. JOHN S. LOWE, *Oil and Gas Law*, pp. 406-407.

entre uma multinacional petrolífera e distribuidores locais; c) os contratos de franquia entre uma multinacional petrolífera e as estações de serviço[81].

Uma vez que estes contratos não revestem particularidades especiais em relação ao regime comum dos contratos de transformação de bens, distribuição e franquia, não os examinaremos neste trabalho.

BIBLIOGRAFIA

BARBOSA, Alfredo Ruy, "Breve panorama dos contratos no setor de petróleo" em *Jus Navigandi, Teresina*, ano 7, n.º 55, 1 Mar. 2002. disponível em http://jus.uol.com.br/revista/texto/2794.

DUONG, Wendy Nicole, "Partnerships with Monarchs – Two Case Studies: Case One – Partnerships with Monarchs in the Search for Oil: Unveiling and Re--Examining the Patterns of 'Third World' Economic Development in the Petroleum Sector" em *University of Pennsylvania Journal of International Economic Law*, vol. 25 (2004), pp. 1171-1296

GALA, Francisco Briosa e, "A tipicidade das formas contratuais atípicas no comércio internacional de petróleo", em *O Direito* 141.º (2009), IV, pp. 999-1026.

GUDMESTAD, O. / ZOLOTUKHIN, A. / JARLSBY, E. T., *Petroleum Resources with Emphasis on Offshore Fields*, Southampton, Wit Press, 2010

HEWITT, Toby, ''Who is to Blame? Allocating Liability in Upstream Project Contracts'' no *Journal of Energy & Natural Resources Law*, Vol 26 No 2 (2008), pp. 177-206

JONES, Kendor P., "Something Old, Something New: The Evolving Farmout Agreement", disponível em http://www.washburnlaw.edu/wlj/49-2/articles/jones-kendor.pdf

LOWE, John S., *Oil and gas Law in a Nut Shell*, 5.ª ed., St. Paul MN, Thomson Reuters, 2009

MARQUES, Paulo, "Da natureza jurídica do *Production Sharing Agreement* (PSA) à luz do ordenamento jurídico português", em PEDRO MELO / JOÃO GARCIA PULIDO / PAULO MARQUES / ALEXANDRA BEATO, *Estudos sobre Energia: Petróleo e Gás Natural*, Coimbra, Almedina, 2004, pp. 9-68

---

[81] Cfr. WENDY NICOLE DUONG, *U. Pa. J. Int'l Econ. L.* 25 (2004), p. 1214, nota (106).

MARTIN, A Timothy, "Model Contracts: A Survey of the Global Petroleum Industry", disponível em http://www.timmartin.ca/fileadmin/user_upload/pdfs/Model_Contracts-Survey_of_Global_Petroleum_Industry_Aug2004_.pdf

MARTIN, A. Timothy / PARK, J. Jay, "Global petroleum industry model contracts revisited: *Higher, faster, stronger*" no *Journal of World Energy Law & Business*, 2010, vol. 3, n.º 1, pp. 4-43

OLIVEIRA, Diogo Pignataro de, "Os contratos internacionais e a indústria do petróleo" em *Jus Navigandi, Teresina*, ano 12, n. 1532, 11 set. 2007, disponível em http://jus.uol.com.br/revista/texto/10391

SILVA, Ana Christina Pisco Rocha da / BRANDÃO JÚNIOR, Carlos Alberto Gonçalves / NETO, OTACÍLIO DOS SANTOS SILVEIRA / CUNHA , Sheyla Yusk / BRANDÃO, Ygor Medeiros, "Transferência de direitos decorrentes da concessão: Os contratos de Farm-In/Fram-Out em face dos princípios da ordem jurídica brasileira", disponível em http://www.portalabpg.org.br/PDPetro/3/trabalhos/IBP0523_05.pdf

WON, Khong Cho, *The Politics of Oil in Indonesia. Foreign Company-Host Government Relations*, Cambridge, University Press, 1986

O Transporte Marítimo de Hidrocarbonetos e o Regime de Limitação de Responsabilidade Previsto na Convenção Internacional sobre Responsabilidade Civil pelos Prejuízos Devidos à Poluição por Hidrocarbonetos, 1992 (CLC 92)[*]

Manuel Januário da Costa Gomes[**]

> Sumário: 1. O sistema CLC/Fundos. Introdução. Do *Torrey Canyon* ao sistema CLC-Fundo/92 e ao Fundo Complementar; 2. O princípio da responsabilidade do proprietário do navio; 2.1. Os parâmetros da responsabilidade do proprietário do navio; 2.2. O proprietário do navio como sujeito passivo da canalização de responsabilidade; 2.3. Recorte negativo da imputação da responsabilidade ao proprietário do navio; 2.4. Conclusão pela natureza objectiva da responsabilidade do proprietário do navio; 2.5. A imputação plural e solidária; 2.6. A canalização da responsabilidade para o proprietário do navio; 2.7. Brechas na canalização?; 3. Danos cobertos pela CLC/92; 4. A limitação da responsabilidade do proprietário do navio; 4.1. A faculdade de promoção da limitação da responsabilidade; 4.2. Comportamento preclusivo da limitação de responsabilidade; 4.3. O fundo de limitação; 4.3.1. Requerimento e constituição do fundo de limitação; 4.3.2. Efeitos da constituição do fundo de limitação; 4.3.3. Distribuição do fundo de limitação; 4.3.4. Processo aplicável ao fundo de limitação; 4.3.5. Sobre a natureza jurídica do fundo de limitação; 5. O *plus* de tutela dos lesados para além da CLC; 5.1. Introdução. A conjugação CLC/FIPOL/Fundo Complementar; 5.2. As compensações supletivas ou

---

[*] Texto correspondente a parte do Capítulo V (n.º 36) do nosso *Limitação de responsabilidade por créditos marítimos*, Almedina, Coimbra, 2010. Procedeu-se à alteração da numeração sequencial, bem como das remissões. Em virtude de algumas remissões serem feitas para outras partes do livro de que este texto é parte, o mesmo foi inserido na bibliografia final.

[**] Professor da Faculdade de Direito da Universidade de Lisboa.

complementares; 5.2.1. A compensação pelo Fundo; 5.2.2. A compensação pelo Fundo Complementar; 6. Considerações conclusivas sobre o sistema CLC/Fundos; 6.1. CLC / Fundo / Fundo Complementar: um modelo à deriva?; 6.2. Sobre a natureza da responsabilidade do proprietário do navio.

1. O sistema CLC/Fundos. Introdução. Do *Torrey Canyon* ao sistema CLC-Fundo/92 e ao Fundo Complementar

I. A poluição marítima decorrente de óleos transportados por navios ou utilizados como combustível dos mesmos passou a ser objecto da atenção dos Estados, sobretudo após a segunda guerra mundial[1], sendo tal atenção e preocupação manifestadas, em 1954, com a assinatura da Convenção de Londres para a prevenção das águas do mar pelos óleos[2]. Contudo, a

---

[1] Sobre alguns antecedentes (século XX) da Convenção no plano internacional, cf. o Parecer da Comissão Permanente de Direito Marítimo Internacional, de 15 de Junho de 1961 (relatado por SERRA BRANDÃO), in *Pareceres*, p. 31. Refira-se, no entanto, que são identificadas preocupações com a poluição das águas do mar em documentos remotos. A *Ordonnance* da Marinha de Colbert, de 1681, estabelecia o seguinte (artigo I do Título I do Livro IV): "Os portos e bahias serão conservados na sua profundidade e limpeza: prohibimos o lançar nelles immundicies algumas (...)". COSTA DIOGO / RUI JANUÁRIO, *A Convenção das Nações Unidas sobre o Direito do Mar*, p. 261 e ss., dão nota da Lei do Visconde de Sá da Bandeira, de 7 de Maio de 1838, cujo artigo 2 proibia a todos os capitães e mestres dos navios "lançar o lastro que tiverem a bordo nos rios, portos ou enseadas, em que fundearem"; contudo, uma proibição nesse sentido já resultava da citada *Ordonnance*, vigente em Portugal por força da Lei da Boa Razão (cf. o nosso *O ensino do Direito Marítimo*, p. 44 e ss.), cujo artigo VI do Título IV do Livro IV dispunha: "Prohibimos a todos os Capitães e Mestres de Navios lançar o seu Lastro nos portos, canaes, tanques e enseadas, pena de quinhentas libras de multa pela primeira vez, e de apprehensão e confisco de suas Embarcações no caso de reincidencia; e os descarregadores do Lastro o lançallos em outro lugar que não seja nos destinados a esse effeito, pena de castigo corporal".

[2] Trata-se de uma Convenção (reproduzida por ALCIDES DE ALMEIDA / MIRANDA DUARTE, *Legislação marítima anotada*, II, p. 183 e ss. e por FONSECA CAXARIA / VIEIRA MILLER, *Regulamento Geral das Capitanias anotado*, p. 80 e ss.) que estabelece proibições de descarga de óleos ou misturas oleosas por navios (artigo III), mas não cura da responsabilidade civil associada à infracção das respectivas disposições – o que constituía uma das suas (várias) limitações; cf., v. g., HWANG, *Die Reederhaftung für Ölverschmutzungsschäden*, p. 13.

entrada das convenções internacionais sobre a matéria na constelação da responsabilidade civil só acontece em 1969, através da CLC ("International Convention on Civil Liability for Oil Pollution Damage"). Foi o desastre do *Torrey Canyon*, em 1967, nas costas da Cornualha, com a catastrófica dimensão dos danos de variada natureza que provocou[3], a impor uma abordagem da responsabilidade dos navios-tanque em termos totalmente inovatórios face ao regime da Convenção de Bruxelas de 1957, relativa à limitação da responsabilidade dos proprietários de navios de mar. O desastre do *Torrey Canyon* pôs a nu, não só a insuficiência mas também a inadequação do quadro normativo existente face à nova realidade das marés negras provocadas ou originadas em navios petroleiros[4].

A Convenção impõe também aos Estados, nos termos do artigo VIII, deveres de tomar todas as medidas necessárias em ordem a promover instalações adequadas para receber resíduos e misturas oleosas. A nível interno, o Decreto-Lei 90/71, de 22 de Março, veio regular a protecção contra a poluição das águas, praias e margens, sendo mais tarde revogado e substituído pelo Decreto-Lei 235/2001, de 26 de Setembro, que (artigo 1) estabelece o regime das contra-ordenações no âmbito da poluição do meio marinho nos espaços marítimos sob jurisdição nacional, regime esse que é complementado por previsões de natureza criminal. A responsabilidade civil está ausente das preocupações directas, quer do revogado Decreto-Lei 90/71, quer do Decreto-Lei 235/2001; contudo, o artigo 8 do primeiro diploma ressalvava as normas em vigor sobre a responsabilidade civil e disciplinar emergente de infracções ao diploma.

A Convenção de 1954 viria, entretanto, a ser "absorvida" pela Convenção Internacional para a Prevenção da Poluição por Navios (Marpol 73/78), no que tange às relações entre os Estados que sejam partes nas duas Convenções (artigo 6/1). Sobre a Convenção de 1954, bem como sobre a Convenção MARPOL e a necessidade da sua articulação com a Convenção SOLAS, cf., entre nós, VASCONCELOS ESTEVES, *Introdução. Armamento*, p. 91 e ss..

[3] Cf., sobre os danos das marés negras em geral, RODIÈRE / REMOND-GOUILLOUD, *La mer*, p. 107 e ss.; com referências às características do *Torrey Canyon*, carga e circunstâncias do desastre, cf., v. g., KAPPET, *Tankerunfälle und der Ersatz ökologischer Schäden*, p. 41 e ss. e HWANG, *Die Reederhaftung für Ölverschmutzungsschäden*, pp. 3-4.

[4] Cf., v. g., VIALARD, *La responsabilité des propriétaires de navires de mer*, p. 253, com referência às dimensões quantitativa e qualitativa dos danos. Lê-se, sugestivamente, em LUCCHINI, *Le procès de l'Amoco Cadiz*, p. 764: "Le naufrage du Torrey Canyon en 1967 est survenu dans un contexte de non-droit ou du moins d'absence de règles juridiques approprieés". Lê-se, por sua vez, em HODGES / HILL, *Principles of maritime law*, p. 137: "Indeed it was the *Torrey Canyon* disaster of 1967 which awaked the world to a new and potentially catastrophic type of third part liability"; contendo ricas informações sobre as querelas judiciais

Tornava-se, por outro lado, impossível lidar satisfatoriamente com tais situações, sem uma convenção internacional sobre responsabilidade, convenção essa que não fosse de mera limitação, como a Convenção de Bruxelas de 1957[5], mas de *imputação* de responsabilidade. Ademais, as soluções de imputação e limitação existentes ao nível interno, nos diversos países, revelavam-se claramente insuficientes para acudir à enormidade dos danos[6].

Nasce assim, em 1969, a CLC[7], Convenção organizada ou pensada para funcionar complementada pelo Fundo 1971 ("International Convention on the Establishment of an International Fund for Oil Pollution Damage")[8]. O conjunto CLC/Fundo torna-se particularmente relevante, não só por constituir o reconhecimento da insuficiência das *regras de prevenção*, quando desacompanhadas de regras de responsabilidade[9], mas também

---

após o desastre do *Torrey Canyon*, cf. DUNCAN, *Limitation of shipowners' liability*, p. 1055 e ss.. Sobre as repercussões imediatas do desastre do *Torrey Canyon* no Direito Internacional do Mar, cf. KOULOURIS, *Les aspects récents du Droit International*, p. 50 e ss..

[5] Cf., v. g., HWANG, *Die Reederhaftung für Ölverschmutzungsschäden*, p. 22 e ss.; sobre a Convenção de 1957 como simples convenção de limitação de responsabilidade, cf. o nosso *Limitação de responsabilidade por créditos marítimos*, p. 222 e ss..

[6] Conforme se pode ver em LAGONI, *The liability of classification societies*, pp. 271--272, de acordo com o sistema americano de limitação de responsabilidade, a responsabilidade do proprietário do *Torrey Canyon* cifrava-se em ... 48 USD, valor do salva-vidas que sobrou do navio.

[7] Sobre os trabalhos preparatórios da CLC e respectiva assinatura, cf., v. g., BERLINGIERI, *Progetto di convenzione internazionale*, p. 520 e ss., KAPPET, *Tankerunfälle und der Ersatz ökologischer Schäden*, p. 43 e ss. e HWANG, *Die Reederhaftung für Ölverschmutzungsschäden*, pp. 26-27; cf. ainda HERBER, *Seehandelsrecht*, pp. 190-191, *Das internationale Übereinkommen über die Haftung für Schäden durch Ölverschmutzung auf See*, p. 223 e ss. e GANTEN, *Internationales Übereinkommen über die Errichtung eines Internationales Fonds zur Entschädihung für Ölverschmutzungsschäden*, p. 3 e ss..

[8] Com referências gerais ao conjunto articulado das duas convenções, cf., v. g., RODIÈRE / REMOND-GOUILLOUD, *La mer*, p. 109 e ss., LUCCHINI, *Le procès de l'Amoco Cadiz*, p. 764 e ss., CHAO WU, *La pollution du fait du transport maritime des hydrocarbures*, p. 95 e ss., KAPPET, *Tankerunfälle und der Ersatz ökologischer Schäden*, p. 43 e ss. e MÁRIO RAPOSO, *Segunda (e última) reflexão*, pp. 684-685; cf. ainda, recentemente, LE COUVIOUR, *La responsabilité civile à l'épreuve des pollutions majeures*, pp. 36-37.

[9] Cf., por todos, CARBONE, *Diritto internazionale e protezione dell'ambiente marino dall'inquinamneto*, p. 956: "In altre parole, come è stato del resto fondatamente sostenuto,

por ter passado a ser objecto de duas disciplinas ou subáreas com zonas de preocupações comuns: a do Direito Marítimo Internacional e a do Direito Internacional do Ambiente[10].

Como notas de regime mais salientes da CLC/69, quando cotejada, na sua arquitectura geral, com o regime da Convenção de Bruxelas de 1957, destacamos: (*i*) a CLC apresenta-se como uma convenção de imputação de responsabilidade e de limitação e não apenas como uma convenção de limitação; (*ii*) a CLC tem um fim delimitado, desde logo, pelo seu título: regular convencionalmente a responsabilidade civil por prejuízos devidos à poluição por hidrocarbonetos; (*iii*) a CLC imputa, de princípio, a responsabilidade por prejuízos devidos à poluição por hidrocarbonetos ao proprietário do navio, fazendo, simultaneamente, uma série de "desimputações" de imputações externas que resultariam da aplicação do regime geral da responsabilidade civil; (*iv*) a CLC admite, de algum modo como contraponto dos termos da imputação ao proprietário do navio, que este possa limitar a sua responsabilidade, excepto em situações em que o específico comportamento deste precluda tal limitação; (*v*) a imputação da responsabilidade ao proprietário do navio é dobrada ou complementada pelo estabelecimento de um seguro obrigatório; e, finalmente, (*vi*) a previsão da responsabilidade limitada do proprietário do navio é complementada por um sistema de compensação a cargo de um Fundo, em benefício dos lesados, por prejuízos devidos à poluição que não recebam indemnização através da CLC ou que recebam uma indemnização insuficiente.

Estas soluções – às quais, à partida, "ne manque pas de séduction"[11] – eram complementadas, mas já não num quadro de direito uniforme, pelas iniciativas dos profissionais do sector marítimo-petrolífero, conhecidas por TOVALOP ("Tank Owners Voluntary Agreement Concerning Liability for Oil Pollution") e CRISTAL ("Contract Regarding an Interim Supplement to

---

né prevenzione senza responsabilità né responsabilità senza prevenzione potranno mai consentire di assicurare l'esercizio della navigazione marittima internazionale in regime di sicurezza ambientale".

[10] Cf., por todos, CARBONE, *Diritto internazionale e protezione dell'ambiente marino dall'inquinamento*, p. 957.

[11] Assim LUCCHINI, *Le procès de l'Amoco Cadiz*, p. 765, mas logo acrescentando que "cet ordonnancement novateur et satisfaisant, du moins en apparence, revèle malheureusement de graves fragilités"; cf. também *infra*, ponto 6.1.

Tanker Liability for Oil Pollution"), destinadas a criar mecanismos voluntários de indemnização por danos causados pela poluição[12]: nascidos com o propósito de assegurar tal indemnização, até que as Convenções de 1969 e 1971 entrassem em vigor, os acordos citados acabaram por se manter para além desses momentos[13]. Na mesma linha do TOVALOP e do CRISTAL surgem, mais tarde, o STOPIA 2006 ("Small Tanker Oil Pollution Indemnification Agreement") e o TOPIA 2006 ("Tanker Oil Pollution Indemnification Agreement 2006")[14].

II. Novos acidentes com navios petroleiros tornaram, entretanto, evidentes as fragilidades do sistema CLC/FIPOL, designadamente, mas não só, em função da insuficiência dos limites de indemnização e compensação previstos nas convenções em referência.

Os desastres com o *Amoco Cadiz*, nas costas da Bretanha, em 1978, e com o *Tanio*, em 1980, provocou uma reacção semelhante à gerada, poucos anos antes, pelo *Torrey Canyon*: tratava-se, agora, de alterar o regime CLC/FIPOL, actualizando-o face às novas situações, já que os Protocolos de 1976, entretanto aprovados, não se mostravam suficientes.

Nascem, assim, os Protocolos de 1984, através dos quais se pretendeu alterar a CLC/69 e o Fundo/71[15]. Contudo, em grande parte devido às

---

[12] Cf., v. g., RODIÈRE / REMOND-GOUILLOUD, *La mer*, pp. 110-113, REMOND-GOUILLOUD, *Droit Maritime*², pp. 269-270, CHAO WU, *La pollution du fait du transport maritime des hydrocarbures*, pp. 130 e ss. e 145 e ss., HWANG, *Die Reederhaftung für Ölverschmutzungsschäden*, p. 28 e ss., ALTFULDISCH, *Haftung und Entschädigung nach Tankerunfällen auf See*, p. 4 e VINCENZINI, *Profili assicurativi della responsabilità civile per inquinamento da idrocarburi*, pp. 979 e 985 e ss.; cf. também GRIMALDI, *Oil pollution e coperture assicurative P&I*, p. 99 e ss. e VASCONCELOS ESTEVES, *Introdução. Armamento*, p. 108 e ss..

[13] Cf., v. g., CHAO WU, *La pollution du fait du transport maritime des hydrocarbures*, pp. 133 e ss., 147 e ss. e 241 e ss..

[14] Cf., v. g., JACOBSSON, *The international liability and compensation regime for oil pollution from ships*, pp. 17-18 e NESTEROWICZ, *An economic analysis of compensation for oil pollution damage*, p. 561 e ss..

[15] Sobre as insuficiências da CLC e do Fundo e sobre as alterações previstas nos Protocolos de 1984, cf., por todos, LUCCHINI, *Le procès de l'Amoco Cadiz*, p. 777 e ss. e CHAO WU, *La pollution du fait du transport maritime des hydrocarbures*, pp. 167 e ss. e 179 e ss.; cf. também TROTZ, *Die Revision der Konventionen über die zivilrechtliche Haftung für Schäden aus der Ölverschmutzung des Meeres*, passim, KIM, *Ten years after the enactment*

reticências dos Estados Unidos da América, tais Protocolos não singraram, tendo ficado condenados, em definitivo, ao fracasso após o desastre do *Exxon Valdez*, em 1989, nas costas do Alasca, após o qual os EUA aprovaram legislação própria – o *Oil Pollution Act* (OPA)[16]: a magnitude dos danos provocados pelo *Exxon Valdez* tornava já insuficientes, aos olhos americanos, os limites de indemnização previstos nos Protocolos de 1984[17].

III. Uma nova tentativa de reformar o sistema CLC/69 – Fundo/71 é, entretanto, promovida, sob pressão de novos desastres como os ocorridos com os navios *Agip Abruzza* e *Haven*[18] e agora também sob a própria pressão da existência do *Oil Pollution Act*, iniciativa essa que segue, no essencial,

---

of the Oil Pollution Act of 1990, p. 265 e ss. e FAURE / HUI, *Financial caps for oil pollution damage*, p. 592 e ss..

[16] A nível mais amplo, impõe-se, no caso dos EUA, a consideração, não apenas do *Oil Pollution Act*, mas também do *Federal Water Pollution Control Act*, do *Clean Water Act* e ainda, no que concerne à poluição por substâncias nocivas diversas de hidrocarbonetos, o CERCLA (*Comprehensive Environmental Response, Compensation and Liability Act*); para uma breve referência a estes diplomas, com particular atenção ao OPA, cf., v. g., CHAO WU, *La pollution du fait du transport maritime des hydrocarbures*, p. 293 e ss., KIERN, *Liability, compensation and financial responsability under the Oil Pollution Act*, p. 490 e ss., LAGONI, *The liability of classification societies*, p. 293 e ss., MORRIS, *Oil, Money and the environment*, passim, MASON, *Civil liability for oil pollution damage*, p. 3, KIM, *Ten years after the enactement of the Oil Pollution Act of 1990*, passim e LETOURNEAU / WELMAKER, *The Oil Pollution Act of 1990*, passim; para um breve confronto entre as soluções dos sistemas CLC/Fundo e os do OPA americano, cf. JACOBSSON, *The international liability and compensation regime for oil pollution from ships*, p. 19 e ss. e KIM, *A comparaison between the international and US regimes regulating oil pollution liability and compensation*, passim.

[17] Conforme informa JACOBSSON, *The international liability and compensationr regime for oil pollution from ships*, p. 11, os Estados Unidos eram "a driving force behind the revision"; conquanto o incidente com o *Exxon Valdez* se revelasse a razão mais importante para a não ratificação, por aquele país, dos Protocolos de 1984, o autor (*op. cit.*, p. 12) aponta ainda as reticências da indústria petrolífera americana, bem como o facto de os Protocolos terem um âmbito de aplicação restrito, por estarem limitados aos hidrocarbonetos persistentes.

[18] Cf., v. g., SEIBT, *Zivilrechtlicher Ausgleich ökologischer Schäden*, p. 140 e ALTFULDISCH, *Haftung und Entschädigung nach Tankerunfällen auf See*, p. 5.

os trilhos dos Protocolos de 1984[19]: surgem assim os Protocolos de 1992 quer à CLC quer ao Fundo.

Como principais traços inovadores do Protocolo CLC de 1992[20], podemos destacar os seguintes[21]: (*i*) previsão limitativa de indemnização por danos ambientais, incluídos nos "prejuízos devidos à poluição" (artigo I/6); (*ii*) reforço da canalização da responsabilidade para o proprietário do navio, sendo elencadas (artigo III/4) várias pessoas, em princípio (externamente) imunes a um responsabilização pelos lesados; (*iii*) aumento dos limites de indemnização a cargo do proprietário do navio, quando possa limitar a sua responsabilidade – aumento esse "acompanhado" no Protocolo de 1992 ao FIPOL; e (*iv*) alargamento do campo de aplicação da CLC, o que é conseguido, designadamente, através de novas noções de "navio" e de "evento".

Entretanto, poucos anos volvidos, tornava-se evidente – de novo – a insuficiência dos limites indemnizatórios do sistema CLC/FIPOL: o resultado é um novo Protocolo – Protocolo de 2003 à Convenção Internacional para a Constituição de um Fundo Internacional para Compensação pelos Prejuízos devidos à Poluição por Hidrocarbonetos, de 1992[22].

---

[19] Cf., v. g., KAPPET, *Tankerunfälle und der Ersatz ökologischer Schäden*, p. 45 e ss..

[20] De acordo com o artigo 11 do Protocolo de 1992, os artigos I a XII-ter, incluindo o modelo de certificado, da CLC 1969, emendada pelo Protocolo de 1992, passaram a constituir a CLC 1992. Paralelamente, foi aprovado o Protocolo de 1992 ao Fundo 1971: de acordo com o artigo 27 deste Protocolo, os artigos 1 a 36-quinto da Convenção de 1971, emendada pelo mesmo Protocolo, passaram a constituir a Convenção sobre o Fundo 1992 ou FIPOL 1992. Interpretando em termos não coincidentes (conquanto, no nosso entender, sem assintonias *substanciais*) a relação entre a CLC/92 e a CLC/69, cf. MÁRIO RAPOSO, *A nova lei marítima de Macau e os seus trabalhos preparatórios*, p. 1168, Id., *Segunda (e última) reflexão*, pp. 686-687 e LIMA PINHEIRO, *O Direito Comercial Marítimo de Macau revisitado*, p. 284.

[21] Cf., v. g., SICCARDI, *Pollution liability and classification societies*, p. 693 e ss.; cf. também, conquanto com referência ao Protocolo de 1984, LUCCHINI, *Le procès de l'Amoco Cadiz*, p. 779 e ss..

[22] Cf., v. g., JACOBSSON, *The international liability and compensation regime for oil pollution from ships*, p. 14 e ss. e KAPPET, *Tankerunfälle und der Ersatz ökologischer Schäden*, p. 46 e ss.; cf. *infra*, pontos 5.1 e 5.2.2.

IV. Não curamos aqui, conquanto se não ignore, do "ambiente convencional" em que se situa o sistema das Convenções CLC/FIPOL, a começar pela Convenção de Montego Bay[23], cujo artigo 192 estabelece que os Estados têm a obrigação de proteger e preservar o meio marinho, impondo, depois, o artigo 194/1 aos Estados o dever de tomar, individual ou conjuntamente, conforme seja mais apropriado, todas as medidas compatíveis com a mesma Convenção que sejam necessárias para prevenir, reduzir e controlar a poluição do meio marinho, qualquer que seja a sua fonte, utilizando para este fim os meios mais viáveis de que disponham e de conformidade com as suas possibilidades, devendo esforçar-se por harmonizar as suas políticas a esse respeito.

Por sua vez, de acordo com o artigo 194/2 da mesma Convenção, os Estados devem tomar todas as medidas necessárias para garantir que as actividades sob sua jurisdição ou controlo se efectuem de modo a não causar prejuízos por poluição a outros Estados e ao seu meio ambiente, e que a poluição causada por incidentes ou actividades sob sua jurisdição ou controlo não se estenda além das áreas onde exerçam direitos de soberania.

Dentre as convenções internacionais relativas a matéria de poluição marítima que "rodeiam" a CLC e a Convenção sobre o Fundo, sem, no entanto, assumirem (directa ou principalmente) preocupações com a ressarcibilidade dos danos, destaque-se, entre outras[24], a Convenção de Bruxelas de 1969 sobre Intervenção no Alto Mar em caso de acidente causado ou podendo vir a causar poluição por hidrocarbonetos[25] e a Convenção MARPOL 73/78[26], para a prevenção da poluição por navios, a Convenção

---

[23] Desta Convenção diremos que a mesma ilustra, de forma eloquente, a "indivisibilidade" do Direito do Mar e do Direito Marítimo, a que se referem PONTAVICE / CORDIER, *La mer et le droit*, p. 8.

[24] Cf., v. g., ARROYO, *Curso de Derecho Marítimo*², p. 745 e ss., GABALDÓN GARCÍA / RUIZ SOROA, *Manual de Derecho de la Navegación Marítima*³, p. 92 e ss., ELIANE OCTAVIANO MARTINS, FERREIRA DA SILVA *Da responsabilidade internacional e a poluição do meio ambiente marinho*, p. 1512 e ss. e, *Resposta à poluição marinha*, passim.

[25] Cf., v. g., REMOND-GOUILLOUD, *Droit Maritime*², p. 241 e, entre nós, VASCONCELOS ESTEVES, *Introdução. Armamento*, p. 97 e ss..

[26] Lê-se, sugestivamente, nos considerandos da Convenção: "Desejando alcançar a eliminação completa da poluição intencional do meio marinho por hidrocarbonetos e outras

OPRC, para a prevenção e actuação face a um incidente de poluição por hidrocarbonetos[27] e o Protocolo OPRC/HNS[28], já não em relação a hidrocarbonetos mas a substâncias nocivas e potencialmente perigosas.

A nível da União Europeia, foi sobretudo o acidente com o *Erika*, em 1999, nas costas francesas da Bretanha a despoletar um conjunto de medidas (pacotes *Erika I* e *Erika II*), dentre as quais avulta[29] a criação da Agência Europeia de Segurança Marítima, através do Regulamento 1406/2002[30], o Regulamento 417/2002[31], sobre a introdução acelerada dos requisitos de construção de casco duplo nos navios petroleiros e a Directiva 2002/59,

---

substâncias prejudiciais, bem como a minimização de descargas acidentais de tais substâncias (...)". Sobre a Convenção MARPOL, cf., v. g., ARROYO, *Curso de Derecho Marítimo*[2], p. 746 e GABALDÓN GARCÍA / RUIZ SOROA, *Manual de Derecho de la Navegación Marítima*[3], p. 94 e ss.; sobre a articulação MARPOL / SOLAS, cf., entre nós, v. g., VASCONCELOS ESTEVES, *Introdução. Armamento*, p. 93.

[27] Em Portugal, a OPRC foi aprovada pelo Decreto 8/2006, de 10 de Janeiro. O artigo 2/2 da OPRC define "incidente de poluição por hidrocarbonetos" como "um acontecimento ou uma série de acontecimentos com a mesma origem tendo como consequência uma descarga real ou presumível de hidrocarbonetos e constituindo ou sendo susceptível de constituir uma ameaça para o meio marinho, para o litoral ou para os interesses conexos de um ou mais Estados, impondo-se uma acção urgente ou uma actuação imediata". Por sua vez, a palavra "hidrocarbonetos" vem definida (artigo 2/1) como significando "petróleo sob qualquer forma, incluindo petróleo bruto, fuelóleo, lamas, resíduos e produtos refinados". Os artigos 3 a 10 curam das medidas de prevenção e da cooperação entre os Estados, no âmbito dos objectivos da Convenção. Sobre a OPRC, no quadro dos instrumentos normativos de fonte internacional de prevenção e luta contra a poluição marítima, cf., v. g., ARROYO, *Curso de Derecho Marítimo*[2], p. 745 e ss..

[28] Cf. o nosso *Limitação de responsabilidade por créditos marítimos*, p. 454 e ss..

[29] Para uma panorâmica de conjunto, cf., por todos, NESTEROWICZ, *European Union legal measures in response to the oil polllution of the sea*, passim, ARROYO, *Curso de Derecho Marítimo*[2], p. 749 e ss. e ADELE MARINO, *L'Agenzia europea per la sicurezza marittima*, p. 277 e ss..

[30] De acordo com o artigo 1/1, a Agência visa "garantir um nível elevado, uniforme e eficaz de segurança marítima, dentro dos limites das atribuições definidas na subalínea *iv*) da alínea *b*) do artigo 2.º, de protecção do transporte marítimo e de prevenção e combate à poluição por navios na Comunidade"; em geral sobre as atribuições da Agência, pode ver-se, v. g., ADELE MARINO, *L'Agenzia europea per la sicurezza marittima*, passim.

[31] Cf., v. g., ADELE MARINO, *L'Agenzia europea per la sicurezza marittima*, p. 280.

relativa à instituição de um sistema comunitário de acompanhamento e de informação de tráfego de navios[32].

2. O princípio da responsabilidade do proprietário do navio

2.1. Os parâmetros da responsabilidade do proprietário do navio

I. O artigo III/1 da CLC responsabiliza aquele que seja proprietário do *navio*[33] no momento em que se verifique um *evento* – ou, consistindo o evento numa sucessão de factos, no momento em que se verifique o primeiro – por qualquer prejuízo devido à poluição causada pelo navio, resultante do evento, ressalvando, porém, os casos previstos nos números 2 e 3 do mesmo artigo.

Tendo em vista delimitar, com a maior precisão possível, o âmbito de aplicação da Convenção[34] e, especificamente, do artigo III/1, importa

---

[32] Entre os objectivos desse sistema, está previsto (artigo 1/1) "contribuir para uma melhor prevenção e detecção da poluição causada pelos navios". Entre as matérias reguladas na Directiva está a dos *locais de refúgio*: cf., v. g., BRIGNARDELLO, *I luoghi di rifugio per le navi in pericolo*, passim, VAN HOOYDONK, *The obligation to offer place of refuge to a ship in distress*, passim e o nosso *Direito Marítimo*, IV, p. 121 e ss..

[33] A CLC/92 define, no seu artigo I/1 (cf. *infra*, ponto 36.2.2/I) o que é um *navio*, para efeitos de delimitação do seu âmbito de aplicação. Permanecem várias dúvidas, como aquela, que já se fazia sentir no domínio da definição de *navio* constante da CLC/69 (cf., v. g., CHAO WU, *La pollution du fait du transport maritime des hydrocarbures*, p. 53), sobre se tal conceito permitia incluir os *destroços* de navios, conforme sustenta, v. g., ALTFULDISCH, *Haftung und Entschädigung nach Tankerunfällen auf See*, pp. 8-9.

Fora do âmbito de aplicação da CLC, estão (artigo XI/1) os navios de guerra e outros navios que pertençam a um Estado ou que sejam por ele explorados e afectados exclusivamente, no momento considerado, a um serviço não comercial do Estado.

[34] A inserção de definições delimitadoras do âmbito de aplicação normativa – correspondendo, de resto, à técnica legislativa de tipo anglo-saxónico – encontra-se de modo bem evidente no *Oil Pollution Act* norte-americano, cuja Sec. 1001 contém 37 definições, algumas das quais com sub-definições; cf., por todos, KIERN, *Liability, compensation, and financial responsibility under the Oil Pollution Act*, p. 507 e ss.. Sobre a utilização de definições, respectivas vantagens e riscos, cf., entre nós, centrado nas cláusulas contratuais, mas em termos que valerão também para os diplomas legais, SANTOS JÚNIOR, *Especialização e mobilidade temática do Direito Comercial Internacional*, pp. 93-94.

salientar que, para aquela, *evento* significa (artigo I/8) "qualquer facto ou série de factos com a mesma origem, dos quais resulte uma poluição[35] ou que constituam uma grave e iminente ameaça de a causar"[36].

Por sua vez, com a alusão a *prejuízos devidos à poluição*, entende-se (artigo I/6): (*i*) "qualquer perda ou dano exterior ao navio causado por uma contaminação resultante da fuga ou descarga de hidrocarbonetos provenientes do navio, qualquer que seja o local onde possam ter ocorrido, desde que a compensação pelos danos causados ao ambiente, excluindo os lucros cessantes motivados por tal dano, seja limitada aos custos das medidas necessárias tomadas ou a tomar para a reposição das condições ambientais" [alínea *a*)]; e (*ii*) "o custo das medidas de salvaguarda bem como quaisquer perdas ou danos causados pelas referidas medidas" [alínea *b*)][37].

Conforme se pode facilmente constatar pela simples leitura da alínea *a*) do artigo I/6, a palavra *contaminação* assume aqui uma função delimitadora essencial[38]: ela é uma chave para a entrada na CLC e no respectivo regime de responsabilidade civil. A expressão, cuja fonte inspiradora terá sido o desastre do *Torrey Canyon*, tem sido tratada na jurisprudência de vários países, destacando-se os casos do *Amoco Cadiz* e do *Exxon Valdez*, na jurisprudência norte-americana, do *Braer* e do *Sea Empress*, na jurisprudência

---

[35] Reproduzimos a tradução portuguesa, que, neste segmento, contém uma imprecisão: a expressão "dos quais resulte uma poluição" deve ser lida como "dos quais resultem prejuízos devidos à poluição" (expressão correspondente ao original em língua inglesa "which causes pollution damages"). A relevância desta precisão resulta, como é óbvio, do facto de a expressão "prejuízos devidos à poluição" ("pollution damage") ter, na CLC/92, um significado específico (artigo I/6).

[36] Discute-se se o *evento* ("incident") deve corresponder necessariamente a um *acidente*, a um *sinistro*. A questão é relevante, designadamente para as situações de poluição causadas pela lavagem de tanques, já que tal lavagem, em si, não constituirá um *acidente*. No sentido, que acompanhamos, de uma interpretação do *evento* não circunscrita ao acidente, cf., por todos, ALTFULDISCH, *Haftung und Entschädigung nach Tankerunfällen auf See*, pp. 14-15.

[37] Sobre as medidas de salvaguarda e a dimensão do respectivo relevo na CLC, cf., v. g., CHAO WU, *La pollution du fait du transport maritime des hydrocarbures*, pp. 60-61.

[38] Cf., v. g., HWANG, *Die Reederhaftung für Ölverschmutzungsschäden*, pp. 44-45 e, entre nós, OLIVEIRA COELHO, *Poluição marítima por hidrocarbonetos e responsabilidade civil*, p. 61 e ss..

do Reino Unido, do *Erika*, na jurisprudência francesa e o caso *Marão*[39], na jurisprudência portuguesa. Face a esta exigência de *contaminação*, excluídos estão do âmbito de aplicação da CLC os danos causados em virtude, por exemplo, de uma explosão ou de um incêndio[40].

II. Não é só o conceito de *contaminação* que, no quadro da definição do artigo I/6, assume relevância delimitadora; atente-se, ainda, no facto de (*i*) a perda ou dano dever ser "exterior ao navio"[41]; ou ainda no facto (*ii*) de a contaminação dever resultar de "fuga ou descarga de hidrocarbonetos"[42].

---

[39] No caso do navio *Marão*, a Relação de Lisboa, no seu Acórdão de 20 de Outubro de 1994, CJ, ano XIX (1994), IV, p. 125 e ss., não reconheceu direito a indemnização com base na CLC, a um comerciante por grosso de bebidas, cujo volume de negócios decrescera significativamente em decorrência da poluição por hidrocarbonetos de praias da costa alentejana. Para a Relação, tais prejuízos não podiam ser considerados relevantes face à CLC, já que esta Convenção só cobria os danos que fossem consequência de *contaminação*. A Relação dá como exemplos de danos relevantes, face à CLC, (*i*) os das pessoas que sofressem lesões por virtude do contacto físico com as águas contaminadas por hidrocarbonetos, (*ii*) os dos pescadores que, porventura, tivessem sofrido danos nos seus barcos e apetrechos de pesca, em termos de ficarem impedidos de trabalhar na sua actividade piscatória, (*iii*) os concessionários das praias afectadas, prejudicados nos seus negócios e (*iv*) os proprietários de viveiros de determinadas espécies marinhas; e conclui: "Estes sim são prejuízos que resultam directa e necessariamente das referidas poluição e contaminação e protegidos pela referida Convenção de 1969 que se limitou a proteger determinados danos produzidos no ambiente bem como a repercussão que estes possam ter nas esferas privadas das pessoas singulares". A não ser assim, remata a Relação, seria "redondamente inútil" a expressão "causados por contaminação". Sobre este acórdão, pode ver-se OLIVEIRA COELHO, *Poluição marítima por hidrocarbonetos e responsabilidade civil*, p. 61 e ss..

[40] Cf., v. g., CHAO WU, *La pollution du fait du transport maritime des hydrocarbures*, p. 57, ALTFULDISCH, *Haftung und Entschädigung nach Tankerunfällen auf See*, p. 23 e HWANG, *Die Reederhaftung für Ölverschmutzungsschäden*, p. 45. Tratando-se de prejuízos devidos à poluição provocados por derramamentos de hidrocarbonetos, na sequência de uma explosão que abra um rombo no casco do navio, é defensável que os mesmos entram no âmbito de aplicação da CLC.

[41] Cf., v. g., CHAO WU, *La pollution du fait du transport maritime des hydrocarbures*, p. 57.

[42] Cf., v. g., CHAO WU, *La pollution du fait du transport maritime des hydrocarbures*, p. 58 e ss..

Dentre os conceitos definidos na Convenção, conceitos-parametrizadores do respectivo âmbito de aplicação, assume ainda particular relevo o de *hidrocarbonetos* (artigo I/5): "quaisquer hidrocarbonetos minerais persistentes, nomeadamente petróleo bruto, fuelóleo, óleo diesel pesado e óleo de lubrificação, quer sejam transportados a bordo de um navio, quer como carga, quer como combustível do navio"[43]. A razão da circunscrição da CLC aos hidrocarbonetos minerais *persistentes*[44] – e não a todos os hidrocarbonetos ou, mais amplamente, a todas as matérias perigosas – resulta, segundo Chao Wu[45], por um lado, do facto de ter sido entendido que só os hidrocarbonetos persistentes são susceptíveis de provocar poluição em larga escala, e, por outro, do facto de as demais matérias perigosas não serem tipicamente transportadas em cargas homogéneas, circunstância que justificaria a criação, para as mesmas, de um regime de responsabilidade específico.

---

[43] Era diferente a redacção do artigo I/5 da CLC/69, na qual relevavam os "hidrocarbonetos persistentes", conceito que veio a ser restringido, na CLC/92, para "hidrocarbonetos minerais persistentes". Na verdade, segundo o artigo I/5 da CLC/69, *hidrocarbonetos* significava "quaisquer hidrocarbonetos persistentes, nomeadamente petróleo em bruto, fuelóleo, óleo diesel pesado, óleo de lubrificação e óleo de baleia, quer sejam transportados a bordo de um navio como carga, quer nos tanques de serviço do mesmo navio". A eliminação dos óleos que não fossem nem hidrocarbonetos nem minerais foi, depois, introduzida pelo não sucedido Protocolo de 1984 (cf., v. g., COMENALE PINTO, *La responsabilità per inquinamento da idrocarburi*, p. 40), influenciando, depois, a CLC/92. Já a noção de *oil* no "Oil Pollution Act" norte-americano é mais ampla (Sec. 1001, n.º 23), abrangendo substâncias perigosas ou nocivas, desde que não incluídas no CERCLA: "*oil* means oil of any kind or in any form (...)"; cf., v. g., KIERN, *Liability, compensation, and financial responsability under the Oil Pollution Act*, p. 509.

[44] Sobre as dificuldades, em concreto, de determinação do carácter persistente ou não persistente dos hidrocarbonetos, bem como sobre a relevância dessa distinção no campo dos seguros, cf., v. g., ALTFULDISCH, *Haftung und Entschädigung nach Tankerunfällen auf See*, p. 10.

[45] Cf. CHAO WU, *La pollution du fait du transport maritime des hydrocarbures*, p. 48 e ss..

Dentro do âmbito de aplicação da CLC[46], para cuja delimitação e recorte é essencial, repete-se, a precisa consideração das definições do artigo I[47], o artigo III responsabiliza, como dissemos, o *proprietário do navio*.

2.2. O proprietário do navio como sujeito passivo da canalização de responsabilidade

I. Conforme já referimos, a CLC é uma Convenção que, diversamente do que vimos acontecer na Convenção de Bruxelas de 1957, não se limita a estabelecer os termos em que alguém – no caso, o proprietário do navio – pode limitar a sua responsabilidade: ela vai bem mais longe, começando por centrar-se, a montante da limitação, na *imputação* de responsabilidade. O artigo III/1 da CLC é, de resto, a este propósito, eloquente: "O proprietário do navio (…) é responsável por qualquer prejuízo (…)".

---

[46] Assume também particular relevo a *delimitação espacial* do âmbito de aplicação da CLC/92, distinguindo o artigo II conforme se trate de "prejuízos devidos à poluição" ou "medidas de salvaguarda". Quanto aos primeiros, a CLC é aplicável quer aos prejuízos que sejam causados no território, incluindo o mar territorial, quer aos prejuízos que ocorram na zona económica exclusiva de um Estado contratante, em conformidade com o direito internacional; já no que concerne às medidas de salvaguarda, a Convenção é aplicável "onde quer que sejam tomadas, para prevenir ou reduzir tais prejuízos". Conforme destaca ALTFULDISCH, *Haftung und Entschädigung nach Tankerunfällen auf See*, p. 11, determinante para a CLC é o *local dos danos* e não o local da fuga ou descarga dos hidrocarbonetos. Em geral, sobre o regime do artigo II da CLC (cujo texto de 1969 se manteve incólume em 1992), cf. COMENALE PINTO, *La responsabilità per inquinamento da idrocarburi*, p. 41 e ss. e HWANG, *Die Reederhaftung für Ölverschmutzungsschäden*, pp. 57-58.

[47] Nessas definições não se encontra, pelo menos de forma clara, a definição do *arco temporal* de ocorrência dos prejuízos devidos à poluição, com relevo para a Convenção, questão que assume relevo significativo quando tais prejuízos sejam causados por derramamento no carregamento ou na descarga. Sendo, embora, certo que a redacção do artigo I/6 ("perda ou dano exterior ao navio causado por uma contaminação resultante de fuga ou descarga"), bem como a do artigo III/1 ("causado pelo navio") sugerem que os hidrocarbonetos já devem estar *a bordo* do navio, têm sido, no entanto, adiantadas interpretações diversas, das quais dá nota, v. g., ALTFULDISCH, *Haftung und Entschädigung nach Tankerunfällen auf See*, pp. 13-14.

Não haverá, assim, dúvidas de que, diversamente daquela Convenção de 1957, a CLC constitui uma convenção de responsabilidade civil[48] ou, mais precisamente – uma vez que a CLC não se limita a imputar, curando também da limitação – uma convenção mista de imputação e de limitação de responsabilidade civil. Sendo tal imputação feita ao *proprietário do navio*, importa saber, porque de tal depende a possibilidade de imputação, quem é *proprietário* e o que é *navio* para a CLC[49].

A CLC/69 definia *navio* (artigo I/1) como sendo "qualquer embarcação marítima ou engenho marinho, qualquer que seja, que transporte efectivamente, como carga, hidrocarbonetos a granel"[50]. A noção de *navio* tornou-se, entretanto, bem mais complexa, se não mesmo confusa, na CLC/92: "significa qualquer embarcação marítima ou engenho marítimo seja de que tipo for, construído ou adaptado para o transporte de hidrocarbonetos a granel como carga, desde que se trate de um navio com capacidade para o transporte de hidrocarbonetos e outros tipos de carga só deve ser considerado como um navio quando transporte, efectivamente, como carga, hidrocarbonetos a granel assim como durante qualquer viagem que se siga àquele transporte, a menos que se prove que não existem quaisquer resíduos de hidrocarbonetos a bordo originados por aquele transporte a granel". Tornou-se, agora, patente que a noção relevante de navio abarca também a viagem subsequente àquela em que se processou o transporte de hidrocarbonetos, extensão que abre caminho à inclusão, no âmbito da Convenção, de situações de lavagem de tanques[51].

Fora do âmbito de aplicação da CLC estão (artigo XI/1) os navios de guerra e outros navios que pertençam a um Estado ou que sejam por ele

---

[48] Cf., v. g., BERLINGIERI, *Il regime uniforme dela responsabilità per danni*, pp. 272-274 e HWANG, *Die Reederhaftung für Ölverschmutzungsschäden*, p. 36.

[49] Com referência às paralelas tarefas de identificação e de precisão, reportadas à Convenção de Bruxelas de 1957, cf. o nosso *Limitação de responsabilidade por créditos marítimos*, p. 228 e ss..

[50] Cf., sobre esta noção, por todos, HWANG, *Die Reederhaftung für Ölverschmutzungs- schäden*, p. 38 e ss. e CHAO WU, *La pollution du fait du transport maritime des hydrocarbures*, p. 52. Salientando e ilustrando (com referência ao caso *Olympic Bravery*) as insuficiências da noção de *navio* constante da CLC/69, cf. LUCCHINI, *Le procès de l'Amoco Cadiz*, p. 767.

[51] Cf., v. g., ALTFULDISCH, *Haftung und Entschädigung nach Tankerunfällen auf See*, p. 7.

explorados e afectados exclusivamente, no momento considerado, a um serviço não comercial do Estado[52].

O *proprietário* do navio é, por força da noção do artigo I/3 da Convenção, aquele em cujo nome o navio está registado. Sabendo-se da dificuldade continental em traduzir *owner* ou *shipower*[53], podemos dizer que, ao indicar como proprietário aquele que, como tal, está registado, a definição da Convenção introduziu uma maior certeza na identificação do sujeito a quem a responsabilidade é imputada[54]. Naturalmente que as dúvidas ressurgirão quando não haja registo, caso em que, nos termos do mesmo artigo I/3, o proprietário é "a pessoa ou as pessoas das quais o navio é propriedade".

II. O enfoque no proprietário do navio como sujeito responsável pelos *prejuízos devidos à poluição*, no sentido que esta expressão tem no artigo I/6 da Convenção, resulta, depois, mais nítido no artigo III/4, do qual resulta que: (*i*) o proprietário do navio só pode ser responsabilizado por prejuízos devidos à poluição (sempre no sentido do artigo I/6) com base na CLC[55] e que (*ii*) os lesados[56] não podem formular pedidos de indemnização por

---

[52] Cf., por todos, COMENALE PINTO, *La responsabilità per inquinamento da idrocarburi*, p. 71 e CHAO WU, *La pollution du fait du transport maritime des hydrocarbures*, pp. 52-53. A previsão do artigo XI/1 é complementada pela do artigo XII/2, de acordo com o qual, tratando-se de navios que pertençam a um Estado contratante e que sejam utilizados para fins comerciais, o referido Estado fica sujeito ao regime da Convenção.

[53] Cf., por todos, COMENALE PINTO, *La responsabilità per inquinamento da idrocarburi*, p. 62 e ss. e HWANG, *Die Reederhaftung für Ölverschmutzungsschäden*, p. 81 e ss..

[54] No entanto, o 2.º parágrafo do artigo I/3, introduzido na CLC/69 por iniciativa da URSS, prevê que, no caso de navios que sejam propriedade de um Estado e explorados por uma companhia que, nesse Estado, esteja registada como sendo a exploradora dos navios, a palavra "proprietário" designe essa companhia.

[55] Diz, sugestivamente, CHAO WU, *La pollution du fait du transport maritime des hydrocarbures*, p. 69, que "le propriétaire de navire bénéficie d'une immunité en dehors de la Convention". Chamando, justamente, a atenção para a redacção pouco feliz da tradução portuguesa do artigo III/4 da CLC/92, neste particular, cf. OLIVEIRA COELHO, *Poluição marítima por hidrocarbonetos e responsabilidade civil*, p. 100.

[56] O artigo III/4 não se reporta aos *lesados*, estabelecendo, em geral, a proibição de formulação de pedidos de indemnização contra as pessoas que refere nas suas alíneas; contudo, na prática, são os lesados que estão aqui em causa, já que o proprietário do navio responsabilizado sempre poderá agir contra as pessoas identificadas, conforme ressalva e remissão

prejuízos devidos à poluição, com base na CLC ou noutra fonte[57], contra as seguintes pessoas identificadas nas diversas alíneas:

a) funcionários ou agentes do proprietário ou membro da tripulação; *b*) piloto ou qualquer outra pessoa que, não sendo membro da tripulação, preste serviços ao navio; *c*) qualquer afretador (seja qual for o seu estatuto, incluindo o afretador de navio em casco nu), gestor ou operador do navio; *d*) qualquer pessoa que desenvolva operações de salvamento com o consentimento do proprietário ou de acordo com instruções de uma autoridade pública competente; *e*) qualquer pessoa que esteja a executar medidas de salvaguarda; e *f*) todos os funcionários ou agentes das pessoas mencionadas nas alíneas *c*), *d*) e *e*).

São, porém, ressalvadas as situações em que o prejuízo resulte de *acção* ou *omissão* destas pessoas com a *intenção* de causar tal prejuízo ou por imprudência e com o conhecimento de que tal prejuízo poderia vir a ocorrer: trata-se de situações em que é possível identificar *dolo – directo, necessário* ou *eventual* – ou *culpa grave* das pessoas referidas[58], não sendo, porém, de afastar a hipótese de atribuição de relevo a modalidadse menos

---

feitas no próprio artigo III/4 para o artigo III/5: "Nenhuma disposição da presente Convenção prejudicará os direitos de recurso do proprietário contra terceiros". É, assim, concebível a responsabilização *indirecta*, v. g., do afretador, que não goza, assim, propriamente, de uma verdadeira imunidade; cf., a propósito, GARCÍA-PITA Y LASTRES, *Responsabilidad civil por daños en el siniestro del Prestige*, pp. 448-449 e GARCÍA CACHAFEIRO, *Las empresas petroleras frente a los daños causados por las mareas negras*, p. 471 e ss..

[57] Para CHAO WU, *La pollution du fait du transport maritime des hydrocarbures*, p. 69, estas pessoas "bénéficient d'une immunité absolue dans la Convention ou en dehors de celle-ci"; cf. também Oliveira Coelho, *Poluição marítima por hidrocarbonetos e responsabilidade civil*, p. 106 e FOLEY / NOLAN, *The Erika judgement*, p. 50: "certain individuals or entities specified in CLC article III/4 who are affiliated with the shipowner in same way in connection with an oil pollution incident have immunity against compensation claims except in case of recklessness".

[58] Cf., v. g., GARCÍA CACHAFEIRO, *Las empresas petroleras frente a los daños causados por las mareas negras*, p. 468. Sobre os conceitos e modalidades de dolo, cf., na civilística portuguesa, por todos, ANTUNES VARELA, *Das obrigações em geral*, I[10], p. 569 e ss. e SINDE MONTEIRO, *Rudimentos da responsabilidade civil*, p. 369 e ss..

graves de culpa, à semelhança do que ocorre face à redacção do artigo 4 da Convenção de Londres de 1976[59].

Ora, ao estabelecer a responsabilidade do proprietário do navio e ao proibir, salvas as excepcionais situações em ressalva identificadas, o accionamento das pessoas que identifica no seu número 4[60], o artigo III da CLC consagra aquilo a que se convencionou chamar a *canalização* (*channelling*) da responsabilidade civil, a que nos referiremos especificamente *infra*[61].

Pode legitimamente questionar-se o porquê de a CLC responsabilizar o proprietário do navio quando, na grande maioria dos casos, os prejuízos por contaminação decorrem da carga transportada: pareceria, *ictu oculi*, lógico responsabilizar o dono da carga ou, então, o explorador do navio[62]. Porquê esta canalização para o proprietário do navio?

Foram, fundamentalmente, razões de ordem prática a presidir a esta opção[63]. Por um lado, foi entendido que a responsabilização dos carrega-

---

[59] Cf. o nosso *Limitação de responsabilidade por créditos marítimos*, p. 253 e ss. e *infra*, ponto 4.2.

[60] Proibição essa que, conforme bem refere ALTFULDISCH, *Haftung und Entschädigung nach Tankerunfällen auf See*, p. 21, não tem o propósito, pelo menos directo, de beneficiar tais pessoas. Essa proibição não atinge as pessoas que não se possam aí enquadrar, como é o caso do proprietário da carga transportada (cf. também *infra*, ponto 36.2.7); contudo, como bem salienta GARCÍA CACHAFEIRO, *Las empresas petroleras frente a los daños causados por las mareas negras*, p. 476, os casos de acção contra tais pessoas são muito raros, uma vez que os lesados terão de fazer a prova, nos termos gerais, da verificação dos requisitos da responsabilidade civil aquiliana, prova essa que não será fácil, já que os lesados terão de provar o nexo de causalidade entre a carga, *qua tale*, e o dano. Refira-se, porém, que, no domínio dos trabalhos preparatórios da CLC, foi equacionada – e afastada – a consagração da responsabilidade do proprietário da carga, conforme se pode ver, v. g., em HWANG, *Die Reederhaftung für Ölverschmutzungsschäden*, p. 78 e ss..

[61] Cf. *infra*, ponto 2.6.

[62] Cf., sobre a diversidade de opções colocadas no domínio dos trabalhos preparatórios, VIALARD, *La responsabilité des propriétaires de navires de mer*, p. 265 e ss.. Refira-se, a propósito, que a canalização em sede de danos pela utilização de energia nuclear é feita para o *explorador* da central; cf. *infra*, ponto 2.6/I.

[63] Cf., por todos, CHAO WU, *La pollution du fait du transport maritime des hydrocarbures*, pp. 64-65, ARROYO, *Problemas jurídicos relativos a la seguridad de la navegación marítima*, p. 50, CARBONE / CELLE / LOPEZ DE GONZALO, *Il Diritto Marittimo*[3], p. 162, GARCÍA--PITA Y LASTRES, *Responsabilidad civil por daños en el siniestro del Prestige*, pp. 445-446 e BRIGNARDELLO, *I luoghi di rifugio per le navi in pericolo*, pp. 424-425. Para uma referência

dores traria dificuldades relevantes às vítimas da poluição, desde logo por nem sempre ser fácil a respectiva identificação, tratando-se, para mais, de mercadoria normalmente transportada com base em conhecimentos de carga negociáveis[64]; por outro lado, no que respeita ao explorador do navio, como seja o afretador, foi determinante a circunstância de ser mais fácil a identificação do proprietário do navio do que a daquele que o explora; finalmente, foi também atribuída relevância ao facto de ser mais fácil a feitura de um seguro pelo proprietário do navio do que uma multiplicidade de seguros a fazer pelo armador para as várias expedições[65]. Não obstante, a polémica sobre este ponto, no domínio dos trabalhos da Convenção, acabaria por ser, se não responsável, pelo menos co-responsável, numa solução de compromisso[66], pela criação dos fundos de indemnização alimentados pelas companhias petrolíferas[67].

Cremos resultar claro do exposto que a solução da canalização da responsabilidade para o proprietário do navio é uma solução da CLC que só tem, portanto, vigência no domínio de aplicação desta Convenção: fora dele, qualquer canalização para qualquer sujeito necessitará de uma outra previsão normativa específica. Assim, se os danos de poluição não forem enquadráveis na definição do artigo I/6 da CLC/92, *maxime* por não decorrerem de *contaminação*, aberto estará o caminho para a responsabilização, nos termos gerais, verificados os pressupostos da responsabilidade civil

---

aos trabalhos preparatórios que dariam lugar à solução acolhida na CLC, cf., v. g., COMENALE PINTO, *La responsabilità per inquinamento da idrocarburi*, p. 62 e ss., BERLINGIERI, *Progetto di convenzione internazionale*, pp. 525-526, Id., *La conferenza di Bruxelles sui danni da polluzione da idrocarburi*, p. 507 e ss., PANNATIER, *La protection du milieu marin*, p. 53 e HWANG, *Die Reederhaftung für Ölverschmutzungsschäden*, p. 76 e ss..

[64] Refere-se VIALARD, *La responsabilité des propriétaires de navires de mer*, p. 266, a "difficultés inextrincables", *maxime* no caso em que, sendo conhecida a data do evento, não fosse possível determinar, com rigor, a propriedade da mercadoria; salienta também o autor (*op. cit.*, p. 269) o interesse das vítimas "qui doit d'abord être considéré".

[65] Cf., v. g., COMENALE PINTO, *La responsabilità per inquinamento da idrocarburi*, p. 66.

[66] Cf. CHAO WU, *La pollution du fait du transport maritime des hydrocarbures*, p. 67 e GARCÍA CACHAFEIRO, *Las empresas petroleras frente a los daños causados por las mareas negras*, p. 461.

[67] Cf. *infra*, ponto 5.

aquiliana, de qualquer das pessoas excluídas – nas relações externas – pelo artigo III/4 da CLC/92[68].

III. Conforme dissemos, o artigo III/1 da CLC/92 responsabiliza, de princípio, o proprietário do navio, à data do evento, por qualquer *prejuízo devido à poluição* causado pelo navio e resultante do evento.

A priori, o artigo III/1 da CLC, analisado sem considerar ainda a ressalva que faz dos números 2 e 3 do mesmo artigo, aponta para uma *responsabilidade objectiva* do proprietário do navio[69], não sendo exigida qualquer culpa do proprietário, em qualquer das suas modalidades. À primeira vista, temos, assim, que o proprietário do navio responde pelos prejuízos devidos à poluição – quaisquer – em consequência do evento, ainda que tenha actuado com mera culpa ou mesmo sem culpa alguma. A *canalização* da responsabilidade – consagrada, depois, no artigo III/4 – reforça, de resto, a ideia do carácter objectivo da responsabilidade[70].

Esclareça-se que não estamos, nesta sede, condicionados por qualquer obediência a um qualquer princípio de responsabilidade civil objectiva ambiental[71], desde logo porque a CLC não obedece, pelo menos puramente,

---

[68] Cf., sobre este ponto, GARCÍA CACHAFEIRO, *Las empresas petroleras frente a los daños causados por las mareas negras*, p. 468 e ss..

[69] A definição da natureza da responsabilidade foi uma das mais discutidas no âmbito dos trabalhos preparatórios da CLC, conforme dão nota, v. g., BERLINGIERI, *Progetto di convenzione internazionale*, p. 525, Id., *La conferenza di Bruxelles sui danni da polluzione da idrocarburi*, p. 504 e ss. e HWANG, *Die Reederhaftung für Ölverschmutzungsschäden*, p. 58 e ss..

[70] Cf., v. g., COMENALE PINTO, *La responsabilità per inquinamento da idrocarburi*, p. 65: "in un regime di imputazione dell'obbligazione risarcitoria che segua *sic et simpliciter* lo schema dell'imputazione in base alla sussistenza di una condotta colposa dell'agente, la previsione di una canalizzazione sembra priva di giustificazione"; cf. também BRIGNARDELLO, *I luoghi di rifugio per le navi in pericolo*, p. 425.

[71] Cf., em geral, JOÃO MENEZES LEITÃO, *Instrumentos de direito privado para protecção do ambiente*, p. 50 e ss., PEDRO SILVA LOPES, *Dano ambiental*, p. 48 e ss., Id., *Condicionantes da responsabilidade civil por danos causados ao ambiente*, p. 179 e ss., NEVES ANTUNES, *A responsabilidade internacional objectiva dos Estados por danos ambientais*, p. 157 e ss. e MARTIN, *Direito do ambiente*, p. 118 e ss.. Sobre os riscos de diluição da responsabilidade individual, que associa ao "salto para a responsabilidade objectiva", cf., recentemente, CARLA AMADO GOMES, *Risco e modificação do acto autorizativo*, p. 373 e ss..

ao figurino de convenções de Direito do Ambiente, sendo, antes, uma convenção de Direito Marítimo[72] que, no entanto, carrega em si manifestas preocupações ambientais.

É certo que a aparente "generosidade" do legislador a favor dos lesados (note-se o "qualquer prejuízo") está, *ab ovo*, fortemente restringida em virtude de a expressão "prejuízos devidos à poluição" estar, em si, limitada ao sentido definido no artigo I/6, sentido esse que, como vimos, está "cativo" do conceito de *contaminação*[73]; no entanto, dentro desses limites ou condicionalismos, não parece haver dúvidas de que o sentido que flui do artigo III/1 da CLC – ainda não considerando, repete-se, as suas ressalvas – é o de estarmos face a uma responsabilidade objectiva, um pouco numa lógica "polui-paga"[74]. A questão está, depois, em saber se o regime ressalvado, ou seja, o recorte negativo estabelecido na CLC, tem, a final, o efeito de alterar a qualificação da responsabilidade do proprietário do navio.

2.3. Recorte negativo da imputação da responsabilidade ao proprietário do navio

I. Consagrando a responsabilidade do proprietário do navio por prejuízos devidos à poluição, a CLC vem, depois, nos números 2 e 3 do artigo III, introduzir situações que recortam negativamente essa responsabilidade, atenuando, assim, os efeitos que uma responsabilidade objectiva absoluta carregaria[75].

---

[72] Cf., neste sentido, entre nós, OLIVEIRA COELHO, *Poluição marítima por hidrocarbonetos e responsabilidade civil*, p. 29 e ss.. Nesta "contraposição" entre "Direito do Ambiente" e "Direito Marítimo", não perdemos de vista o facto de o primeiro ser um direito transversal, "partilhado", assim, também pelo Direito Marítimo. Sobre a multidisciplinaridade do Direito do Ambiente, cf. VASCO PEREIRA DA SILVA, *Verde cor de Direito*, p, 44 e ss., Id., *Direito salpicado de azul e verde*, p. 863 e ss., Id., *Ensinar verde a Direito*, pp. 114-115; acentuando a transversalidade do Direito do Ambiente, cf. também CARLA AMADO GOMES, *O ambiente como objecto*, p. 27 e ss..

[73] Cf. *supra*, ponto 2.1/I.

[74] Cf., v. g., VASCO PEREIRA DA SILVA, *Verde cor de Direito*, p, 7 e ss. e ALEXANDRA ARAGÃO, *O princípio do poluidor-pagador*, *passim*.

[75] Esta situação é justificada por HWANG, *Die Reederhaftung für Ölverschmutzungsschäden*, p. 67, desta forma: "Um die scharfe Gefährdungshaftung zu mildern (...)".

O artigo III/2 da CLC elenca situações nas quais "o proprietário não será responsável" se provar que o prejuízo por poluição resultou de qualquer delas. Deixe-se, no entanto, desde já o alerta para o facto de a circunstância de o proprietário do navio se poder exonerar de responsabilidade não determinar que os lesados não possam ser compensados pelo Fundo e pelo Fundo Complementar, conforme veremos[76].

II. A *primeira situação* referida no artigo III/2 é [alínea *a)*] o facto de o prejuízo por poluição resultar "de um acto de guerra, de hostilidades, de uma guerra civil, de uma insurreição ou de um fenómeno natural de carácter excepcional, inevitável e irresistível". Estamos aqui, claramente[77], perante as clássicas situações de *caso fortuito* ou de *força maior*, cujo relevo, em sede de responsabilidade civil, tem sido destacado na doutrina[78]. A dúvida que se pode suscitar, provocada pelo confronto entre a redacção da alínea *a)* do artigo III/2, por um lado, e a das alíneas *b)* e *c)*, por outro, está em saber se, por exemplo, na situação em que o prejuízo por poluição resultar directamente de "um fenómeno natural de carácter excepcional, inevitável e irresistível", mas havendo, a montante, um erro de navegação do capitão que desviou o navio de uma rota segura, poderá o proprietário do navio exonerar-se de responsabilidade.

Alguma doutrina mostra-se, neste domínio, impressionada pelo facto de, na alínea *a)* do artigo III/2 não existir, diversamente do que ocorre nas

---

[76] Cf. *infra*, ponto 5.2.

[77] Não podemos deixar de acompanhar COMENALE PINTO, *La responsabilità per inquinamento da idrocarburi*, p. 129, na referência que faz à "sostanziale ambiguità" da expressão "fenómeno natural de carácter excepcional, inevitável e irresistível", já que "tali fenomeni, se pur non probabili, si presentano come una possibilità da tenere in conto nella navigazione marittima in generale, e quindi anche nel trasporto di idrocarburi via mare". Contudo, conforme bem destaca o autor, essa "anomalia" acaba por ser suprida pelo FIPOL, ao admitir a compensação nestes casos, em que o proprietário do navio se exonera; cf. *infra*, ponto 36.5. Interpretando a alínea *a)* do artigo III/2 da CLC, cf. também HWANG, *Die Reederhaftung für Ölverschmutzungsschäden*, p. 67 e ss., destacando o carácter fortemente restrito do fenómeno natural relevante, por ter de ser "excepcional", "inevitável" e "irresistível".

[78] Cf., desde logo, em geral e em termos de enquadramento, BRANDÃO PROENÇA, *A conduta do lesado*, p. 89 e ss., sobre a relação entre o *dano fortuito* e o princípio *casum sentit dominus*.

alíneas *b*) e *c*), a expressão "na totalidade" ("wholly caused"), concluindo, em conformidade, que a exoneração de responsabilidade do proprietário do navio acontece ainda que o exemplificado "acto de Deus" não tenha sido causa exclusiva[79]. Temos, contudo, reservas a este entendimento, que pode deixar os lesados sem qualquer indemnização, numa situação em que a exposição à "ira de Deus" tenha tido na sua base um acto culposo do capitão. Parece-nos, assim, que haverá que retirar todo o potencial do facto de a lei exigir, quanto ao fenómeno natural, que o mesmo seja "inevitável e irresistível"; ora, se o capitão de um navio, que tem (ou deveria ter) conhecimento de uma grande tempestade, ainda assim, sai do porto, afrontando-a, não nos parece que a sujeição à tempestade tenha o carácter de inevitabilidade e irresistibilidade exigidos na Convenção[80].

A *segunda situação* referida no artigo III/2 é [alínea *b*)] um *facto de terceiro* deliberadamente praticado ou omitido com a intenção de causar um prejuízo, em termos de o prejuízo por poluição resultar *na totalidade*[81] desse facto: não sendo o facto de terceiro "responsável" na totalidade, não funciona a ressalva da alínea *b*), aplicando-se a regra do número 1 do artigo[82].

---

[79] Assim CHAO WU, *La pollution du fait du transport maritime des hydrocarbures*, p. 75, manifestando, embora, algumas reticências, e, entre nós, OLIVEIRA COELHO, *Poluição marítima por hidrocarbonetos e responsabilidade civil*, pp. 81-82.

[80] Refira-se, a propósito, o facto de a noção de *act of God*, constante do *Oil Pollution Act* norte-americano (Sec. 1001, n.º 1), postular que o mesmo seja não só "unanticipated" mas também imprevisível e inevitável: "*act of God* means an unanticipated grave natural disaster or other natural phenomenon of an exceptional, inevitable, and irresistible character the effects of which could not have been prevented or avoided by the exercise of due care or foresight".

[81] Realçando este requisito – que, como já dissemos, consta também da alínea *c*) do artigo III/2 – cf. CHAO WU, *La pollution du fait du transport maritime des hydrocarbures*, pp. 74-75; entre nós, cf. OLIVEIRA COELHO, *Poluição marítima por hidrocarbonetos e responsabilidade civil*, p. 80 e ss..

[82] Como refere CHAO WU, *La pollution du fait du transport maritime des hydrocarbures*, p. 75, esta causa de exclusão supõe, tal como a da alínea *c*), uma *causalidade exclusiva*; cf. também OLIVEIRA COELHO, *Poluição marítima por hidrocarbonetos e responsabilidade civil*, pp. 93-94.

É mister que o terceiro tenha *intenção* ("intent") de causar um prejuízo[83]: face a esta redacção, cremos poder afirmar que, tratando-se de pessoa imputável, terá de haver dolo, se não directo, pelo menos necessário; contudo, se se tratar de pessoa não imputável, bastará a estrita *intenção*, numa lógica finalista, que, como é sabido, não depende da imputabilidade[84]. De resto, o que é aqui equacionado não é a responsabilidade do terceiro[85] mas, antes, a eventual exclusão de responsabilidade do proprietário do navio por facto (intencional) de terceiro.

A *terceira situação* cuja verificação permite afirmar a não responsabilidade do proprietário do navio é, também ela, um *facto de terceiro*. Não se trata, porém, de um terceiro qualquer: o prejuízo por poluição deve resultar [alínea c)] – e, também ele, *na totalidade* – "da negligência ou de qualquer outra acção prejudicial de um Governo ou de outra autoridade responsável pelo bom funcionamento dos faróis ou de outros auxiliares da navegação praticada no exercício destas funções"[86].

---

[83] O *prejuízo* relevante não tem de ser um "prejuízo devido à poluição"; cf. também Bonassies, *Après l'Erika: les quatre niveaux de réparation des dommages*, p. 1572, ilustrando com o exemplo de um ataque de piratas a um petroleiro.

[84] Acentuando a necessidade de *intent*, mas sem deixar de realçar a dificuldade de delimitação das situações que tal conceito abrange ("was der Schuldbegriff *intent* umfasst, lässt sich nicht leicht beantworten"), cf. Hwang, *Die Reederhaftung für Ölverschmutzungsschäden*, p. 69. Desconsiderando o facto de a Convenção exigir *intenção* ("deliberadamente"), cf. Oliveira Coelho, *Poluição marítima por hidrocarbonetos e responsabilidade civil*, p. 93, para quem a circunstância de a lei falar em *facto* demonstraria que a exclusão não depende da culpa de terceiro – conclusão intercalar esta que acompanhamos – mas, antes, como *facto de terceiro*, "relevando assim, para efeitos deste artigo, um simples facto mesmo não intencional".

[85] Mais pragmático e eficaz é o *Oil Pollution Act* norte-americano, que trata da responsabilidade de "third parties" [Sec. 1002, alínea d)], podendo uma "third party" ser considerada "responsible party"; cf., v. g., Kiern, *Liability, compensation, and financial responsibility under the Oil Pollution Act*, p. 525 e ss..

[86] Sobre o conceito de "outros auxiliares da navegação", cf., v. g., Berlingieri, *La conferenza di Bruxelles sui danni da polluzione da idrocarburi*, p. 509, Id., *La nozione di "maintenance" e di "other navigational aids"*, *passim*. No caso do navio *Tsesis*, esteve em causa decidir se as cartas náuticas podiam constituir um "auxiliar da navegação", para efeitos da alínea c) do artigo III/2 da CLC, tendo o Supremo Tribunal sueco decidido nesse sentido (Sentença de 13 de Maio de 1983, in DM 1984, p. 381 e ss.); cf., em apoio, v. g., Bonassies, *Après l'Erika: les quatre niveaux de réparation des dommages*, p. 1572.

2.4. Conclusão pela natureza objectiva da responsabilidade do proprietário do navio

I. As situações enumeradas no artigo III/2, que afastam a responsabilidade do proprietário do navio por prejuízos devidos à poluição, descaracterizam a natureza objectiva da sua responsabilidade, em termos de, a final, esta dever ser considerada como responsabilidade subjectiva presumida, à semelhança da responsabilidade por actividades perigosas consagrada no artigo 493/2 do Código Civil[87]?

Não nos parece que uma tal conclusão seja possível. Na verdade, nenhuma das citadas alíneas altera o fundamento da responsabilidade do proprietário do navio, em termos de a mesma passar a estar dependente de culpa ou em termos de o mesmo proprietário ter de ilidir uma presunção de culpa. Estamos, antes, perante situações que recortam os termos e o âmbito da responsabilidade objectiva firmada no artigo III/1[88].

---

[87] É neste último sentido que parece, *ictu oculi*, pronunciar-se, entre nós, OLIVEIRA COELHO, *Poluição marítima por hidrocarbonetos e responsabilidade civil*, p. 128 e ss.. A posição do autor revela-se, porém, em rigor, imprecisa e quiçá contraditória: se, por um lado, sustenta que a CLC/92 não previu "qualquer tipo de responsabilidade objectiva" e que o regime se "aproxima do conteúdo do artigo 493/2 CC, embora algo distante do rigor deste último" (*op. cit.*, p. 129), noutro passo (ainda *op. cit.*, p. 129) considera que a circunstância de o artigo III/2, alínea *a*) da CLC se bastar com a prova de a poluição ter resultado, ainda que só parcialmente, do condicionalismo dessa alínea, seria demonstrativo de que estamos "bem longe do condicionalismo do citado artigo 493/2 do CC". Se bem interpretamos, pese embora a invocação do regime do artigo 493/2 do CC, o autor partilha, a final, o entendimento de que estaremos perante uma presunção de responsabilidade (que não de culpa).

O problema é também abordado por BRANDÃO PROENÇA, *A conduta do lesado*, p. 241, onde nos parece ver sustentada a existência de uma responsabilidade *objectiva* associada a actividades perigosas. Na doutrina estrangeira, destaque-se o facto de RODIÈRE, *Introduction. L'armement*, p. 660, se referir a uma "presunção de responsabilidade", o que é, naturalmente, diferente de uma presunção de culpa; de resto, nesta linha, o autor esclarece (*op. cit.*, p. 661) que "ce n'est pas non plus une présomption de faute". Em escrito posterior (RODIÈRE / REMOND-GOUILLOUD, *La mer*, p. 109), o autor partilha da ideia de que se trata de uma responsabilidade objectiva. Seguindo a primeira posição de Rodière, pode ver-se, entre nós, VASCONCELOS ESTEVES, *Introdução. Armamento*, p. 101.

[88] A caracterização da responsabilidade do proprietário do navio como *objectiva* é partilhada por larga doutrina; cf., v. g., VIALARD, *La responsabilité des propriétaires de navires de mer*, p. 273 e ss., HERBER, *Seehandelsrecht*, p. 193, CARBONE / CELLE / LOPEZ

II. Mas importa ainda testar, em definitivo, a afirmada responsabilidade objectiva do proprietário do navio com o regime do artigo III/3 da CLC, o qual atribui relevância, em determinados termos, ao *facto do lesado*, para efeitos da não responsabilização do proprietário do navio. Mais concretamente, o artigo III/3 prevê que o proprietário do navio possa ser isento, total ou parcialmente, de responsabilidade relativamente ao lesado se demonstrar que o prejuízo por poluição resultou, no todo ou em parte, de uma acção ou de uma omissão dessa pessoa lesada, quer com intenção de causar um prejuízo quer negligentemente. Trata-se, seguramente, quer em si, quer recorrendo à dogmática geral da responsabilidade civil (artigo 570 CC)[89], de uma situação que não se confunde com a da alínea *b*) do artigo III/2, acima referida, sendo, justificadamente, autonomizada[90].

De resto, são patentes as seguintes diferenças: (*i*) o facto de terceiro da alínea *b*) do artigo III/2 só releva se o prejuízo por poluição dele resultar *na totalidade*; ao invés, o facto do lesado releva ainda que o prejuízo por poluição dele resulte *em parte*; (*ii*) o facto de terceiro da alínea *b*) do artigo III/2 tem de ser intencional, em ordem à verificação do prejuízo, o que quer

---

DE GONZALO, *Il Diritto Marittimo*³, p. 162, BONELLI, La *limitazione della responsabilità armatoriale*, p. 139 e ss., VINCENZINI, *Profili assicurativi della responsabilità civile*, p. 979, BERLINGIERI, *Il sistema internazionale di risarcimento dei danni causati da inquinamento da idrocarburi*, p. 4, LUCCHINI, *Le procès de l'Amoco Cadiz*, p. 764, CHAO WU, *La pollution du fait du transport maritime des hydrocarbures*, p. 72 e ss., VIALARD, *Faut-il réformer le régime d'indemnisation des dommages de pollution par hydtrocarbures?*, p. 437, ARROYO, *Problemas jurídicos relativos a la seguridad de la navegación marítima*, p. 50, Id., *Curso de derecho marítimo*², p. 758 e ss., GARCÍA CACHAFEIRO, *Las empresas petroleras frente a los daños causados por las mareas negras*, p. 463, MÁRIO RAPOSO, *Direito Marítimo – Uma perspectiva*, p. 372, HWANG, *Die Reederhaftung für Ölverschmutzungsschäden*, p. 58 e ss., MASON, *Civil liability for oil pollution damage*, p. 2, JACOBSSON, *The international regime on liability and compensation for oil pollution damage revisited*, p. 275, FOLEY / NOLAN, *The Erika judgement*, p. 49, SABRINA ROBERT, *L'Érika*, p. 31 e PANNATIER, *La protection du milieu marin*, p. 52.

[89] Cf., por todos, BRANDÃO PROENÇA, *A conduta do lesado*, pp. 19 e ss. e 30 e ss. e também SANTOS JÚNIOR, *Especialização e mobilidade temática do Direito Comercial Internacional*, p. 163 e ss., Id., *"Mitigation of damages", redução de danos pela parte lesada e "culpa do lesado"*, passim.

[90] Cf. também OLIVEIRA COELHO, *Poluição marítima por hidrocarbonetos e responsabilidade civil*, pp. 95-96.

dizer que, tratando-se de terceiro imputável, terá de ser doloso; ao invés, o facto do lesado não tem de ser necessariamente intencional, bastando a mera negligência, mesmo a inconsciente; (*iii*) o facto de terceiro da alínea *b*) do artigo III/2 determina – diríamos *ipso iure* – a isenção (total) de responsabilidade do proprietário do navio; ao invés, o facto do lesado apenas pode determinar essa isenção, total ou parcialmente.

Pergunta-se, agora, se esta relevância do comportamento do lesado[91] permite inverter a afirmação, acima feita, da responsabilidade objectiva do proprietário do navio. No nosso entender, uma tal inversão não tem lugar: tal como em relação às situações do artigo III/2, o *facto relevante* do lesado não subjectiviza a responsabilidade do proprietário do navio, colocando-se a nível da obrigação de indemnização[92] e tendo o efeito de poder diminuir – ou até excluir – o dever de indemnizar relativamente àquela pessoa concreta.

Concluímos, assim, que a responsabilidade do proprietário do navio consagrada no artigo III/1 da CLC tem a natureza de *responsabilidade objectiva*, não podendo militar em sentido diverso o facto[93] de o proprietário do navio se poder exonerar provando [alínea *a*) do artigo III/2] a ocorrência de "um fenómeno natural de carácter excepcional, inevitável e irresistível", ou qualquer das situações elencadas nas demais alíneas do artigo III/2. Na verdade, independentemente do que tenha ocorrido no domínio dos trabalhos preparatórios da CLC[94], a verdade é que nenhuma das alíneas do artigo III/2, ou mesmo o artigo III/3, permite afirmar que o proprietário do navio tem o ónus de demonstrar que não teve culpa – ou, na terminologia do artigo

---

[91] À "responsabilização do lesado" refere-se, nesta sede, OLIVEIRA COELHO, *Poluição marítima por hidrocarbonetos e responsabilidade civil*, pp. 98-99, mas fá-lo, em nosso entender, com menos propriedade, já que não se trata de responsabilizar o lesado mas de erigir um comportamento deste em circunstância que desresponsabiliza o proprietário do navio.

[92] Cf., por todos, BRANDÃO PROENÇA, *A conduta do lesado*, p. 20: "Mais concretamente, a questão fundamental, que aqui se coloca, é a de saber se o lesado tem direito a ser ressarcido nos casos em que tenha *concorrido*, com a conduta do lesante, para o seu dano, bem como nas hipóteses em que, apesar de uma certa "interferência do agente material, o dano é de imputar *exclusivamente* ao mesmo lesado".

[93] Assim OLIVEIRA COELHO, *Poluição marítima por hidrocarbonetos e responsabilidade civil*, pp. 120 e 121 e ss..

[94] Cf. OLIVEIRA COELHO, *Poluição marítima por hidrocarbonetos e responsabilidade civil*, p. 121.

493/2 do Código Civil, de demonstrar "que empregou todas as providências exigidas pelas circunstâncias com o fim de os prevenir" – ónus esse cuja identificação seria essencial para afirmar a existência de uma situação de culpa presumida[95].

O exposto não desconsidera o facto de a situação do citado artigo 493/2[96] constituir, no quadro das presunções de culpa, uma situação especial, por se tratar, digamos, da situação mais objectiva dentro das subjectivas. Contudo, essa especificidade do artigo 493/2 não permite descaracterizar a culpa presumida e a matriz da responsabilidade subjectiva, presentes no artigo 493/2, como não permite, por outro lado, que se tome a nuvem por Juno e que, à revelia do regime plasmado no artigo III da CLC, se conclua haver responsabilidade subjectiva pela circunstância de o transporte de hidrocarbonetos constituir uma actividade perigosa.

Remata-se, assim, com a nota de que não é difícil encontrar no elenco de situações excepcionais[97] de responsabilidade objectiva actividades perigosas, mas não é por esta circunstância que a responsabilidade com a mesma conexa se converte em objectiva.

III. Olhando para a opção tomada pela CLC, volvidos alguns anos, não se vê que outra pudesse ser a solução gizada para a responsabilidade do proprietário do navio, que não a da *responsabilidade objectiva*.

Substancialmente, está em causa o risco do transporte de hidrocarbonetos, altamente potenciador de danos vultuosos, quadro esse de risco-tragédia, claramente incompatível com uma lógica de responsabilidade subjectiva, ainda que presumida. Em alternativa ao sistema de responsabilidade

---

[95] Culpa presumida que – tal qual, de resto, a responsabilidade objectiva – tem, reconhecidamente, cariz excepcional; cf., por todos, CALVÃO DA SILVA, *Responsabilidade civil do produtor*, p. 366 e ss..

[96] Uma enunciação de actividades caracterizáveis como perigosas, para efeitos do disposto no artigo 493/2 do Código Civil, pode ser vista em BRANDÃO PROENÇA, *A conduta do lesado*, p. 480, nota 1588 e em MENEZES LEITÃO, *Direito das obrigações*, I[8], p. 328, nota 696; articulando o regime do artigo 493/2 com as normas fundadas no risco, cf. SOUSA RIBEIRO, *O ónus da prova da culpa na responsabilidade civil por acidente de viação*, pp. 418 e ss. e 456 e ss.. Dando nota da dificuldade na identificação de um "critério de perigosidade", cf. ÁLVARO DIAS, *Dano corporal*, p. 71 e ss..

[97] Cf., por todos, MENEZES LEITÃO, *Direito das obrigações*, I[8], p 366 e ss..

objectiva, poderiam ser instituídas, em alternativa ou cumulativamente, as seguintes soluções: (*i*) suportação do risco pela comunidade de profissionais do sector, envolvendo proprietários e carregadores, numa lógica de "pool", sendo depois, eventualmente, repercutidas sobre o membro causador do acidente as consequências – ou, pelo menos, algumas consequências – a nível de encargos; ou (*ii*) transferência e suportação integral do risco com recurso a soluções seguradoras.

Qualquer das soluções referidas teria a vantagem de assegurar – importaria definir até que ponto – aos lesados o ressarcimento de danos mas teria a desvantagem objectiva de desagravar a posição do causador do risco perante os lesados, para além de, a final, o peso económico da suportação recair sobre os consumidores finais.

2.5. A imputação plural e solidária

I. O artigo IV da CLC refere-se à situação em que o evento envolva dois ou mais navios, resultando do mesmo prejuízos devidos à poluição: nesse caso, os proprietários dos navios envolvidos serão *solidariamente responsáveis* pela totalidade do prejuízo que não for razoavelmente divisível, sem prejuízo de qualquer deles se poder exonerar[98], tendo fundamento para tal, nos termos do artigo III.

Este regime reveste um interesse especial para os casos de abalroação, parecendo seguro que as fugas ou descargas de hidrocarbonetos que provoquem os prejuízos devidos à poluição não têm que resultar de todos os navios envolvidos[99]. Ora, isto tem por efeito a introdução, em sede de

---

[98] A remissão para o artigo III é apenas, conforme é lógico – e resulta da letra do artigo IV, na sua versão em língua inglesa ("unless exonerated under Article III"), mas não na portuguesa ("sob reserva do disposto no artigo III") – para as *causas de exoneração*. Tratando-se de situações que envolvem vários proprietários de navios, os quais mantêm, face aos lesados, posições autónomas, pese embora a consagração, à partida, do regime da solidariedade, parece igualmente lógico que a exoneração possa beneficiar apenas um (ou alguns) dos proprietários em causa.

[99] Diverso era o regime face ao artigo IV da CLC/69, de cuja redacção o correspondente artigo da CLC/92 se pretendeu afastar. No regime de 1969, a responsabilidade solidária dos proprietários dos navios pressuponha que as fugas ou descargas se tivessem produzido

abalroação[100], de um regime de responsabilidade específico das situações em que haja "prejuízos devidos à poluição" (artigo I/6 da CLC/92): assim, se o navio *A* abalroa o navio *B*, em consequência do que este último derrama hidrocarbonetos provocando prejuízos relevantes face à CLC, numa situação em que é identificada *simples negligência* do primeiro navio, de acordo com o regime geral da abalroação de navios, os prejuízos decorrentes do evento seriam integralmente suportados pelo navio abalroador[101]; porém, se se tratar de *navios* como tal caracterizados face à CLC/92 (artigo I/1)[102], havendo "prejuízos devidos à poluição" os proprietários dos dois navios são solidariamente responsáveis, face aos lesados, por tais prejuízos[103], uma vez que o proprietário do navio *B* não logrará exonerar-se de responsabilidade, atento o facto de a situação não se enquadrar na causa de exoneração da alínea *b)* do artigo III/2, por não ter havido *intenção*, por parte do terceiro (no caso, o proprietário do navio *A*) de causar um prejuízo.

Porém, havendo dolo de um dos proprietários dos navios envolvidos, o segundo navio poderá exonerar-se de responsabilidade, nos termos do próprio artigo IV, quando remete para as causas de exoneração do artigo III.

---

em mais do que um navio; cf., a propósito, Hwang, *Die Reederhaftung für Ölverschmutzungsschäden*, p. 72 e ss. e Oliveira Coelho, *Poluição marítima por hidrocarbonetos e responsabilidade civil*, pp. 87-88.

[100] Em geral, sobre o regime de responsabilidade nas situações de abalroação de navios, cf. o nosso *Direito Marítimo*, IV, p. 140 e ss..

[101] Cf. o nosso *Direito Marítimo*, IV, p. 143 e ss..

[102] Este é, naturalmente, um pressuposto do regime plasmado no artigo IV; cf., com referência a idêntico pressuposto no artigo IV da CLC/69, Chao Wu, *La pollution du fait du transport maritime des hydrocarbures*, p. 75 e Hwang, *Die Reederhaftung für Ölverschmutzungsschäden*, p. 72.

[103] Naturalmente que esse regime especial vale nos seus estritos limites: assim, quanto aos danos que não devam ser qualificados como *prejuízos devidos à poluição*, nos termos do artigo I/6 da CLC, valerá o regime geral da abalroação. De qualquer modo, quanto aos prejuízos devidos à poluição, sendo a indemnização satisfeita pelo proprietário do navio A, o mesmo terá, logicamente, direito de regresso face ao navio B, nos termos gerais da solidariedade passiva; cf., a propósito, o nosso *Assunção fidejussória de dívida*, p. 247 e ss.. Especificamente centrado no artigo IV da CLC, cf. Hwang, *Die Reederhaftung für Ölverschmutzungsschäden*, p. 73.

II. O artigo IV não se refere à situação em que o prejuízo devido à poluição seja provocado por um único navio pertença de vários proprietários, hipótese esta que está prevista na noção de *proprietário* de navio, constante do artigo I/3 ("pessoa ou pessoas responsáveis"). Não parece, no entanto, haver dúvidas, face à Convenção – dúvidas essa que, de resto, também não aconteceriam no direito interno português, atento o regime plasmado no artigo 497/1 do Código Civil[104] – de que, nesse caso, os vários proprietários respondem também em termos solidários. É essa a única conclusão compatível, a um tempo, com a lógica da imputação da CLC e com o regime plasmado no seu artigo IV.

2.6. A canalização da responsabilidade para o proprietário do navio

I. O berço da teorização da canalização da responsabilidade, tal como se apresenta na CLC/92, terá sido o campo da responsabilidade civil em matéria de danos nucleares, tendo obtido expressa consagração, desde logo, no artigo 6 da Convenção de Paris de 1960 (ou Convenção Paris-Bruxelas, a partir do Protocolo de 1963), bem como no artigo IV da Convenção de Viena de 1963, ambas relativas à responsabilidade civil em matéria de danos nucleares[105]: nestas convenções, a responsabilidade é canalizada para o *explorador*[106]. Trata-se, nas duas situações, da chamada *canalização*

---

[104] Sobre este, cf., por todos, ALMEIDA COSTA, *Direito das obrigações*[10], pp. 590 e ss. e 606 e ss..

[105] Para uma panorâmica geral das convenções internacionais em matéria de responsabilidade civil por danos nucleares, cf., v. g., AYLLÓN DÌAZ-GONZÁLEZ, *Derecho nuclear*, p. 721 e ss..

[106] Cf., v. g., PELZER, *Begrenzte und unbegrenzte Haftung im deutschen Atomrecht*, p. 11, que enuncia os seguintes "Haftungsprinzipien", em sede de direito nuclear: (*i*) Responsabilidade objectiva, (*ii*) canalização da responsabilidade para o "operator", (*iii*) estabelecimento de limites de responsabilidade, (*iv*) limitação temporal de responsabilidade, (*v*) necessidade de cobertura de risco por uma garantia financeira e (vi) intervenção prestacional do Estado em casos de danos vultuosos; cf. também AYLLÓN DÌAZ-GONZÁLEZ, *Derecho nuclear*, p. 753 e ss., apresentando a canalização da responsabilidade para o explorador da actividade como uma das características do regime especial de responsabilidade por danos nucleares, ao lado da limitação de responsabilidade, da objectivação da responsabilidade, da responsabilidade solidária no caso de concorrência de causas e da obrigação de garantir a responsabilidade.

jurídica[107], ou seja daquela que determina a exclusão da responsabilidade de outras pessoas relativamente às quais poderia verificar-se uma imputação de responsabilidade nos termos gerais do instituto da responsabilidade civil, *maxime* da aquiliana. Damos a palavra a Isabel Magalhães Collaço[108]: "A consagração desse princípio [o princípio da canalização da responsabilidade], na sua fórmula pura, faz com que o lesado por um acidente nuclear só possa invocar o direito a ser indemnizado, com base no regime especial de responsabilidade própria do risco nuclear, contra a pessoa que a lei expressamente designar responsável pelo acidente e que será em regra o titular da licença de exploração da instalação nuclear". Na sua fórmula pura, a canalização jurídica – que anda tipicamente associada à *responsabilização objectiva* daquele para quem é feita a canalização[109] – determina

---

[107] Cf., v. g., KANNO, *Gefährdungshaftung und rechtliche Kanalisierung im Atomrecht*, p. 9 e, com referência específica à CLC/69, HERBER, *Das internationale Übereinkommen über die Haftung für Schäden durch Ölverschmutzung auf See*, p. 240. A doutrina da especialidade tem identificado outros tipos de canalização, com destaque para a *canalização económica*; cf., v. g., KANNO, *op. cit.*, pp. 10-11, MOHR, *Die Kanalisierung der Haftung unter besonderer Berücksichtigung des Atomrechts*, p. 39 e ss. e BLOMEYER, *Die Kanalisierung der Haftung aus Versicherungsrechtlicher Sicht*, p. 1 e ss.; cf. ainda o clássico estudo de WEITNAUER, *Die Kanalisierung der Haftung im Versicherungsrecht*, p. 666 e ss. e o recente de LAGONI, *The liability of classification societies*, p. 260, detacando a diferença entre *legal channeling* e *economic channelling*.

[108] ISABEL MAGALHÃES COLLAÇO, *Problemas jurídicos no domínio do risco nuclear*, p. 39.

[109] Não tinha, porém, que ser necessariamente assim, podendo, facilmente conceber-se uma responsabilidade objectiva do *operator* sem canalização, assim como seria imaginável uma canalização (não pura) para alguém sobre quem recairia uma presunção de culpa, no quadro da responsabilidade subjectiva pelo exercício de actividades perigosas. Refira-se, aliás, o facto de, nos anos 50-60 do século passado, antes da Convenção de Paris e da sua divulgação, a discussão, nos países latinos, à volta da responsabilidade civil em matéria de danos nucleares desconhecer praticamente a canalização, estando centrada na alternativa entre a responsabilização objectiva e a presunção de culpa por exercício de actividades perigosas: cf., v. g., GRASSETTI, *Il regime giuridico della responsabilità civile*, p. 429 e ss. (mas referindo-se já, a pp. 436, à "mal detta" canalização da responsabilidade); cf., entre nós, VAZ SERRA, *Responsabilidade pelos danos causados por instalações de energia eléctrica ou gás*, p. 149 e ss.. Nos estudos posteriores, destacamos DE MARTINO, *La responsabilità civile nelle attività pericolose e nucleari*, *passim*.

que aquele em cuja esfera se concentra a responsabilidade só em situações excepcionais tenha um direito de regresso em relação a outros sujeitos[110].

Analiticamente, falar de canalização da responsabilidade corresponde a uma situação na qual é identificável uma *imputação específica* – no caso, ao proprietário do navio – e uma ou mais *desimputações externas*[111], traduzidas na consagração, *ex lege*, da *ineficácia*, face aos lesados, de imputações operadas ou operáveis nos termos gerais de direito, *maxime* nos termos do artigo 483 do Código Civil. Nas situações puras, acima referidas, as desimputações não serão apenas externas – ou seja, nas relações directas com os lesados – sê-lo-ão também face àquele que seja destinatário da imputação específica; nesses casos, a desimputação não opera a mera ineficácia das imputações gerais face aos lesados titulares de direitos de indemnização, mas, antes, a radical paralisação dessas imputações, que não funcionarão, sequer, a nível das relações internas.

II. A canalização para o proprietário do navio da responsabilidade por prejuízos devidos à poluição carrega, em si, diversas dificuldades, quando encaramos a situação pelo prisma da garantia do crédito: *a priori*, a canalização para o proprietário do navio – isolando-o[112] face aos demais responsáveis – se não for acompanhada de medidas de garantia de satisfação do crédito, corre o risco de se revelar prejudicial ao lesado, conforme se torna evidente se pensarmos na situação em que o prejuízo resulta de um acto ou omissão do capitão, numa situação de fretamento em casco nu. Ora, neste caso, a aplicar-se o regime comum do Decreto-Lei 202/98, o lesado teria a garantia de poder responsabilizar o capitão, o armador e até mesmo o proprietário do navio, tudo conforme resulta claramente dos artigos 4 e 6 do citado diploma[113]. Na verdade, é a solidariedade passiva, que não a imputação canalizada, que dá ao credor a posição de "pachá jurídico" de

---

[110] Cf., por todos, DÄUBLER, *Haftung für gefährliche Technologien*, pp. 12-13 e SABRINA ROBERT, *L'Érika*, p. 35 e ss..

[111] Essas desimputações exoneram os sujeitos diversos do proprietário do navio mas exoneram também – de novo externamente – esse mesmo proprietário, no que respeita aos prejuízos devidos à poluição cuja imputação pudesse operar por via diversa da CLC.

[112] A expressão é de RODIÈRE, *Responsabilité civile et risque atomique*, p. 11, no quadro da canalização da responsabilidade civil por danos nucleares.

[113] Cf. o nosso *Limitação de responsabilidade por créditos marítimos*, p. 147 e ss..

que falava Heck[114], realçando, assim, a função de segurança e garantia do crédito conseguida pela existência de vários devedores solidários[115].

Neste quadro, a apresentação da canalização da responsabilidade para o proprietário do navio, com a consequente e aparente liberação – ainda que apenas externa[116] – do capitão e do armador não proprietário como uma vantagem para os lesados, não se nos mostra, sempre numa abordagem apriorística, plenamente convincente[117], uma vez que retira ao lesado, titular do crédito de indemnização, as garantias constituídas pelos patrimónios dos sobreditos capitão e armador.

A resposta da CLC[118] a esta perplexidade está na instituição de um *seguro* obrigatório[119], conforme resulta do artigo VII, seguro esse que se destina "a cobrir a sua [do proprietário] responsabilidade por prejuízos causados por poluição, em conformidade com as disposições da presente Convenção" (artigo VII/1)[120].

---

[114] HECK, *Gründiss des Schuldrechts*, p. 234.

[115] Cf., a propósito, o nosso *Assunção fidejussória de dívida*, p. 100 e ss..

[116] Sobre a necessidade de distinguir os planos das relações *externas* das *internas*, na solidariedade passiva, cf. o nosso *Assunção fidejussória de dívida*, p. 213 e ss. e 232 e ss..

[117] De resto, esta fragilidade do sistema de canalização era destacada por ISABEL MAGALHÃES COLLAÇO, *Problemas jurídicos no domínio do risco nuclear*, p. 39, no domínio específico da responsabilidade civil por danos nucleares: "O princípio da canalização da responsabilidade, fazendo desaparecer a pluralidade de responsáveis e o concurso de direitos ou acções do lesado, envolve, por isso um sacrifício dos interesses da pessoa prejudicada, que importa justificar".

[118] Referimo-nos, frise-se, estritamente à CLC, que não ao conjunto formado pela CLC/FIPOL ou ao conjunto formado pela CLC/FIPOL/Fundo Complementar; cf. *infra*, ponto 5.

[119] Refere-se MÁRIO RAPOSO, *Segunda (e última) reflexão*, p. 687, ao seguro obrigatório como "elemento central do sistema CLC". Em alternativa ao seguro, o artigo VII/1 da CLC admite uma *garantia financeira*, dando como exemplo uma garantia bancária ("a guarantee of a bank") ou um certificado emitido por um fundo internacional de indemnização. Normalmente, os seguros são feitos por *P&I Clubs* (*Protection and Indemnity Clubs*) constituídos por proprietários de navios-tanque com o fim de dar cobertura seguradora aos seus membros: cf., v. g., GARCÍA CACHAFEIRO, *Las empresas petroleras frente a los daños causados por las mareas negras*, p. 463; cf. também CARBALLO-CALERO / TORRES PÉREZ, *Aseguramiento de la responsabilidad civil por contaminación marina*, p. 510 e ss. e, em geral, ALVES DE BRITO, *Seguro marítimo de mercadorias*, p. 30 e ss..

[120] Sobre as razões desta opção e vicissitudes da sua aprovação, pode ver-se CHAO WU, *La pollution du fait du transport maritime des hydrocarbures*, p. 80 e ss. e HWANG, *Die Ree-*

Saliente-se, porém, que o seguro obrigatório não cobre, à partida, a totalidade dos prejuízos, mas apenas até aos limites de responsabilidade previstos no artigo V/1 da Convenção[121]. Saliente-se, ainda, que tal seguro só é obrigatório em relação aos navios matriculados num Estado contratante que transportem mais de 2.000 toneladas de hidrocarbonetos a granel como carga[122].

---

derhaftung für Ölverschmutzungsschäden, p. 110 e ss.; cf. também BERLINGIERI, *La conferenza di Bruxelles sui danni da polluzione da idrocarburi*, pp. 512-513, dando, designadamente, nota da proposta, entretanto abandonada, da suficiência de uma prova de solvabilidade.

[121] Cf., a propósito, as observações de VIALARD, *Faut-il réformer le régime d'indemnisation des dommages de pollution par hydrocarbures?*, p. 440, relativamente à questão da transformação do seguro obrigatório naquilo a que chama uma espécie de serpente marinha ou de monstro de Loch Ness: "L'indemnisation doit être limitée car une réparation illimitée conduirait à la disparition du transport maritime des hydrocarbures, pas un seul assureur n'acceptant de couvrir un risque devenu illimité. Quelle imposture! Si ce postulat était exact, il ne devrait plus se transporter un seul centilitre de pétrole vers les Etats-Unis d'Amérique, puisque l'indemnisation y est, là-bas, illimitée". Em confirmação do desabafo de Vialard, refere KIERN, *Liability, compensation, and financial responsability under the Oil Pollution Act*, p. 509, que a questão dos limites do seguro constituíra já, no domínio dos trabalhos preparatórios da CLC, um ponto de discordância por parte do representante dos Estados Unidos.

[122] Quanto se trate de navios com idênticas características não matriculados num Estado contratante, a Convenção limita-se a prever, no artigo VII/11 (de cuja redacção pouco feliz, aqui nos afastamos), que os Estados contratantes tomarão as devidas diligências para que, por força da sua legislação nacional, qualquer navio que, transportando efectivamente mais de 2.000 toneladas de hidrocarbonetos a granel como carga, entre nos seus portos, tenha a responsabilidade do respectivo proprietário coberta por um seguro ou outra garantia financeira que corresponda às exigências do artigo VII/1. Idêntico regime é aplicável quando o navio abandone os portos ou chegue (ou abandone) a instalações terminais situadas ao longo das costas do mar territorial de cada Estado contratante. A solução lógica para estas situações seria impor aos Estados contratantes a proibição de entrada nos seus portos aos navios que não cumprissem os requisitos exigidos; contudo, a CLC optou por uma solução mais *soft*, tendo em vista garantir um maior número de ratificações; cf. CHAO WU, *La pollution du fait du transport maritime des hydrocarbures*, p. 85. Essa solução *soft* é bem visível na versão francesa, onde se lê que o Estado deve "veiller" no sentido de que a responsabilidade do proprietário do navio esteja coberta por um seguro, enquanto que a versão inglesa é mais firme: "each Contracting State shall ensure"; a versão portuguesa ("devidas diligências") segue a "souple" rota francesa.

Em conformidade com a previsão do artigo VII/11, o artigo VII/2 refere-se à emissão ou visto de certificado relativamente a navio não registado num Estado contratante.

No sentido de assegurar o cumprimento do dever de segurar, o artigo VII/10 impõe aos Estados contratantes o dever de não autorizar o tráfico a um navio sujeito ao regime do artigo VII e arvorando o seu pavilhão, se o mesmo navio não estiver munido de um *certificado* emitido em aplicação do número 2[123] ou do número 12[124] do mesmo artigo VII, certificado esse que acompanha o navio[125]. Refira-se, de resto, que os certificados emitidos ou visados por um Estado contratante, nos termos da Convenção, devem ser reconhecidos pelos demais[126].

---

[123] O artigo VII/2 cura, efectivamente, da emissão do certificado e do respectivo conteúdo, remetendo, de resto, para um modelo anexo à Convenção, mas sem prejuízo de o Estado de matrícula poder, sob reserva das disposições da Convenção, determinar as condições de emissão e de validade do certificado (artigo VII/6). Os elementos que devem constar do certificado são: (*i*) nome do navio e porto de matrícula; (*ii*) nome e local do principal estabelecimento do proprietário; (*iii*) tipo de garantia; (*iv*) nome e local do principal estabelecimento do segurador ou de outra pessoa que concede a garantia e, se for caso disso, do local do estabelecimento no qual o seguro ou a garantia foram subscritos e (*v*) o período de validade do certificado, que não deverá exceder o do seguro ou o da garantia. No seu artigo VII/5, a CLC contém exigências, em sede de perenidade do seguro e da garantia, destinadas a evitar que a indicação de um prazo de vigência possa ser esvaziada por uma iniciativa, unilateral ou não, de cessação do seguro ou da garantia, sem uma antecedência mínima de três meses, devendo o pré-aviso ser feito à autoridade referida no artigo VII/4; similares exigências valem, *grosso modo*, para as modificações do seguro ou da garantia financeira.

[124] O artigo VII/12 da CLC reporta-se aos navios "propriedade do Estado" – *rectius*, propriedade de um Estado contratante – que não estejam cobertos por um seguro ou por outra garantia financeira: nesse caso, as disposições da Convenção não são aplicáveis a esse navio. Contudo, o mesmo navio deverá estar munido de um certificado emitido pelas autoridades competentes do Estado de matrícula, atestando a propriedade do navio e, ainda, que a respectiva responsabilidade está assegurada no âmbito dos limites previstos no artigo V/1. Substancialmente, esse certificado – que deve, de resto, ser o mais possível conforme ao modelo prescrito no artigo VII/2 – incorpora uma verdadeira garantia.

[125] Para além de impor que o certificado esteja a bordo do navio, o artigo VII/4 estabelece que uma cópia do mesmo deve ser depositada junto dos serviços responsáveis pelo registo da matrícula do navio ou, se o navio não se encontrar registado num Estado Contratante, a cópia deve ser depositada junto das autoridades do Estado que emitiu ou visou o certificado.

[126] De acordo com o artigo VII/7, os certificados emitidos ou visados por um Estado Contratante devem ser reconhecidos pelos demais "como tendo o mesmo valor que os certificados emitidos ou visados por eles próprios, mesmo quando digam respeito a um navio não registado num Estado Contratante". Tendo em vista facilitar o reconhecimento pelos demais Estados contratantes, e, em geral, a inteligibilidade dos certificados, o artigo VII/3 impõe

Numa medida de tutela dos lesados, a CLC permite (artigo VII/8) que os mesmos accionem *directamente* o segurador ou a entidade prestadora da garantia financeira, em vez de demandarem directamente o proprietário do navio, que, no entanto, pode ser chamado à demanda[127]. Naturalmente que a entidade seguradora ou garante[128] não responde para além das responsabilidades que assumiu, podendo invocar esse limite, ainda que o proprietário do navio o não possa fazer, pelo facto de ter sido feita prova de alguma das situações previstas no artigo V/2[129]: esse limite, no que respeita ao segurador ou garante, decorre directamente dos próprios termos do seguro ou da garantia (artigo VII/1), sendo, assim, um meio de defesa próprio[130] e não do devedor.

Já quanto aos *meios de defesa do devedor*, os mesmos aproveitam ao segurador ou garante, numa clara lógica de *acessoriedade*[131], podendo, assim, afirmar-se a natureza fidejussória da garantia, natureza que não é desmentida pelo facto de o garante não poder invocar a insolvência do proprietário do navio, já que a "cobertura" dessa situação faz, naturalmente, parte do fim de garantia da fiança[132].

O artigo VII/8 (no seu 4.º período) permite ao segurador ou garante invocar o facto de os prejuízos por poluição terem resultado de uma falta intencional do proprietário do navio ("wilful misconduct"). Tal previsão é susceptível de causar uma primeira perplexidade, já que parece colocar-se em contradição com o facto de o mesmo artigo (mas no seu 2.º período) reconhecer que o segurador ou garante deve responder perante os lesados

---

que os mesmos devam comportar uma tradução para francês ou inglês, quando a língua do Estado emitente não for qualquer dessas.

[127] Sobre este regime de acção directa, aplicável ainda que se trate de um P&I Club, cf., v. g., GRIMALDI, *Oil pollution e coperture assicurative P&I*, p. 98 e HWANG, *Die Reederhaftung für Ölverschmutzungsschäden*, p. 114 e ss.; entre nós, cf. OLIVEIRA COELHO, *Poluição marítima por hidrocarbonetos e responsabilidade civil*, p. 167 e ss..

[128] Que estará, então, na posição de demandada (de "defendant"), posição esta que a tradução lusitana ilustrou com a palavra "arguido".

[129] Cf., v. g., VINCENZINI, *Profili assicurativi della responsabilità civile*, p. 982.

[130] Cf., no quadro das garantias em geral e da fiança em particular, o nosso *Assunção fidejussória de dívida*, p. 996 e ss..

[131] Cf. o nosso *Assunção fidejussória de dívida*, p. 1011 e ss..

[132] Cf. o nosso *Assunção fidejussória de dívida*, p. 1021 e ss..

dentro dos limites resultantes do artigo V/1, ainda que ocorra alguma das situações, previstas no artigo V/2, que determinam a perda do direito de limitação de responsabilidade.

A compreensão do regime plasmado no artigo VII/8 da CLC pressupõe que se recue ao regime da CLC/69, cujo artigo VII/8 tinha idêntica redacção. No entanto, a aparente contradição com o segundo período do mesmo artigo VII/8 não existia, uma vez que o regime da conduta impeditiva de limitação de responsabilidade consagrado no artigo V/2 era diferente. Na verdade, conforme veremos[133], o proprietário do navio não podia, então, prevalecer-se da limitação quando houvesse "culpa pessoal" sua. Neste quadro, a previsão do quarto período do artigo VII/8 fazia todo o sentido, sendo, assim, perfeitamente coerente com o artigo V/2, considerando também o segundo período do artigo VII/8: havendo simples culpa pessoal do proprietário do navio, o segurador ou garante não podia recusar-se a satisfazer a indemnização; porém, havendo intenção ("wilful misconduct"), a recusa era legítima.

Ora, tendo a CLC/92 alterado os termos em que a conduta do proprietário do navio (não) pode limitar a responsabilidade[134], fica substancialmente limitado o campo de aplicação do quarto período do artigo VII/8. Assim, já não é possível continuar a sustentar que, tratando-se de culpa pessoal do proprietário do navio, o segurador ou garante responde, deixando de responder quando haja intenção – sustentação essa baseada no quadro normativo da CLC/69[135]: o que parece possível agora sustentar é que o segurador ou garante pode recusar-se a satisfazer a indemnização no caso de haver intenção, mas já não o poderá fazer na segunda situação prevista no artigo V/2: aquela em que o proprietário do navio tenha agido com (mera) "imprudência e o conhecimento de que tal prejuízo se poderia vir a verificar".

III. O exposto em II demonstra, *ad evidentiam*, que a canalização da responsabilidade para o proprietário do navio, mesmo quando haja seguro,

---

[133] Cf. *infra*, ponto 4.2.
[134] Cf. *infra*, ponto 4.2.
[135] Cf., por todos, HWANG, *Die Reederhaftung für Ölverschmutzungsschäden*, pp. 116-117.

nos termos do artigo VII, é uma solução que pode deixar os lesados sem qualquer indemnização.

Mesmo admitindo que a companhia de seguros é solvente (!), os lesados não têm qualquer garantia de que o proprietário do navio o seja. Tal situação de insolvência, podendo, é certo, ser minorada pela intervenção do Fundo[136], poderá deixar os lesados com enormes danos a descoberto em virtude da situação, resumida por Vialard[137], em que "le véritable responsable est un véritable insolvable".

Bem mais realista é a solução do *Oil Pollution Act* norte-americano que, para o caso de poluição provocada ou oriunda de navio, define (Sec. 1101, n.º 32A)[138] "responsible party" como "any person owning, operating, or demise chartering the vessel"[139].

2.7. Brechas na canalização?

I. A canalização da responsabilidade para o proprietário do navio é absoluta, no sentido de que este concentra em si todas as possíveis situações de imputação por prejuízos devidos à poluição[140]?

---

[136] Cf. *infra*, ponto 5.

[137] Cf. VIALARD, *Faut-il réformer le régime d'indemnisation des dommages de pollution par hydrocarbures?*, pp. 438-439, referindo-se a esta situação como um caso de "canalisation bouchée", situação que coloca ao lado da "canalisation détournée" – na qual o verdadeiro peso financeiro da responsabilidade recai sobre o P&I ou sobre a seguradora, em virtude de o proprietário registado "real" ser, de facto, "irresponsável".

[138] O *Oil Pollution Act* define também a "responsible party", com referência a "onshore facilities" (Sec. 1101, n.º 32B), "offshore facilities" (Sec. 1101, n.º 32C), "deepwater ports" (Sec. 1101, n.º 32D), "pipelines" (Sec. 1101, n.º 32E) e "abandonment" (Sec. 1101, n.º 32F).

[139] Pode bem dizer-se, assim, com KIERN, *Liability, compensation, and financial responsability under the Oil Pollution Act*, p. 516: "OPA defines the universe of responsible parties broadly".

[140] Estamos, naturalmente, a pressupor que não ocorreram, relativamente às pessoas identificadas no artigo III/4 da CLC, os requisitos que permitem a "reimputação", com a consequência da sua responsabilização directa: mais concretamente, que os prejuízos devidos à poluição não tenham resultado de acção ou omissão dessas pessoas com a intenção de causar tal prejuízo ou por imprudência e com o conhecimento de que tal prejuízo poderia ocorrer;

Se for esse o caso, as "desimputações" de que falámos *supra*[141] operariam não apenas relativamente ao círculo de pessoas referidas no artigo III/4 da CLC, mas também face a quaisquer outros sujeitos que, a montante do evento, pudessem, a qualquer título, ser responsabilizados.

A questão coloca-se com particular incidência quanto aos construtores dos navios e às sociedades de classificação, mas também, entre outros, relativamente aos Estados costeiros que tenham agido tardia ou deficientemente no combate à poluição. Estamos perante aquilo que Bonassies[142] designa por "quarto nível de reparação", no qual coloca também o próprio proprietário do navio (e as pessoas identificadas no artigo III/4 da CLC) mas num quadro de imputação por danos que não correspondam aos prejuízos devidos à poluição, tal como definidos na CLC (artigo I/6), bem como a própria seguradora (*P&I Club*) que tenha entregado ao proprietário do navio um certificado de seguro sem se ter certificado sobre a navegabilidade deste.

Como princípio, inviabilizada que foi, no domínio dos trabalhos preparatórios[143], a tentativa de estabelecer um regime de canalização absoluta ou pura, diremos que a CLC não impede outras imputações que possam ter lugar nos termos da responsabilidade civil, como, por exemplo, a imputação de responsabilidade ao construtor do navio[144]. Bem mais polémico tem-se

---

cf., a propósito, García-Pita y Lastres, *Responsabilidad civil por daños en el siniestro Prestige*, pp. 448-449; cf. também *supra*, ponto 2.2./II.

[141] Cf. *supra*, ponto 2.6.

[142] Bonassies, *Après l'Erika: les quatre niveaux de réparation des dommages*, p. 1578 e ss.. O autor (*op. cit.*, p. 1571 e ss.) faz corresponder o primeiro nível à reparação dos danos pelo proprietário do navio, o segundo à garantia complementar assumida pelo FIPOL e o terceiro à "faute inexcusable".

[143] Cf., v. g., Chao Wu, *La pollution du fait du transport maritime des hydrocarbures*, p. 217, sobre a tentativa "de faire des Conventions le lieu exclusif pour régler les dommages par pollution par les hydrocarbures"; cf. também Bonassies, *Sociétés de classification et Convention de 1969/1992*, p. 693.

[144] Cf., v. g., Chao Wu, *La pollution du fait du transport maritime des hydrocarbures*, p. 218, realçando que a canalização é parcial, Lucchini, *Le Procès de l'Amoco Cadiz*, p. 780, nota 74, Arroyo, *Curso de Derecho marítimo*², p. 758, García-Pita y Lastres, *Responsabilidad civil por daños en el siniestro Prestige*, pp. 450-451 ou Lagoni, *The liability of classification societies*, p. 290, referindo-se também à empresa reparadora do navio e ao proprietário ou armador do navio abalroador; entre nós, o assunto é abordado por Mário

revestido o caso das imputações a sociedades de classificação[145]. Os casos *Erika* e *Prestige* trouxeram ao de cima a importância do tema, sendo patentes as divergências existentes a este propósito[146], centradas na interpretação do âmbito das alíneas *a*) e *b*) do artigo III/4 da CLC/92: pode a sociedade de classificação ser tida como um "empregado ou agente"[147] do proprietário do navio ou como um "membro da tripulação"?; pode a sociedade de classificação ser tida como uma "pessoa que (...) preste serviços no navio"?

Não estará aqui tanto em causa a alínea *a*) do artigo III/4, já que não será fácilmente defensável que a sociedade de classificação de navios é um "servant" ou um "agent" do proprietário do navio[148], nem é, seguramente,

---

Raposo, *Segunda (e última) reflexão*, p. 689 e por Oliveira Coelho, *Poluição marítima por hidrocarbonetos e responsabilidade civil*, p. 106 e ss..

[145] Em geral, sobre as sociedades de classificação de navios e sua responsabilidade, cf., v. g., Basedow / Wurmnest, *Die Dritthaftung von Klassifikationsgesellschaften*, passim, *Responsabilidad de las sociedades de clasificación frente a terceros*, passim, Herber, *Zur Haftung von Klassifikationsgesellschaften*, passim, Holtappels, *Haftung von Klassifikationsgesellschaften in der Handelsschiffahrt*, passim, Lagoni, *The liability of classification societies*, passim, Boisson, *Le rôle des sociétés de classification dans le transport maritime*, passim, Pulido Begines, *La responsabilidad frente a terceros de las sociedades de clasificación de buques*, passim, Mário Raposo, *Responsabilidade extracontratual das sociedades de classificação de navios*, passim, lendo-se a pp. 610, que "a sua [das sociedades de classificação] intocabilidade era uma recordação do passado", Id., *Perspectiva actual sobre as sociedades de classificação de navios*, passim, Vasconcelos Esteves, *Introdução. Armamento*, p. 55 e ss. e o já vetusto Amzalak, *Armamentos marítimos*, p. 151 e ss.; cf. ainda Miller, *Liability of classification societies from the perspective of United States Law*, passim e, Daniel, *Potential liability of marine classification societies*, passim.

[146] Cf., v. g., Bonassies, *Sociétés de classification et Convention de 1969/1992*, passim e Boisson, *La société de classification bénéficie-t-elle de l'exclusion prévue par l'article III(4) de la Convention CLC?*, passim.

[147] A tradução portuguesa refere-se a "funcionários ou agentes", em tradução directa de "préposés ou mandataires" e de "servants or agents"; dando nota, com referência a várias convenções internacionais, da dificuldade na identificação de quem seja "servant", "agent" ou "independent contractor", cf. Lagoni, *The liability of classification societies*, p. 277 e ss..

[148] Cf., por todos, Bonassies, *Sociétés de classification et Convention de 1969/1992*, p. 694, para quem as sociedades de classificação de navios não são "ni des préposés ou mandataires du propriétaire, ni des affréteurs ou armateur-gérant, ni des assistants, ou toutes autres personnes visées par l'article III, dans son alinéa 4"; em sentido diverso, cf., porém, Boisson, *La société de classification bénéficie-t-elle de l'exclusion prévue par l'article III(4) de la Convention CLC?*, p. 699: "la CLC (...) laisse place à une telle interprétation".

"membro da tripulação". A dúvida centra-se, sobretudo, na alínea b), tudo estando em saber se a referida sociedade *presta serviços ao navio*[149].

O Tribunal de Paris, na sentença de 16 de Janeiro de 2008, relativamente ao caso *Erika*, recusou à sociedade de classificação de navios a imunidade (externa) prevista ao abrigo da alínea b) do artigo III/4 da CLC, entendendo que tal exclusão "ne peut s'entendre que de celle relative aux personnes, qui, sans être membres de l'équipage, s'acquittent de prestations pour le navire en participant directement à l'opération maritime"[150]. Para Bonassies[151], tal interpretação é inteiramente correcta, considerando que a contrária – que apelida de "laxista" – não é "nem razoável nem justificada", mais entendendo que a mesma abre "perspectivas sem limites", designadamente no que concerne ao construtor naval. Já para Boisson[152], a interpretação feita na sentença de Paris, ao admitir a responsabilidade extra-contratual das sociedades de classificação fora do quadro da CLC, corre o risco de destruir o sistema de repartição de riscos da CLC no seu conjunto, não encontrando qualquer dificuldade na consideração da sociedade de classificação como pessoa que presta serviços ao navio, no sentido da alínea b) do artigo III/4 da CLC ("s'acquitte de services pour le navire").

Neste confronto de posições, sem perder de vista as chamadas de atenção para o delicado equilíbrio de distribuição de riscos que encontramos na Convenção[153], parece-nos particularmente relevante o facto de a CLC[154] ter optado por, no seu artigo III/4, referir uma "lista" de pessoas que, em

---

[149] Corrigimos aqui a tradução portuguesa, que se refere a serviços *no navio*, que não a serviços *ao navio*, já que nem a versão inglesa ("performs services for the ship") nem a francesa ("services pour le navire") permite uma tal deturpação da Convenção.

[150] Cf. BONASSIES, *Sociétés de classification et Convention de 1969/1992*, p. 692, dando também nota da posição exactamente contrária tomada pelo juíza Laura Swain, do tribunal distrital federal de Nova Iorque, na sentença de 2 de Janeiro de 2008, relativamente ao caso *Prestige*.

[151] Cf. BONASSIES, *Sociétés de classification et Convention de 1969/1992*, pp. 695-696.

[152] Cf. BOISSON, *La société de classification bénéficie-t-elle de l'exclusion prévue par l'article III(4) de la Convention CLC?*, pp. 698 e ss., revendo-se, antes, na sentença americana sobre o caso *Prestige*.

[153] Cf., v. g., BASEDOW / WURMNEST, *Responsabilidad de las sociedades de clasificación frente a terceros*, p. 419 e ss..

[154] A CLC/92, por ser dessa que falamos: face ao artigo III/4 da CLC/69 – que apenas "imunizava" (2.º período do artigo III/4) os "funcionários ou agentes do proprietário" – a

princípio, estão imunes de acção por prejuízos devidos à poluição, sendo, assim, forçado pretender interpretar tal disposição como se a CLC tivesse consagrado o critério da canalização absoluta para o proprietário do navio. A esta luz, importa, por interpretação, determinar se a sociedade de classificação de navios pode ou não considerar-se integrada na sobredita alínea *b*) do artigo III/4 – única alínea que, *a priori*, tem virtualidades para integrar tal figura.

Neste quadro, parece-nos convincente o argumento, que vemos, por exemplo, em Lagoni[155], segundo o qual a citada alínea deve ser interpretada tomando como principal referência e ponto de partida a figura do *piloto*, com a qual a mesma se inicia: assim, as pessoas[156] incluídas na alínea são aquelas que, tal como o piloto, prestam serviços ao navio respeitantes à "navigation of the ship", o que não acontece com as sociedades em apreço, cujos serviços respeitam directamente à "safety of the ship": pode mesmo dizer-se que, mais do que prestar serviços ao navio, as sociedades de classificação certificam, no interesse do tráfego marítimo e dos diversos utilizadores, que o navio está em condições de segurança para prestar serviços.

Questão diversa é, a partir daqui, a de saber se o sistema faz sentido sem a previsão de uma limitação de responsabilidade das sociedades de classificação de navios, problema relativamente ao qual existem algumas circunscritas directrizes na Directiva 94/57/CE[157] e, a nível mais amplo e

---

CLC/92 inovou ao consagrar aquilo que Chao Wu (*La pollution du fait du transport maritime des hydrocarbures*, p. 215) designa como um "élargissement substantiel des immunités".

[155] Cf. Lagoni, *The liability of classification societies*, pp. 289-290.

[156] As pessoas em causa serão, em princípio, pessoas singulares, mas não vemos impedimento a que sejam pessoas colectivas, *maxime* sociedades comerciais, conforme resulta, de resto, do artigo I/2 da CLC. De per si, a admissibilidade de estarem aí integradas pessoas colectivas não é relevante, no que respeita à discussão sobre se as sociedades de classificação de navios estarão também incluídas na alínea *b*) do artigo III/4 da CLC; em sentido aparentemente diferente, cf. Siccardi, *Pollution liability and classification societies*, pp. 704-705.

[157] Cf. Lagoni, *The liability of classification societies*, p. 291. O artigo 6/2 da Directiva 94/57/CE do Conselho, de 22 de Novembro de 1994, relativa às regras comuns para as organizações de vistorias e inspecção dos navios e para as actividades relevantes das administrações marítimas (com as alterações da Directiva 2001/105/CE do Parlamento Europeu e do Conselho, de 19 de Dezembro de 2001 e da Directiva 2002/84/CE do Parlamento Europeu e do Conselho, de 5 de Novembro de 2002) e, em transposição, o artigo 11 do Decreto-Lei 321/2003, de 23 de Dezembro, prevêem que, no âmbito do acordo a celebrar entre

directo, propostas no sentido de aprovação de uma convenção internacional com esse objecto[158].

II. As possíveis situações acabadas de referir não paralisam a canalização da responsabilidade para o proprietário do navio: elas operam em zonas em que a CLC não instituiu qualquer "desimputação", o que demonstra o carácter não absoluto ou limitado da canalização[159]. Assim, a efectiva responsabilização dos sujeitos em causa dependerá da verificação, em relação aos mesmos, dos requisitos da responsabilidade civil, à luz dos diversos ordenamentos nacionais[160]. Não obstante, elas consubstanciam verdadeiras

---

organizações reconhecidas (nas quais se incluem as sociedades de classificação de navios) e o Estado de bandeira (no caso, o Estado português) seja incluída a previsão do direito de regresso do Estado contra tais organizações nas situações (identificadas) em que o Estado tenha de pagar indemnizações aos lesados. De acordo com a alínea *b*) do citado artigo 11, o ministro com a tutela da segurança marítima pode limitar o montante máximo a pagar pela organização reconhecida, montante esse que não deverá ser inferior a 4 milhões de euros, no caso previsto na subalínea *ii*) da alínea *a*), nem inferior a 2 milhões de euros, no caso previsto na subalínea *iii*) da mesma alínea. Como é óbvio, as situações de responsabilidade das sociedades de classificação de navios previstas na Directiva e no Decreto-Lei 321/2003, circunscritas que estão às acções por parte das administrações dos Estado de bandeira, não esgotam as situações em que tais sociedades podem ser accionadas; cf., a propósito, SICCARDI, *Pollution liability and classification societies*, pp. 697-698 e 708.

[158] Cf. LAGONI, *The liability of classification societies*, p. 260 e ss., lendo-se a pp. 303: "If classification societies are liable to an amount in contrast to the shipowner, who may limit his liability, the system is not in balance"; cf. também SICCARDI, *Pollution liability and classification societies*, p. 710, autor que, sustentando, embora, que as sociedades de classificação de navios são beneficiadas pela canalização, em virtude de estarem incluídas na alínea *b*) do artigo III/4, considera que, face às dúvidas existentes, faz todo o sentido a limitação: "If doubts may exist whether classification societies are exempted, these doubts should be removed by the legislator or at least their liability subject to a reasonable limit".

[159] Cf. também ALTFULDISCH, *Haftung und Entschädigung nach Tankerunfällen auf See*, pp. 21-22 e, entre nós, MÁRIO PAPOSO, *Segunda (e última) reflexão*, p. 689, considerando que a canalização da responsabilidade consagrada no artigo III da CLC não é total.

[160] Cf., v. g., GARCÍA CACHAFEIRO, *Las empresas petroleras frente a los daños causados por las mareas negras*, p. 469. O problema não se apresenta fácil, porém, no que concerne à responsabilidade das sociedades de classificação por parte de terceiros lesados, sendo imperativo trazer à colação quer a segunda variante de ilicitude consagrada no artigo 483/1 do Código Civil, quer, correlativamente, o problema da determinação da indemnizabilidade de danos puramente patrimoniais. Dando nota da equiparação feita, por alguma doutrina,

"brechas" na canalização, já que deixam a nu o facto de o artigo III/4 da CLC, em função da opção tomada de designar ou elencar os sujeitos imunes à responsabilidade (externa) por prejuízos devidos à poluição, salvas as situações previstas *in fine*, propiciar uma verdadeira "caça à indemnização" contra sujeitos não imunes, postura essa que, como diz Siccardi[161], se traduz em "finding deep pocket targets".

Desta forma, é todo o sistema CLC que se apresenta distorcido, podendo, a final, acontecer que, em acidentes de grande dimensão, a indemnização de parte substancial dos danos venha a ser assegurada por "side players"[162].

A outro nível, importa dar nota de situações que, dentro do sistema CLC, podem conduzir ao esvaziamento da canalização da responsabilidade, sendo, então, mister, reforçá-la. Referimo-nos, fundamentalmente, aos casos em que o proprietário real do navio se esconde atrás do proprietário aparente[163] – podendo, então, suscitar-se a hipótese do levantamento da personalidade jurídica[164], v. g., de uma *single ship company* – bem como à especificidade das situações, também elas propícias às *single ship companies*[165], em que a

---

ao problema da responsabilidade dos auditores, cf. SICCARDI, *Pollution liability and classification societies*, p. 699.

[161] Cf. SICCARDI, *Pollution liability and classification societies*, pp. 696-697.

[162] Cf. SICCARDI, *Pollution liability and classification societies*, p. 697. Para este autor (*op. cit.*, pp. 704 e 707 e ss.), a inclusão das sociedades de classificação de navios na alínea b) do artigo III/4 da CLC surge como segura, recorrendo, para o efeito, designadamente, à Convenção de Viena sobre interpretação dos tratados, cujo artigo 31/1 impõe a ponderação do "objecto e fim" da Convenção: o fim da CLC seria assegurado através da canalização (absoluta) da responsabilidade para um único sujeito (o *owner*). Lê-se, por sua vez, a pp. 709: "A different construction of the rule of art. III.4 would go against those principles and would carry potentially disrupting consequences to the system".

[163] Cf., v. g., WU, *La pollution du fait du transport maritime des hydrocarbures*, p. 68.

[164] Cf., por todos, MENEZES CORDEIRO, *O levantamento da personalidade colectiva*, *passim*, Id., *Manual de Direito das Sociedades*, I², p. 375 e ss., CARVALHO FERNANDES, *Teoria geral*, I⁵, p. 528 e ss. e MORAIS ANTUNES, *O abuso da personalidade jurídica colectiva no Direito das Sociedades Comerciais*, *passim*; cf., especificamente, GARCÍA-PITA Y LASTRES, *Responsabilidad civil por daños en el siniestro Prestige*, p. 446 e ss..

[165] Cf., v. g., ENGRÁCIA ANTUNES, *Os grupos de sociedades*², p. 808, nota 1580, referindo--se aos grupos da indústria petrolífera, "usualmente estruturados sob a forma de numerosas filiais cujo único activo patrimonial se resume, não raro, a pouco mais do que um petroleiro".

sociedade proprietária do navio está integrada num grupo, equacionando-se, então, a responsabilidade da sociedade-mãe[166].

Estamos, então, perante casos, em que o Direito fornece instrumentos tendentes ao *reforço da canalização*.

3. Danos cobertos pela CLC/92

I. Pese embora o facto de a CLC curar da definição-delimitação dos danos abrangidos pela Convenção – o que tem claros reflexos em todo o sistema CLC/Fundo/Fundo Complementar – a verdade é que a caracterização de "prejuízos devidos à poluição" que encontramos no artigo I/6 tem suscitado enormes dúvidas na doutrina e na jurisprudência de vários países; de "question délicate entre toutes" falam Rodière / Remond-Gouilloud[167].

---

[166] Cf., por todos, MENEZES CORDEIRO, *O levantamento da personalidade colectiva*, p. 131 e ss., FERNANDO ARAÚJO, *O problema económico do contrato*, p. 248, ENGRÁCIA ANTUNES, *Os grupos de sociedades*², pp. 264, nota 342 e 808, nota 1580 e PEREIRA DUARTE, *Aspectos do levantamento da personalidade colectiva nas sociedades em relação de domínio*, pp. 22, 174 e ss. e 277 e ss.. Na jurisprudência, avulta o caso *Amoco Cadiz*. A sentença de 18 de Abril de 1984, do "United States District Court, Northern District of Illinois, Eastern Division", sobre o caso Amoco Cadiz, considerou responsável não apenas a sociedade "Transport", proprietária nominal do navio, mas também a sociedade "Standard", lendo-se, a certo passo (in DM, XCII, 1985, p. 917): "As an integrated multinational corporation which is engaged through a system of subsidiaries in the exploration, production, refining, transportation and sale of petroleum products throughout the world, Standard is responsible for the tortious acts of its wholly owned subsidiaries and instrumentalities AIOC and Transport"; e ainda: "Standard exercised such control over its subsidiaries AIOC and Transport, that those entities would be considered to be mere instrumentalities of Standard"; e mais: "Furthermore, Standard itself was initially involved in and controlled the design, construction, operation and management of the Amoco Cadiz and treated that vessel as if it were its own"; cf., em comentário, BONELLI, *La responsabilità della società controllante per gli illeciti delle proprie controllate*, *passim* e LUCCHINI, *Le procès de l'Amoco Cadiz*, p. 768 e ss.; lê-se a pp. 773: "En visant la responsabilité du groupe Amoco, le juge Mac Gregor entend saisir la vie juridique réelle. Il combat la fiction, l'apparence d'entités distinctes pour mieux appréhender l'unité du groupe. La démarche du juge consiste donc à assurer la transparence de l'ensemble sans se laisser troubler par les cloisonnements artificiels. AIOC et Amoco Transport ne sont, à ses yeux, que *simples instruments* au service de Standard".

[167] Cf. RODIÈRE / REMOND-GOUILLOUD, *La mer*, p. 122.

Centramos a nossa atenção apenas na CLC/92, não podendo, porém, deixarmos de salientar o facto de a correspondente e antecedente noção do artigo I/6 da CLC/69 ter originado grandes dúvidas de interpretação, pretendendo a nova noção dar resposta a situações como as que, no domínio da CLC/69, ocorreram com diversos navios[168]. A noção de 1992, quando confrontada com a de 1969, tem, entre outras, a novidade de introduzir uma referência expressa a *danos ao ambiente*, expressão esta que, no entanto, não surge precisada ou definida[169].

Na determinação dos danos enquadráveis na algo nebulosa noção de "prejuízos devidos à poluição", há que considerar a posição do FIPOL 1992 – divulgada através dos seus "Criteria"[170] – mas apenas como referência, já que, conforme é pacífico, o IOPCF não vincula, sob o ponto de vista jurídico,

---

[168] Cf. KAPPET, *Tankerunfälle und der Ersatz ökologischer Schäden*, p. 68 e ss. e, entre nós, OLIVEIRA COELHO, *Poluição marítima por hidrocarbonetos e responsabilidade civil*, p. 61 e ss.. A noção de "prejuízos devidos à poluição", constante da CLC/69 (artigo I/6), corresponde, na sua primeira parte, à noção da primeira parte da alínea *a*) do artigo I/6 da CLC/92, realçando-se, porém, que a segunda parte das noções citadas respeita a "matérias" diferentes: a segunda parte da noção de 1969 respeita às *medidas de salvaguarda*, que, na CLC/92, constam da alínea *b*) do artigo I/6; por sua vez, a segunda parte da noção de 1992 constitui matéria nova, relativa a *danos ao ambiente*. Centrando-nos na primeira parte das noções referidas, constatamos que a diferença mais relevante está na eliminação (na noção de 1992) da necessidade de o navio *transportar* hidrocarbonetos: onde se lia "qualquer perda ou dano exterior ao navio que transporte hidrocarbonetos", lê-se, agora, "qualquer perda ou dano exterior ao navio", alteração de redacção que é explicável à luz das diferentes noções de *navio* na CLC/69 e na CLC/92 (artigo I/1).

[169] Cf., a propósito, HERBER, *Seehandelsrecht*, p. 194 e KAPPET, *Tankerunfälle und der Ersatz ökologischer Schäden*, p. 76 e ss.. É bem diversa a solução do *Oil Pollution Act* norte-americano, que cobre [Sec. 1001, (b) (2) (A)] "damages for injury to, destruction of, loss of, or loss of use of, natural resources (...)"; a expressão "natural resources" é definida [Sec. 1001 (20)] como incluindo "land, fish, wildlife, biota, air, water, ground water, drinking water supplies, and other such resources belonging to, managed by, held in trust by, appertaining to, or otherwise controlled by the United States (including the resources of the exclusive economic zone), any State or local government or Indian tribe, or any foreign government"; cf., v. g., KIERN, *Liability, compensation and financial responsability under the Oil Pollution Act*, p. 538 e ss..

[170] Cf. o "Claims Manual" do "International Oil Pollution Compensation Fund 1992", disponível no sítio do IOPCF.

no que concerne à interpretação da CLC/92[171], sem prejuízo, naturalmente, de os "criteria" constituírem um importante elemento a considerar, tendo em conta o complexo sistema CLC/Fundo/Fundo Complementar.

O grupo de situações que, *a priori*, suscita menos dúvidas[172] corresponde ao das *medidas de salvaguarda* [alínea *b*) do artigo I/6], as quais surgem definidas no artigo I/7 como constituindo quaisquer medidas razoáveis tomadas por qualquer pessoa, após a ocorrência de um evento, para prevenir ou limitar prejuízos devidos à poluição[173].

Conforme é claro, face à definição, as medidas de salvaguarda só entram no âmbito dos prejuízos devidos à poluição se forem *posteriores* ao evento e se forem *razoáveis*. Sendo medidas posteriores ao *evento*, as mesmas tanto podem ser anteriores, quanto concomitantes ou posteriores aos *danos*, desde que, neste último caso, os possam minimizar[174]. Por outro lado, o facto de se tratar de medidas posteriores ao evento reduz o campo de aplicação das

---

[171] Cf., por todos, KAPPET, *Tankerunfälle und der Ersatz ökologischer Schäden*, p. 84 e ss., autor que vinca o facto de as decisões judiciais existentes terem reduzido impacto, dada a sua pouca expressão na interpretação do conceito de "prejuízos devidos à poluição"; cf. também ALTFULDISCH, *Haftung und Entschädigung nach Tankerunfällen auf See*, pp. 24-25.

[172] Mas que delas não está isento; cf., v. g., CARBONE / CELLE / LOPEZ DE GONZALO, *Il Diritto Marittimo*³, p. 164.

[173] Em consideração à fé que é dada pela versão inglesa, a expressão "para prevenir ou limitar a poluição", deve ler-se como "prevenir ou limitar prejuízos devidos à poluição" ("to prevent or minimize pollution damage") – cuidado que não é de menos, em virtude de a Convenção definir "prejuízos devidos à poluição" (artigo I/6), que não "poluição". Já a alínea *b*) do artigo II encontra-se "sintonizada" com a versão original, quando se refere (em sede de âmbito espacial de aplicação da CLC/92) "às medidas de salvaguarda, onde quer que sejam tomadas, para prevenir ou reduzir tais prejuízos".

[174] O facto de a redacção de 1992 ter acrescentado na noção de "evento" (artigo I/8), quando confrontada com a correspondente noção da CLC/69, a expressão "ou que constituam uma grave e iminente ameaça de a causar" permite ter por ultrapassada a dificuldade (se não mesmo a contradição) de que dava nota CHAO WU, *La pollution du fait du transport maritime des hydrocarbures*, pp. 60-61, de as "medidas de salvaguarda" dependerem do "evento" e de este pressupor, então, "prejuízos devidos à poluição" – efectivos, portanto – mas incluindo, por sua vez, esta última noção as próprias "medidas de salvaguarda". Digamos, porém, que a contradição foi minorada mas não ultrapassada, já que a alínea *a*) do artigo I/6 continua a reportar-se, na noção de "prejuízos devidos à poluição", a "qualquer perda ou dano exterior ao navio *causado* (…)".

medidas de salvaguarda relativamente a situações de *salvação marítima*, conquanto esse não constitua um critério único ou decisivo[175].

A conclusão pelo carácter *razoável* das medidas suscita, por seu lado, naturais dificuldades, já que a CLC não aponta um critério de razoabilidade, sendo que, bem vendo, não seria razoável que o fizesse: vigorarão aqui as regras da experiência e do conhecimento profissional nas situações, valendo – a final – a conclusão que resultar de um juízo de prognose póstuma[176].

II. Considerando, agora, a alínea *a)* do artigo I/6 da CLC/92, importa saber que danos são passíveis de serem indemnizados no âmbito da Convenção.

Já salientámos que os danos – qualquer perda ou dano ("loss or damage") – devem ser *exteriores* ao navio e devem ser causados por *contaminação* resultante de fuga ou derramamento de hidrocarbonetos provenientes do navio, independentemente do local onde tais perda ou dano possam ter

---

[175] A questão das fronteiras entre as *medidas de salvaguarda* e as situações de *salvação marítima* colocou-se, por exemplo, no caso do navio *Patmos*, no âmbito do qual foi decidido, numa determinada instância (cf. ALTFULDISCH, *Haftung und Entschädigung nach Tankerunfällen auf See*, p. 33), que seria relevante o "primary pourpose" da salvação do navio e da carga, ainda que haja, simultaneamente, o propósito de evitar prejuízos devidos à poluição. Dando nota das dificuldades de delimitação em várias situações, cf., v. g., KAPPET, *Tankerunfälle und der Ersatz ökologischer Schäden*, p. 110 e ss., ALTFULDISCH, *op. cit.*, p. 34, CARBONE / CELLE / LOPEZ DE GONZALO, *Il Diritto Marittimo*³, pp. 164-165 e COMENALE PINTO, *La responsabilità per inquinamento da idrocarburi*, p. 170 e ss.; cf. também, referindo-se à distinção "selon le but", CHAO WU, *La pollution du fait du transport maritime des hydrocarbures*, p. 350 e ss..

[176] Assim também, aparentemente, ALTFULDISCH, *Haftung und Entschädigung nach Tankerunfällen auf See*, p. 32: "Sinnvoller ist darum, für die Angemessenheitprüfung auf eine objektive ex-ante Sicht abzustellen und unter Würdigung der besonderen Umstände des Einzelfalls zu prüfen, ob die Massnahemen zu dem Zeitpunkt, zu dem sie ergriffen wurden, richtig erschienen".

O "Claims Manual" do IOPCF 1992, na secção "Claims for cost of measures to prevent pure economic loss", dá nota (p. 30) da dificuldade de concretização da razoabilidade (*reasonableness*): "The criterion of *reasonableness* is assessed in the light of the particular circumstances of the case, taking into account the interests involved and the facts known as the measures were taken"; sobre os critérios de razoabilidade do Fundo 1992, cf., por todos, KAPPET, *Tankerunfälle und der Ersatz ökologischer Schäden*, p. 98 e ss..

ocorrido. Saliente-se também que a segunda parte da alínea *a*) do artigo I/6 se refere especificamente aos danos ambientais.

Assume particular relevo, conforme já frisámos, a necessidade de os prejuízos resultarem de *contaminação*. Fica, no entanto, por apurar se os bens atingidos devem ser, eles próprios, contaminados – directamente, infere-se – pelos hidrocarbonetos ou se, ao invés, a circunstância de a lei se referir à contaminação como causa permite incluir (mas, nesse caso, até onde?) os demais danos que sejam identificados na esfera de quem quer que seja no desenvolvimento da contaminação, numa espécie de efeito-dominó jurídico.

No elenco de danos ressarcíveis caberão, sem dúvida, as coisas imediatamente atingidas pela contaminação, como navios de pesca, redes ou outros apetrechos de pesca, culturas piscícolas, obras de portos, etc., tudo isto independentemente da natureza da pessoa que as sofra[177].

Também são, naturalmente, ressarcíveis os *danos pessoais*: não sendo frequentes os danos pessoais de contaminação directa ou imediata, caberão aqui os danos que constituam uma típica consequência da contaminação por hidrocarbonetos, ainda que não se trate de danos especificamente corporais[178].

III. Bem mais problemática é a determinação dos *danos puramente patrimoniais* cobertos pelo sistema de indemnização da CLC/92 e, por arrastamento, do FIPOL e do Fundo Complementar: "où s'arrêter?", questionam Rodière / Remond-Gouilloud[179].

Neste particular, à tradicional dificuldade do tema da indemnização por danos ao património – já que a lei não reconhece um direito ao património, *qua tale*[180] – junta-se a dificuldade de interpretação da própria CLC. De afastar é a interpretação estrita – e, digamos, avara – do artigo I/6 da CLC/92 que limitasse os danos atendíveis à identificação real, *química*, de contami-

---

[177] Aliás, o artigo I/2 da CLC define amplamente *pessoa* como "qualquer pessoa física ou pessoa moral de direito público ou de direito privado, incluindo o Estado e as suas subdivisões políticas"; cf., a propósito, ALTFULDISCH, *Haftung und Entschädigung nach Tankerunfällen auf See*, p. 26.

[178] Cf., a propósito, ALTFULDISCH, *Haftung und Entschädigung nach Tankerunfällen auf See*, p. 27.

[179] RODIÈRE / REMOND-GOUILLOUD, *La mer*, p. 123.

[180] Cf., por todos, SINDE MONTEIRO, *Rudimentos da responsabilidade civil*, pp. 363-364.

nação, negando aos lesados qualquer tutela relativamente aos danos que não correspondessem ao figurino de um *quid* contaminado. Essa interpretação estrita da alínea *a*) do artigo I/6 conduziria a que, por exemplo, um pescador cujo barco de pesca é inutilizado pela contaminação por hidrocarbonetos minerais persistentes teria direito a exigir a substituição do barco ou o valor respectivo, mas já não poderia exigir qualquer indemnização pelo facto de ter ficado impedido de pescar enquanto a substituição do barco não teve lugar.

Nestas situações, em que, na sequência de bens contaminados, os lesados sofrem outros danos que daquela contaminação são consequência, digamos, adequada, não parece minimamente razoável excluir a indemnização ao abrigo da CLC, parecendo-nos, antes, seguro que tais situações estão cobertas pela expressão "qualquer perda ou dano (...) causado por uma contaminação": trata-se de *consequential losses* sofridos pelas pessoas cujos bens foram contaminados, como é o caso dos pescadores impossibilitados de pescar em consequência da inutilização das redes[181].

Particularmente difíceis[182] são as situações, que envolvem danos puramente patrimoniais (*pure economic loss*)[183], em que, na sequência da con-

---

[181] Para a distinção entre *danos puramente patrimoniais* e *danos patrimoniais indirectos* (*consequential economic loss*), cf., por último, entre nós, FERNANDO ARAÚJO, *Teoria económica do contrato*, p. 863 e ss. e ADELAIDE MENEZES LEITÃO, *Normas de protecção e danos puramente patrimoniais*, p. 35. Refira-se que o próprio *Claims Manual* do IOPCF 1992 admite a cobertura do "consequential loss" e não apenas do "property damage". Noutro passo, o mesmo manual coloca o "consequential loss" no âmbito do "economic loss", mas destacando-o do "pure economic loss"; lê-se a pp. 25: "Compensation is payable in the fisheries, mariculture and fish processing sectors for loss of earnings by the owners of property contaminated by oil (consequential loss)" (...) However, losses can also be suffered by persons whose property has not been contaminated by oil (pure economic loss)".

[182] Cf., v. g., ALTFULDISCH, *Haftung und Entschädigung nach Tankerunfällen auf See*, p. 29 e ss..

[183] Cf. sobre estes, por todos, SINDE MONTEIRO, *Responsabilidade por conselhos, recomendações e informações*, p. 187 e ss., *Rudimentos da responsabilidade civil*, pp. 363 e ss., CARNEIRO DA FRADA, *Teoria da confiança e responsabilidade civil*, p. 238 e ss., Id., *Contrato e deveres de protecção*, p. 143 e ss., Id., *Uma "terceira via" no direito da responsabilidade civil?*, p. 36 e ss., PEDRO ALBUQUERQUE / LURDES PEREIRA, *A responsabilidade civil das autoridades reguladoras e de supervisão*, p. 228 e ss., RITA AMARAL CABRAL, *A tutela delitual do direito de crédito*, p. 1028 e ss., MARIA JOÃO PESTANA DE VASCONCELOS, *Algumas questões sobre a ressarcibilidade delitual dos danos patrimoniais puros*, passim, MARGARIDA ALMEIDA,

taminação, se identificam sujeitos que, não tendo sofrido danos directos de contaminação, são lesados no seu património, em termos que permitem identificar uma relação causa-efeito entre tais danos e a ocorrida contaminação. As situações mais frequentes que têm sido identificadas são as que atingem actividades pesqueiras, hoteleiras, de restauração e de turismo. Questiona-se, assim, se um pescador que faz a sua faina nas águas contaminadas e cujo barco não é atingido pela contaminação, pode, ainda assim, exigir indemnização pelo tempo correspondente àquele em que ficou impedido de pescar ou então – hipótese que se apresenta, de resto, mais complexa – pelo facto de a contaminação das águas ter dizimado as espécies piscícolas.

Similar questão pode ser colocada em relação a um restaurante ou a um hotel situado na praia cujo areal é contaminado e que, em consequência da poluição, perde a clientela.

Quanto a este último grupo de situações tem sido observado[184] que, infelizmente, a interpretação que tem sido feita do artigo I/6 da CLC tem estado mais dependente do modo como os juízes nacionais perspectivam o enquadramento dos *pure economic losses* nos respectivos sistemas jurídicos do que de uma preocupação de interpretação da própria CLC.

Neste particular, reconhecendo-se a preocupação delimitadora da definição do artigo I/6 da CLC/92, parece-nos avisada a exigência de uma *ligação estreita* entre a contaminação e os danos sofridos[185]. Assim, a

---

A responsabilidade civil do banqueiro, p. 29 e ss., MAFALDA BARBOSA, *Liberdade vs. Responsabilidade*, p. 214 e ss. e, com um análise de fôlego, ADELAIDE MENEZES LEITÃO, *Normas de protecção e danos puramente patrimoniais*, *passim*. A linguagem dos autores nacionais tem, neste domínio, oscilado. A preferência pela expressão "danos puramente patrimoniais", agora bem visível na dissertação de ADELAIDE MENEZES LEITÃO, *op. cit.*, *passim*, foi, desde o desbravar do caminho nesta matéria, no quadro da doutrina nacional, manifestada por SINDE MONTEIRO, *Responsabilidade por conselhos, recomendações e informações*, p. 187.

[184] Cf. ALTFULDISCH, *Haftung und Entschädigung nach Tankerunfällen auf See*, p. 29; lê-se, a pp. 31, que os resultados obtidos, em sede de harmonização de soluções, não são satisfatórios para uma convenção internacional.

[185] O *Claims Manual* do IOPCF 1992 refere-se (p. 28) à necessidade de existir "a sufficiently close link of causation between the contamination and the loss or damage". Os factores a considerar para a identificação desse "close link" são, segundo o mesmo documento, com referência ao sector do turismo, os seguintes: (*i*) a proximidade geográfica do estabelecimento do lesado, (*ii*) o grau de dependência do negócio do lesado relativamente à costa afectada, (*iii*) o nível das possibilidades alternativas que tem o lesado de mudar de

referida situação do hotel ou do restaurante da praia poluída enquadrar-se-ia no âmbito de previsão do artigo I/6, mas já não o caso do fornecedor indirecto de géneros a esses estabelecimentos, por faltar, em relação a ele, a "sufficiently close link"[186].

IV. Quanto aos *danos ambientais*, já vimos que a respectiva previsão não constava, literalmente, do artigo I/6 da CLC/69. A redacção de 1992 acusa a influência do rescaldo de casos como o *Antonio Gramsci*[187], o *Patmos*[188] ou o *Haven*[189]. Face à nova redacção, os danos ao ambiente passaram a ser ressarcíveis ao abrigo da CLC[190], mas apenas quando associados aos custos

---

ramo ou oportunidades de negócios e (*iv*) a dimensão em que o negócio do lesado faz parte integrante da actividade económica da zona afectada pela poluição. Na doutrina, ALTFULDISCH, *Haftung und Entschädigung nach Tankerunfällen auf See*, p. 30, refere-se, na linha dos *criteria* do IOPCF, à necessidade de um "hinreichend enger Zusammenhang"; para uma análise de maior fôlego, cf. KAPPET, *Tankerunfälle und der Ersatz ökologischer Schäden*, p. 133 e ss..

[186] Nesta lógica, bem terá andado a Relação de Lisboa, no caso Marão (cf. *supra*, ponto 2.1/I), quando não reconheceu a um comerciante grossista de bebidas, com uma área de negócios superior à afectada, direito a indemnização com base na CLC, pese embora ter sido demonstrado que a poluição de praias causada por um derrame desse navio tinha provocado um forte decréscimo do volume de vendas; cf., a propósito, OLIVEIRA COELHO, *Poluição marítima por hidrocarbonetos e responsabilidade civil*, p. 61 e ss..

[187] Cf., v. g., SEIBT, *Zivilrechtlicher Ausgleich ökologischer Schäden*, p. 141 e ss., KAPPET, *Tankerunfälle und der Ersatz ökologischer Schäden*, p. 171 e ss., RENGER, *Haftung und Entschädigung für Ölverschmutzungsschäden auf See*, p. 133, ALTFULDISCH, *Haftung und Entschädigung nach Tankerunfällen auf See*, p. 34 e ss. e CHAO WU, *La pollution du fait du transport maritime des hydrocarbures*, p. 443 e ss..

[188] Cf., sobre este, v. g., KAPPET, *Tankerunfälle und der Ersatz ökologischer Schäden*, p. 168 e ss., SEIBT, *Zivilrechtlicher Ausgleich ökologischer Schäden*, p. 143 e ss., ALTFULDISCH, *Haftung und Entschädigung nach Tankerunfällen auf See*, p. 36, CHAO WU, *La pollution du fait du transport maritime des hydrocarbures*, p. 444 e ss. e OLIVEIRA COELHO, *Poluição marítima por hidrocarbonetos e responsabilidade civil*, p. 73 e ss..

[189] Cf., v. g., SEIBT, *Zivilrechtlicher Ausgleich ökologischer Schäden*, p. 145, KAPPET, *Tankerunfälle und der Ersatz ökologischer Schäden*, p. 172 e ss., CHAO WU, *La pollution du fait du transport maritime des hydrocarbures*, p. 446 e ss., ALTFULDISCH, *Haftung und Entschädigung nach Tankerunfällen auf See*, p. 37 e OLIVEIRA COELHO, *Poluição marítima por hidrocarbonetos e responsabilidade civil*, p. 76 e ss..

[190] Entretanto, a nível interno, o Decreto-Lei 147/2008, de 29 de Julho, diploma que transpôs a Directiva 2004/35/CE, do Parlamento Europeu e do Conselho, de 21 de Abril de 2004 e estabelece o regime jurídico da responsabilidade por danos ambientais, consagra, no

das medidas razoáveis tomadas ou a tomar para a reposição das condições ambientais[191]. Vinca ainda a Convenção que estão excluídos os lucros cessantes motivados pelo dano ambiental.

Esta limitação aos "custos das medidas" está, porém, longe de resolver todas as dúvidas. Destaque-se o facto de a Convenção exigir que as medidas de reposição das condições ambientais sejam *razoáveis*[192]: suscita-se, naturalmente, a questão da concretização da razoabilidade, questão que se colocará com particular delicadeza nas situações em que o efeito catastrófico seja mais intenso.

Outra dúvida que, neste particular, se pode suscitar é a da interpretação de "reposição das condições ambientais", dúvida essa que traz à colação

---

seu artigo 7, a responsabilidade objectiva de quem, em virtude de uma actividade económica enumerada no anexo III ao diploma, "ofender direitos ou interesses alheios por via da lesão de um qualquer componente ambiental". Esse sujeito é "obrigado a reparar os danos resultantes dessa ofensa, independentemente da existência de culpa ou dolo"; para uma visão introdutória ao regime plasmado no Decreto-Lei 147/2008, cf. CARLA AMADO GOMES, *A responsabilidade civil por dano ecológico, passim*.

Pese embora o facto de o anexo III ao Decreto-Lei 147/2008 integrar (ponto 8), entre outros, o transporte marítimo de mercadorias perigosas ou poluentes definidas nas Directivas aí mencionadas, parece claro (considerando, desde logo, o artigo 8 da CRP) que o diploma interno não contende com a CLC, no seu âmbito normativo de aplicação. Não obstante, são muitas as incógnitas associadas ao novo regime.

[191] Referimo-nos apenas à CLC e ao respectivo âmbito de aplicação, que, neste particular, parece acusar a influência do caso *Colocotroni*, no qual a jurisprudência norte-americana (cf., v. g., CARBONE / CELLE / LOPEZ DE GONZALO, *Il Diritto Marittimo*³, pp. 168-169) só considerou ressarcível o dano ambiental na medida correspondente ao montante das despesas necessárias para a realização, segundo critérios de razoabilidade, de um plano de reposição ecológica. Não se desconhece, contudo, que grandes sinistros com hidrocarbonetos têm dado azo à sustentação, com base noutras fontes normativas, de um direito a indemnização pelo prejuízo ecológico; cf., com referência ao caso *Erika*, v. g., MEMLOUK, *L'indemnisation du préjudice écologique à la suite du jugement Erika, passim* e KELIDJIAN, *L'indemnisation du préjudice écologique à la suite du jugement Erika, passim*.

[192] Sobre a difícil medida da razoabilidade, cf., v. g., SEIBT, *Zivilrechtlicher Ausgleich ökologischer Schäden*, p. 141 e ss.. A tradução portuguesa opta por traduzir "reasonable measures" por "medidas necessárias". Tal tradução é, *a priori*, mais "amiga do ambiente" do que a versão inglesa, mas a verdade é que a mesma deturpa a Convenção e é susceptível de perturbar a sua economia: pode não ser impossível repor as condições ambientais mas os custos de tal reposição podem ser, em concreto, irrazoáveis.

a dimensão e a complexidade do princípio da restauração em Direito do Ambiente[193] e que ganha particular relevo nos casos em que a dimensão da catástrofe tenha prejudicado uma reposição, *qua tale*, por exemplo das mesmas espécies animais ou vegetais. A interpretação mais lata – e que tem também a vantagem de não premiar o infractor – é aquela que admite que a reposição seja feita com *componentes equivalentes*[194].

4. A limitação da responsabilidade do proprietário do navio

4.1. A faculdade de promoção da limitação da responsabilidade

I. O ponto de partida, quando falamos de limitação da responsabilidade do proprietário do navio por prejuízos devidos à poluição é a responsabilidade plena, nos termos gerais, pautando-se o montante da indemnização, tendencialmente, pela dimensão ou volume dos danos[195].

---

[193] Cf., v. g., KAPPET, *Tankerunfälle und der Ersatz ökologischer Schäden*, pp. 19 e 118 e ss. e CUNHAL SENDIM, *Responsabilidade civil por danos ecológicos*, p. 153 e ss..

[194] Cf., neste sentido, por todos, KAPPET, *Tankerunfälle und der Ersatz ökologischer Schäden*, p. 19: "Deshalb ist bei ökologischen Schäden als Zielzustand nicht der *status quo ante* zu fordern. Vielmehr genügt es, dass die Wiederherstellungsmassnahmen dem geschädigten Naturgut seine ökologischen Funktionen zurückgibt, so dass die Natur selbst einen dem *status quao ante* zumindest *gleichwertigen* Zustand erreichen kann"; cf., ainda, ALTFULDISCH, *Haftung und Entschädigung nach Tankerunfällen auf See*, pp. 38-39, admitindo estarem incluídos os custos dos estudos necessários para o efeito, desde que, também eles, passem o crivo da "razoabilidade". Lê-se, a propósito, no *Claims Manual* do IOPCF 1992: "In view of the fact that it is virtually impossible to bring a damaged site back to the same ecological state that would have existed had the oil spill not occurred, the aim of any reasonable measures of reinstatement should be to re-establish a biological community in which the organisms characteristic of that community at the time of the incident are present and are functioning normally". Em geral, sobre a diferença entre a "restauração ecológica" e a "compensação ecológica", como modo de concretização da restauração natural – sendo a última destinada às situações em que a restauração ecológica dos bens materiais não é total ou parcialmente possível ou seja desproporcional – cf. CUNHAL SENDIM, *Responsabilidade civil por danos ecológicos*, p. 153 e ss. e 215 e ss..

[195] Sobre este princípio geral, cf., por todos, por todos, LARENZ, *Lehrbuch des Schuldrechts*, I[14], p. 431 e ss., MEDICUS, *Schuldrecht*, I[17], pp. 213-214, PESSOA JORGE, *Ensaio sobre os pressupostos da responsabilidade civil*, p. 385 e ss. e ALMEIDA COSTA, *Direito das*

É a partir daqui que se equaciona a limitação de tal responsabilidade, no pressuposto, claro está, de que nos estamos sempre a referir aos "prejuízos devidos à poluição" (artigo I/6). Fora deste quadro, quando, por exemplo, haja prejuízos que não resultem de *contaminação*, a equacionação da limitação da responsabilidade, a ser possível, não é feita no quadro da CLC.

A CLC adopta o sistema de limitação de responsabilidade consagrado na Convenção de Bruxelas de 1957, dependente da *arqueação* do navio, sistema esse que, reconhecidamente, assegura, na maior parte das situações, uma maior tutela da posição dos lesados[196]. Assim, o artigo V/1 da CLC/92[197] estabelece que o proprietário de um navio tem o direito de limitar a sua responsabilidade, nos termos da convenção, a um montante calculado da seguinte forma: (*i*) 4,510,000 unidades de conta[198] para um navio cuja arqueação[199] não exceda as 5.000 unidades; e (*ii*) para um navio com arqueação superior a 5.000 unidades, acrescem às 4,510,000 unidades de conta 631 unidades de conta por cada unidade de arqueação adicional, sendo que, em qualquer dos casos, o montante global não pode exceder 89,770,00 unidades de conta.

Importa ainda vincar que, tal como na Convenção de Bruxelas de 1957 ou na Convenção de Londres de 1976, o limite de responsabilidade do proprietário do navio funciona por *evento*[200]: isso é claro, desde logo, no artigo V/1, mas também, por exemplo, no artigo VI/1.

---

obrigações[10], p. 760 e ss.. No campo específico da CLC/92, lê-se em ALTFULDISCH, *Haftung und Entschädigung nach Tankerunfällen auf See*, p. 16: "Nach der Systematic des ÖlhÜ haftet der Eigentümer theoretisch zunächst unbeschränkt".

[196] Cf., v. g., HWANG, *Die Reederhaftung für Ölverschmutzungsschäden*, p. 155.

[197] Na redacção das emendas adoptadas na 82.ª sessão do Comité Legal da OMI, conforme aprovação feita pelo Decreto n.º 42/2006, de 6 de Janeiro. Sobre a evolução dos limites aplicáveis, até à CLC/92, cf., v. g., BERLINGIERI, *Il sistema internazionale di risarcimento dei danni causati da inquinamento da idrocarburi*, p. 5 e ss..

[198] Conforme resulta do artigo V/9 da CLC, cujos termos não descrevemos aqui, a unidade de conta é o *direito de saque especial*, tal como definido pelo Fundo Monetário Internacional.

[199] Conforme resulta do artigo V/10 da CLC, a *arqueação do navio* é a arqueação bruta, calculada de acordo com as disposições relativas à medição da arqueação contidas no Anexo I da Convenção Internacional sobre a Arqueação de Navios, 1969.

[200] Cf., por todos, HWANG, *Die Reederhaftung für Ölverschmutzungsschäden*, pp. 96-97; quanto aos regimes das Convenções de Bruxelas e de Londres, cf. *supra*, ponto 12.

II. Tal como a Convenção de Bruxelas de 1957, a CLC não consagra um sistema automático de limitação de responsabilidade, não funcionando tal limitação *ope legis*[201].

O artigo V/1 da CLC, na sua tradução portuguesa, coloca a questão em termos de a limitação ser um *direito* do proprietário do navio ("tem o direito de limitar"). Contudo, a versão inglesa é bem mais discreta, dispondo que o proprietário do navio *pode limitar* a sua responsabilidade – tem "título" para o fazer ("shall be entitled").

Mais de acordo com a análise da posição do proprietário do navio e com a versão em língua inglesa, parece-nos que o proprietário do navio tem o *poder potestativo* ou a *faculdade* de promover a limitação da sua responsabilidade. Tratando-se de um poder potestivo[202], o efeito do seu exercício não é, contudo, imediato, uma vez que não lhe corresponde, do lado dos credores-lesados, em termos imediatos, uma situação de sujeição: será, assim, mais rigoroso, de acordo com o figurino de um *Gestaltungsklagerecht*[203], falar de um poder potestativo de sujeição dos lesados a um processo tendente à limitação.

Na verdade, estabelecendo o artigo V/3 uma dependência entre a limitação de responsabilidade e a constituição de um fundo de limitação[204] – fundo esse que, conquanto requerido, pode, a final, não ser declarado como efectivamente constituído – a posição do proprietário do navio em relação à limitação será de *faculdade de promoção do processo de limitação*, que não, em rigor, de direito ou de poder de limitação.

4.2. Comportamento preclusivo da limitação de responsabilidade

Tal como nos sistemas uniformes gerais de limitação da responsabilidade do proprietário do navio, a CLC contempla uma situação de "conduct barring limitation", para usarmos a expressão do artigo 4 da Convenção de

---

[201] Cf., especificamente, o nosso *Limitação de responsabilidade por créditos marítimos*, p. 481 e ss..
[202] Cf. o nosso *Limitação de responsabilidade por créditos marítimos*, p. 484 e ss..
[203] Cf. o nosso *Limitação de responsabilidade por créditos marítimos*, p. 484 e ss..
[204] Cf. *infra*, ponto 4.3.1.

Londres de 1976[205]: o proprietário do navio perde o direito de limitar a sua responsabilidade nos termos da CLC, se se provar (artigo V/2) que o prejuízo devido à poluição resultou de acção ou omissão que lhe seja imputada, cometida com a intenção de causar tal prejuízo ou com imprudência e o conhecimento de que tal prejuízo se poderia vir a verificar. A redacção do artigo V/2 da CLC/69 – com a referência a "culpa pessoal" – era, ao invés, mais próxima da fórmula exigida no artigo 1/1 da Convenção de Bruxelas de 1957, para caracterizar o comportamento preclusivo da limitação de responsabilidade.

Uma vez que a evolução da "culpa pessoal" para a "faute inexcusable" já foi objecto de análise, a propósito da Convenção de Bruxelas de 1957, para aí remetemos[206].

4.3. O fundo de limitação

4.3.1. Requerimento e constituição do fundo de limitação

I. Querendo beneficiar do fundo de limitação de responsabilidade, o proprietário do navio tem, aparentemente, o ónus de *constituir um fundo de limitação*. O artigo V/3 da CLC/92[207] parece impor a constituição de um fundo como requisito essencial para que o proprietário do navio beneficie da limitação. A questão não é, contudo, líquida, tendo-se suscitado dúvidas já no domínio da CLC/69[208]. Numa situação em que do evento resulte um circunscrito e identificado número de lesados, pode ser perfeitamente "gerível" para o proprietário do navio, nas suas relações com os diversos

---

[205] Cf. o nosso *Limitação de responsabilidade por créditos marítimos*, p. 253 e ss..

[206] Cf. o nosso *Limitação de responsabilidade por créditos marítimos*, p. 253 e ss.; cf. também, especificamente, BONASSIES, *Après l'Erika: les quatre niveaux de réparation des dommages*, p. 1576 e ss., HERBER, *Seehandelsrecht*, p. 195, ALTFULDISCH, *Haftung und Entschädigung nach Tankerunfällen auf See*, p. 18 e ss., HWANG, *Die Reederhaftung für Ölverschmutzungsschäden*, p. 97 e ss. e CHAO WU, *La pollution du fait du transport maritime des hydrocarbures*, p. 76 e ss. e 226 e ss..

[207] Já assim era no domínio da CLC/69; cf., por todos, CHAO WU, *La pollution du fait du transport maritime des hydrocarbures*, p. 78.

[208] Cf., v. g., HWANG, *Die Reederhaftung für Ölverschmutzungsschäden*, p. 132.

credores, a efectivação da limitação sem a constituição de um fundo de limitação, *maxime* quando os lesados aceitem ou reconheçam que não se verificou a situação impeditiva da limitação, prevista no artigo V/2 da CLC.

Não vemos, de facto, nenhuma razão de ordem pública que justifique que a limitação de responsabilidade do proprietário do navio tenha de passar, necessariamente, pela constituição de um fundo de limitação. Na prática, se o proprietário do navio quiser obter o efeito de limitação da sua responsabilidade sem ter de convencer todos os credores sobre a desnecessidade do fundo, ver-se-á forçado a requerer a sua constituição.

Na realidade, as circunstâncias tenderão a impor ao proprietário do navio que requeira a constituição de um fundo; tal requerimento surgirá na sequência de acções intentadas pelos lesados ou como forma de, face ao desconhecimento do *quantum* dos danos e do número de credores, obter a definição precisa dos termos da sua responsabilidade.

É, de resto, inegável que a CLC – *rectius*, o sistema CLC/Fundo/Fundo Complementar – está gizado em função da constituição de um fundo pelo proprietário do navio ou pela entidade que prestou o seguro ou a garantia financeira[209]. Na verdade, a CLC como que pressupõe a existência de um significativo volume de danos e um significativo número de lesados, alguns deles desconhecidos – quadro este que se mostra bem mais compatível com a constituição de um fundo de limitação.

II. A figura do fundo de limitação foi, como vimos, introduzida no direito uniforme na Convenção de Bruxelas de 1957[210], não sendo, portanto, uma figura desconhecida no panorama jurídico nacional, sobretudo a partir do Decreto 49.029, de 26 de Maio de 1969.

O artigo V/3 da CLC dispõe sobre três aspectos essenciais do regime do fundo: (*i*) *Montante* – o fundo deve ser constituído no montante do limite de

---

[209] De acordo com o artigo V/11 da CLC/92, a constituição do fundo de limitação pode ser feita pelo segurador ou pelo garante financeiro, "nas mesmas condições e com os mesmos efeitos como se o fundo fosse constituído pelo proprietário". Uma vez que a responsabilidade do segurador ou garante é limitada (artigo VII/1 e VII/8; cf. *supra*, ponto 2.6/II), a constituição do fundo pode ser requerida mesmo que o proprietário não tenha o direito de limitar a sua responsabilidade por prejuízos devidos à poluição, em conformidade com a CLC, não podendo, naturalmente, o proprietário valer-se da limitação do segurador.

[210] Cf. o nosso *Limitação de responsabilidade por créditos marítimos*, p. 299 e ss..

responsabilidade; (*ii*) **Entidade** perante quem o fundo deve ser constituído – junto do tribunal ou de qualquer outra autoridade competente de um dos Estados contratantes; e (*iii*) *Modo de constituição* do fundo – depósito da soma correspondente ou apresentação de garantia bancária ou de qualquer outra garantia aceitável pela legislação do Estado Contratante no território do qual o fundo for constituído e julgada satisfatória pelo tribunal ou qualquer outra autoridade competente.

No caso português, a entidade perante a qual o fundo deve ser constituído é, inquestionavelmente, *o tribunal*, já que não existe legislação específica que atribua essas funções a outra entidade. Assim sendo, parece que o fundo só deve ter-se por constituído – com o inerente reconhecimento do direito do proprietário do navio à limitação de responsabilidade – após o trânsito em julgado da sentença que o declarar[211]. Neste sentido, podem invocar-se os lugares paralelos constituídos, a nível interno, pelo artigo 3/2 do Decreto 49.029, que se reporta à declaração, pelo juiz, de constituição da modalidade do fundo de limitação, requerido ao abrigo do regime da Convenção de Bruxelas de 1957, bem como o artigo 15 do Decreto-Lei 202/98, de 10 de Julho, que se refere à declaração judicial de constituição do fundo de limitação de responsabilidade previsto nesse mesmo diploma.

III. Importa ainda destacar, neste domínio, o regime do artigo IX da Convenção. O artigo IX/1 consagra uma, digamos, "canalização" dos litígios para os tribunais do ou dos Estados Contratantes em cujo território (incluindo o mar territorial ou a zona económica exclusiva relevante, nos termos do artigo II) tenham ocorrido prejuízos devidos à poluição causados por um evento. Os Estados Contratantes devem, de resto (artigo IX/2), providenciar para que os seus tribunais tenham competência para conhecer dos pedidos de indemnização[212].

---

[211] Assim OLIVEIRA COELHO, *Poluição marítima por hidrocarbonetos e responsabilidade civil*, p. 154.

[212] No caso português, importa considerar o facto de a alínea *o*) do artigo 4 da Lei 35/86, de 4 de Setembro, atribuir aos tribunais marítimos competência para conhecer das questões relativas a "responsabilidade civil emergente de poluição do mar e outras águas sob a sua jurisdição". Idêntica deficiente redacção (fica, em termos literais, o mistério da entidade a que se refere o "sua") consta das sucessivas LOTJ: cf. a alínea *o*) do artigo 90 da Lei 3/99, de 13 de Janeiro e, agora, a alínea *o*) do artigo 123/1 da Lei 52/2008, de 28 de Agosto.

Uma vez constituído o fundo de limitação, a competência para resolver as questões relativas à repartição e distribuição do fundo pertence ao tribunal onde o mesmo foi constituído (artigo IX/3)[213].

4.3.2. Efeitos da constituição do fundo de limitação

I. Como vimos, o proprietário do navio que pretenda beneficiar da limitação da responsabilidade, pode, nos termos do artigo V/3 da CLC, requerer a constituição de um fundo de limitação. Para a CLC, esse acto de requerer a constituição do fundo[214] – sendo o requerimento necessariamente acompanhado de documento comprovativo do depósito (ou medida equivalente, nos termos do artigo V/3) de quantia coincidente com o montante máximo do limite da responsabilidade do proprietário do navio – parece, *ictu oculi*, corresponder à *constituição* do fundo de limitação.

Contudo, pode não haver fundamento para a constituição do fundo: pode, na verdade, o tribunal entender que o proprietário do navio não tem o direito de limitar a sua responsabilidade, nos termos da CLC, pelo facto de a situação se enquadrar no âmbito da previsão do artigo V/2 ou pode mesmo entender que os danos provocados pela poluição não estão abrangidos pelo regime da CLC, por exemplo, pelo facto de a poluição não ter sido provocada por hidrocarbonetos minerais persistentes (artigo I/5) ou pelo facto de os mesmos não resultarem de *contaminação* (artigo I/6). A requerida constituição do fundo necessita, pois, de um acto posterior, através do qual o tribunal reconhece ao proprietário do navio o direito de limitar a sua responsabilidade e, em conformidade, *declara* constituído o fundo: a partir daí é que o proprietário tem título ("is entitled", diz-se na versão inglesa) para limitar a sua responsabilidade.

O artigo VI/1 da CLC associa à constituição do fundo de limitação – constituição efectiva, entenda-se, com o inerente reconhecimento do direito

---

[213] Cf., a propósito, HWANG, *Die Reederhaftung für Ölverschmutzungsschäden*, p. 107.

[214] Trata-se, de facto, em termos processuais, de um *requerimento*; cf., a propósito, o artigo 2/1 do Decreto 49.029, de 26 de Maio de 1969, que se refere ao requerimento do proprietário do navio que pretenda limitar a sua responsabilidade ao abrigo da Convenção de Bruxelas de 1957; cf. o nosso *Limitação de responsabilidade por créditos marítimos*, p. 324 e ss..

à limitação de responsabilidade – duas importantes consequências[215]. A primeira consequência é a de que "nenhum direito a indemnização por prejuízos devidos à poluição resultante do evento, poderá ser exercido sobre outros bens do proprietário" [alínea *a*)]; a segunda consequência [alínea *b*)] é a de que o tribunal ordenará a libertação do navio ou de qualquer outro bem do proprietário, apreendido devido a um pedido de reparação por prejuízos devidos à poluição causados pelo evento, sendo o mesmo regime aplicável a qualquer caução ou garantia prestada com o fim de evitar tal apreensão[216].

Face a estas consequências, fica assegurada a "canalização" dos créditos de indemnização para o fundo de limitação de responsabilidade[217], ficando o restante património do proprietário do navio imune aos correspondentes credores por tais créditos.

O artigo VI/1 não enuncia entre as suas consequências a imunidade do próprio fundo aos demais credores do proprietário do navio, sejam eles credores de terra ou credores de mar: trata-se de um aspecto que, pela sua importância, abordaremos adiante, em sede de natureza jurídica do fundo de limitação[218].

II. Uma dúvida importa ainda, nesta sede, esclarecer: a de saber se o proprietário do navio pode, após o *requerimento* de constituição do fundo, mas antes da declaração da sua *efectiva constituição*, paralisar qualquer acção contra o seu património com base em *prejuízos devidos à poluição* ou

---

[215] Contudo, de acordo com o artigo VI/2, estas consequências só se aplicarão se o autor do pedido tiver acesso ao tribunal que controla o fundo e se o fundo puder, efectivamente, ser utilizado para cobrir o seu pedido; sobre o regime do artigo VI da CLC, cf., v. g., HWANG, *Die Reederhaftung für Ölverschmutzungsschäden*, p. 104 e ss..

[216] A versão inglesa refere-se a "arrest", o que, em princípio, apontaria para o arresto; contudo, parece-nos correcta a tradução portuguesa ("apreensão"), que abrange um universo de figuras mais amplo. Confrontando com o lugar paralelo constituído pelo artigo 5/1 da Convenção de Bruxelas de 1957 (cf. *supra*, ponto 32), a redacção do dispositivo da CLC mostra-se mais rigorosa. Já nos parece claramente errada a tradução, que encontramos no final da alínea *b*) do artigo VI/1 da CLC, da expressão "any bail or other security *furnished to avoid such arrest*" por "qualquer caução ou garantia *depositada* com o fim de evitar tal apreensão" (itálicos nossos), devendo a palavra "depositada" ser lida como "prestada".

[217] Cf. OLIVEIRA COELHO, *Poluição marítima por hidrocarbonetos e responsabilidade civil*, p. 155, refere-se, a propósito, a uma "segunda canalização", desta feita para o fundo.

[218] Cf. *infra*, ponto 4.3.5.

se tal paralisação só é possível após a declaração judicial de constituição do fundo. Se considerarmos que os efeitos estabelecidos nas alíneas do artigo VI/1 estão dependentes do "título" de limitação de responsabilidade, então o proprietário do navio não se pode opor a qualquer arresto, penhora ou mesmo venda do seu património, antes da referida declaração judicial; se, ao invés, entendermos que os efeitos das citadas alíneas resultam do estrito requerimento de constituição, o proprietário, não tendo, embora – ainda – título de limitação de responsabilidade, estaria legitimado para paralisar as pretensões dos credores relativamente a outros bens do devedor.

Parece-nos que os efeitos enunciados no artigo VI/1 estão pensados para a situação em que o tribunal já terá reconhecido ao proprietário do navio o direito de limitar a sua responsabilidade. Isso é particularmente claro em relação ao efeito da alínea *b*) do artigo VI/1: não faria sentido que o tribunal ou qualquer autoridade pudesse libertar um navio arrestado pelo simples facto de ser feita prova de um requerimento de constituição do fundo, numa fase, portanto, em que não é certo que o proprietário do navio obtenha "título" para limitar a sua responsabilidade ou mesmo que o evento e os danos do mesmo derivados estejam abrangidos pelo âmbito de aplicação da CLC.

Daqui resulta que enquanto o fundo não está constituído, com reconhecimento da limitação de responsabilidade, os credores do proprietário do navio não estão impedidos de exercer direitos contra os bens ["outros bens", diz a alínea *a*) do artigo VI/1] contra tal devedor, o qual poderá, mais tarde, tendo havido uma situação de arresto ou penhora, obter a respectiva libertação, nos termos da alínea *b*) do artigo VI/1. Não inimaginável é a hipótese de o credor pretender arrestar bens do proprietário do navio, nos termos gerais de direito, em ordem a impedir que este frustre a satisfação dos respectivos créditos, na hipótese de não ser reconhecida limitação[219].

4.3.3. Distribuição do fundo de limitação

Como beneficiários do fundo de limitação, os credores por prejuízos devidos à poluição beneficiam, naturalmente, das respectivas forças: resulta,

---

[219] Cf., numa situação paralela, no domínio da Convenção de Bruxelas de 1957, o nosso *Limitação de responsabilidade por créditos marítimos*, p. 308 e ss..

de facto, do artigo V/4 da CLC que a *distribuição do fundo pelos credores será efectuada proporcionalmente aos montantes dos créditos reconhecidos*[220]. Se antes da distribuição do fundo, o crédito de um dos credores tiver sido satisfeito pelo proprietário do navio, pelo segurador ou pelo garante, esta pessoa ficará subrogada na posição do credor satisfeito, não podendo, naturalmente, receber para além do que a este cabe pelas regras da repartição do fundo[221]. Esta sub-rogação, prevista no artigo V/5 da CLC, pode beneficiar, nos mesmos termos, qualquer outra pessoa que tenha reparado prejuízos devidos à poluição, na medida em que a legislação nacional admita essa sub-rogação (artigo V/6)[222]. No caso português[223], relevará sobretudo a sub-rogação pelo credor (artigo 589 do Código Civil) ou mesmo a

---

[220] O artigo V/4 reporta-se, antes, a "créditos admitidos"; contudo, atenta, no caso português, a necessária intervenção do tribunal, este deverá reconhecer os créditos. De resto, é esta a posição que melhor se harmoniza com o facto de a versão inglesa do citado artigo V/4 se referir a "established claims". Cf. o artigo 8/5 do Decreto 49.029, de 26 de Maio de 1969 (cf. o nosso *Limitação de responsabilidade por créditos marítimos*, p. 324 e ss.); na doutrina, veja-se SALVADOR DA COSTA, *O concurso de credores*⁴, pp. 375-376.

[221] Cf. o nosso *Limitação de responsabilidade por créditos marítimos*, p. 333 e ss., sobre o lugar paralelo constituído pelo artigo 3/3 da Convenção de Bruxelas de 1957; especificamente sobre o regime do artigo V/5 da CLC, cf., v. g., HWANG, *Die Reederhaftung für Ölverschmutzungsschäden*, pp. 105-106.

[222] O artigo V/7 da CLC admite, neste quadro, que o proprietário do navio ou qualquer terceiro que possa beneficiar da sub-rogação obtenha uma, digamos, "reserva de lugar" no fundo, tendo, para o efeito, de convencer o tribunal de que poderá ter que pagar uma quantia em termos que lhe permitiriam beneficiar da sub-rogação. A tradução portuguesa do artigo V/7 não faz sentido, enunciando, mesmo, uma situação juridicamente impossível: a de que alguém já obteve o efeito da sub-rogação ("uma soma em relação à qual haja beneficiado de uma sub-rogação") relativamente a um pagamento que ainda irá, eventualmente, fazer ("que poderá ser compelido a pagar ulteriormente"). Quanto à solução, pondo de parte as agruras da "traição" da tradução, compreende-se perfeitamente o regime do artigo V/7, inspirado, de resto, no artigo 3/4 da Convenção de Bruxelas de 1957 (cf. o nosso *Limitação de responsabilidade por créditos marítimos*, p. 317 e ss.): de outra forma, o sujeito em causa poderia ter que pagar, ficando subrogado mas sem poder beneficiar do fundo. Sobre o regime do artigo V/7, cf., v. g., HWANG, *Die Reederhaftung für Ölverschmutzungsschäden*, pp. 105-106.

[223] Remete-se, por todos, para VAZ SERRA, *Sub-rogação nos direitos do credor*, passim, GALVÃO TELLES, *Direito das obrigações*⁷, p. 280 e ss., ANTUNES VARELA, *Das obrigações em geral*, II⁷, p. 334 e ss., RIBEIRO DE FARIA, *Direito das obrigações*, II, p. 547 e ss., MENEZES

sub-rogação pelo devedor (artigo 590 do Código Civil) – *in casu*, pelo proprietário do navio – sendo que, em qualquer caso, o terceiro subrogado não pode receber do fundo mais do que receberia o credor cujo crédito foi satisfeito. Não será também de afastar a hipótese, propiciadora de uma sub-rogação legal (artigo 592/1 do Código Civil)[224], de haver um terceiro directamente interessado na satisfação do crédito.

Fora do quadro da sub-rogação, o artigo V/8 admite algo que se nos afigura estar fora da lógica comum da limitação da responsabilidade: que o devedor possa concorrer, também ele, diminuindo, assim – limitando – ainda mais a sua responsabilidade: são admitidos os créditos *razoáveis* do proprietário do navio decorrentes de despesas realizadas e sacrifícios consentidos voluntariamente com o objectivo de evitar ou reduzir uma poluição[225].

4.3.4. Processo aplicável ao fundo de limitação

I. Conforme decorre do que vimos expondo, a constituição definitiva do fundo de limitação passa necessariamente por um *processo judicial*, no âmbito do qual o juiz irá decidir se o proprietário do navio tem, efectivamente, fundamento para limitar a sua responsabilidade ou se, ao invés, essa limitação não é possível.

No pressuposto de que há fundamento para limitar a responsabilidade, está prevista uma reclamação de créditos e o reconhecimento dos mesmos[226], o que pressupõe, pese embora o silêncio da CLC neste particular, a admissão de oposição ao reconhecimento de créditos reclamados por parte dos credores interessados no não "esgotamento" do fundo, antes da satisfação dos respectivos créditos.

LEITÃO, *Direito das obrigações*, II[6], p. 37 e ss. e JÚLIO GOMES, *Do pagamento com sub--rogação*, *passim*.

[224] Cf., por todos, VAZ SERRA, *Sub-rogação nos direitos do credor*, p. 34 e ss., GALVÃO TELLES, *Direito das obrigações*[7], p. 286 e ss., ANTUNES VARELA, *Das obrigações em geral*, II[7], p. 338 e ss., RIBEIRO DE FARIA, *Direito das obrigações*, II, p. 560 e ss. e o nosso *Assunção fidejussória de dívida*, pp. 874 e ss., 884 e ss. e 894 e ss..

[225] Cf, sobre este regime, que já constava na CLC/69, HWANG, *Die Reederhaftung für Ölverschmutzungsschäden*, p. 107.

[226] Recorde-se o facto, já assinalado, de o artigo V/4 se referir aos "créditos admitidos", expressão que interpretamos como "créditos reconhecidos" ("established claims").

A questão que se coloca, agora, é a da determinação do processo aplicável, sabido que a CLC nada dispõe neste particular. *A priori*, conforme bem identifica Oliveira Coelho[227], são três as hipóteses de aplicação: (*i*) o processo de constituição do fundo de limitação previsto no Decreto 49.029, de 26 de Maio de 1969[228] – diploma que regulamenta o processo de execução da Convenção de Bruxelas de 1957 sobre a limitação da responsabilidade dos proprietários de navios de alto mar – (*ii*) o processo de constituição do fundo de limitação previsto para as situações de abandono do navio e do frete no Decreto-Lei 202/98, de 10 de Julho[229] e (*iii*) o processo de consignação em depósito regulado no artigo 1024 e seguintes do CPC.

O processo previsto no Decreto 49.029 está gizado, conforme dissemos, em estreita dependência relativamente ao regime da Convenção de Bruxelas de 1957, ou seja, com referência aos danos cuja verificação permite ao proprietário do navio limitar a sua responsabilidade nos termos daquela Convenção[230]. Como é sabido, os danos cuja ressarcibilidade está em causa na CLC não se confundem com os da Convenção de Bruxelas de 1957, razão pela qual, numa primeira e instintiva abordagem, seríamos tentados a excluir o processo do Decreto 49.029 como aplicável à constituição do fundo de limitação com base na CLC[231].

Um pouco na mesma linha, de acentuar a diversidade de pressupostos, estaria igualmente prejudicada a aplicação ao fundo de limitação constituído com base na CLC, das normas processuais previstas no Decreto-Lei 202/98[232]: é que a CLC não contempla, diversamente do Decreto-Lei 202/98,

---

[227] Cf. OLIVEIRA COELHO, *Poluição marítima por hidrocarbonetos e responsabilidade civil*, p. 156 e ss..

[228] Cf. o nosso *Limitação de responsabilidade por créditos marítimos*, pp. 299 e ss. e 324 e ss..

[229] Cf. o nosso *Limitação de responsabilidade por créditos marítimos*, p. 209 e ss..

[230] Cf. o nosso *Limitação de responsabilidade por créditos marítimos*, pp. 299 e ss. e 324 e ss...

[231] É esta a posição de OLIVEIRA COELHO, *Poluição marítima por hidrocarbonetos e responsabilidade civil*, pp. 157-158, autor que atribui decisiva relevância a esta diversidade de campos de aplicação das duas Convenções.

[232] Normas essas que, conforme vimos (*Limitação de responsabilidade por créditos marítimos*, p. 209 e ss.), constituem o regime do Decreto 49.029, com alterações.

qualquer forma de abandono do navio ou do frete, seja ele *in natura* ou *in valorem*.

Restaria, assim, a consignação em depósito regulada no artigo 1024 e seguintes do CPC, tendo por pressuposto o regime substantivo plasmado no artigo 841 e seguintes do Código Civil. Para Oliveira Coelho[233], a constituição dos fundos de limitação previstos na CLC articula-se, "sem qualquer dificuldade", com a disciplina do CPC para a consignação em depósito.

II. A tese da aplicação do regime da consignação em depósito é, *a priori*, sedutora, ainda que, a final, se não partilhe da ideia, que encontramos já em Ferrara[234], de que a constituição do fundo de limitação corporiza um meio de extinção das obrigações. Não comungamos, porém, desta opinião, independentemente da questão substantiva da natureza do fundo de limitação de responsabilidade.

Em primeiro lugar, realce-se que há uma diferença substancial que importa aqui destacar: a consignação em depósito destina-se, directamente, a extinguir a obrigação do devedor para com o seu credor, verificados os requisitos enunciados no artigo 841 do CC[235]; o mesmo não se passa na constituição do fundo de limitação: o objectivo directo do proprietário do navio, ao requerer a constituição do fundo é limitar a sua responsabilidade. É este último efeito que o proprietário do navio pretende, em primeiro lugar, ver reconhecido e é esse efeito que o tribunal irá declarar, se entender que estão verificados os necessários requisitos. Certo é que, após essa fase, o caminho está aberto para a extinção das dívidas correspondentes aos créditos por prejuízos devidos à poluição; contudo, o objecto directo e primeiro do requerimento do proprietário do navio não é (ainda) esse: é, antes, o reconhecimento de que tem direito à limitação de responsabilidade. Ora, esta especificidade não está presente no regime geral da consignação em depósito do artigo 1024 e seguintes do CPC.

---

[233] Cf. OLIVEIRA COELHO, *Poluição marítima por hidrocarbonetos e responsabilidade civil*, pp. 159-160.

[234] Cf. FERRARA, *La limitazione dell'armatore dai debiti relativi ad un viaggio della nave*, p. 287, cf. também o nosso *Limitação de responsabilidade por créditos marítimos*, p. 344 e ss..

[235] Cf., por todos, ANTUNES VARELA, *Das obrigações em geral*, II⁷, p. 185 e ss. e CUNHA DE SÁ, *Modos de extinção das obrigações*, p. 187 e ss..

Refira-se, em segundo lugar, que o requerimento de constituição do fundo de limitação não está dependente da verificação de qualquer dos pressupostos da consignação em depósito exigidos no artigo 841/1 do Código Civil[236]; na verdade, o proprietário do navio pode requerer a constituição do fundo ainda que não haja mora dos credores e pode também fazê-lo ainda que não se verifique a situação de, sem culpa sua, não poder cumprir, por quaisquer outros motivos atinentes às pessoas dos credores.

Acresce uma outra dificuldade, que consideramos decisiva, no que tange à aplicação do regime da consignação em depósito do CPC: este processo não contempla uma fase de reclamação e de verificação de créditos, diversamente do que flui da CLC, não podendo confundir-se com tal fase o facto de o artigo 1030 do CPC admitir a citação de credores "quando sejam conhecidos mas duvidoso o seu direito".

Ora, estas diferenças relevantíssimas, com particular relevo para a última assinalada, levam-nos a excluir a aplicação do regime processual geral da consignação em depósito, sem embargo da similitude resultante de o devedor – no caso, o proprietário do navio – pretender, a final, liberar-se; trata-se, porém, de uma similitude que, como dissemos, não se encontra no mesmo plano na consignação em depósito e no fundo de limitação, já que, os objectivos directos e imediatos dos dois processos são diferentes.

III. Uma vez que, de acordo com o artigo 2/2 do CPC, a todo o direito corresponde a acção adequada a fazê-lo reconhecer em juízo, bem como os procedimentos necessários para acautelar o efeito útil da acção, somos forçados a procurar o processo cujos objectivos tenham a maior similitude com os objectivos do processo de constituição do fundo de limitação, ao abrigo da CLC/92. Se seguirmos este critério, seremos necessariamente conduzidos à aplicação do regime do Decreto 49.029, mas adaptado por força da própria CLC aos respectivos termos e objectivos. Na verdade, para além de ter por objecto a constituição de um fundo de limitação, o referido Decreto 49.029 prevê, numa primeira fase, um, digamos, "sub-processo" para declaração do fundo e, depois, a reclamação e reconhecimento de créditos.

Neste contexto, parece-nos inócuo o facto de os danos pressupostos na Convenção de Bruxelas de 1957 e os danos pressupostos na CLC/92 serem

---

[236] Cf., por todos, ANTUNES VARELA, *Das obrigações em geral*, II[7], p. 189 e ss..

diferentes: à partida – identificadas e reconhecidas as diferenças – haverá que adaptar o processo previsto no Decreto 49.029 à nova situação. Assim, a título de exemplo:

(*i*) O fundo não poderá ser constituído, como consta do artigo 1/2 do Decreto 49.029, "por qualquer das formas admitidas pela lei civil para a prestação de caução autorizada por lei", mas, antes, por qualquer das formas previstas no artigo V/3 da CLC/92[237];

(*ii*) O montante do fundo de limitação a indicar [alínea *b*) do artigo 2/1 do Decreto 49.029] é calculado de acordo com o disposto nos artigos V/1 e V/3 da CLC/92 e não em conformidade com o artigo 3 da Convenção de Bruxelas de 1957;

(*iii*) A declaração de constituição do fundo de limitação não tem os efeitos previstos no artigo 4/1 do Decreto 49.029 mas, antes, os do artigo VI da CLC/92[238];

(*iv*) A quantia, eventualmente, a reservar [alínea *d*) do artigo 2/1 do Decreto 49.029] não é indicada de acordo com o artigo 3/4 da Convenção de Bruxelas de 1957 mas, antes, de acordo com o artigo V/7 da CLC/92;

(*v*) Nos embargos (artigo 6/2 do Decreto 49.029) não será possível alegar "quaisquer fundamentos que seria lícito deduzir em processo de declaração", mas, apenas, aqueles que, no entender dos embargantes, são impeditivos da constituição do fundo de limitação, face à CLC/92, como seja a alegação de que a situação não está abrangida pela CLC ou a alegação de que o proprietário do navio não pode limitar a sua responsabilidade, em virtude da alegada

---

[237] Admite-se, contudo, que não tenhamos aqui uma diferença real, já que a remissão feita no artigo V/3 para o direito interno ["apresentação de uma garantia bancária ou de qualquer outra garantia aceitável pela legislação do Estado Contratante no território do qual o fundo for constituído e julgada satisfatória pelo tribunal ou qualquer outra autoridade competente"] pode, no caso português, ser interpretada como remissão para o regime da *prestação de caução* do artigo 623 e seguintes do Código Civil.

[238] Não estamos, porém, aqui, perante uma diferença no que respeita ao próprio processo aplicável ao fundo, mas, antes, perante uma diferença dos efeitos a nível da constituição do fundo, efeitos esse que são, a um tempo, substantivos e adjectivos; cf. o nosso *Limitação de responsabilidade por créditos marítimos*, p. 308 e ss..

ocorrência de um comportamento preclusivo da limitação (artigo V/2);

(vi) Enquanto que, face à letra do Decreto 49.029, os credores desconhecidos que não hajam reclamado os seus créditos, poderiam, aparentemente, exercê-los posteriormente contra o proprietário do navio (artigo 9/1), podendo mesmo tais credores responsabilizar os "restantes bens do requerente" (artigo 9/2), no caso de a quantia reservada para esse efeito não ser suficiente[239], é claro que assim não acontece na CLC: o contrário violaria o princípio da limitação da responsabilidade do proprietário do navio ao fundo (artigo V da CLC/92).

4.3.5. Sobre a natureza jurídica do fundo de limitação

I. Ao canalizar para o proprietário do navio a responsabilidade por prejuízos devidos à poluição e ao permitir a este, em determinados termos, a constituição de um fundo de limitação, no qual emprega, directa ou indirectamente, parte do seu património, é, de algum modo, obrigatória a equacionação do fundo de limitação como *património autónomo*.

Trata-se, substancialmente, de determinar a natureza jurídica do fundo de limitação da CLC. Apreciada a natureza jurídica do fundo de limitação constituído ao abrigo da Convenção de Bruxelas de 1957[240], importa, fundamentalmente, por confronto de regime, apreciar se a natureza jurídica dada àquele fundo se mantém para o fundo constituído ao abrigo da CLC.

II. Face ao regime da CLC, não se suscitarão dúvidas razoáveis de que, uma vez constituído o fundo de limitação e reconhecido pelo tribunal o direito à limitação de responsabilidade, *só os bens afectos ao fundo* responderão pelas dívidas associadas ao *evento* que decorram de *prejuízos*

---

[239] Cf. o nosso *Limitação de responsabilidade por créditos marítimos*, p. 317 e ss., onde se negam as conclusões que resultariam da consideração isolada da letra do artigo 9 do Decreto 49.029. A ser correcta a posição que acima tomámos, não estamos aqui perante uma diferença real entre o regime do Decreto 49.029 e o regime da CLC/92.

[240] Cf. o nosso *Limitação de responsabilidade por créditos marítimos*, p. 353 e ss..

devidos à poluição. Assim resulta, na verdade, da, acima focada[241], alínea *a*) do artigo VI/1, de acordo com a qual, recorde-se, "nenhum direito a indemnização, por prejuízos devidos à poluição resultante do evento, poderá ser exercido sobre outros bens do proprietário"; esse efeito é complementado pela alínea *b*) do artigo VI/1, que impõe a libertação dos bens que tenham sido apreendidos por prejuízos devidos à poluição, causados pelo evento em causa.

Podemos, portanto, considerando os efeitos plasmados no artigo VI da CLC, afirmar, desde já, um certo grau de autonomia que só poderemos considerar plena ou total se, ademais, pudermos concluir que os bens afectos ao fundo *só respondem* pelas dívidas referidas[242].

Numa primeira abordagem da CLC, não encontramos base para reconhecer esta segunda faceta da plena autonomia patrimonial, desde logo porque o artigo VI – disposição que parece concentrar a enunciação dos efeitos da constituição do fundo – não a estabelece, não se encontrando, por outro lado, tal enunciação em qualquer outra disposição da CLC. Foi, no entanto, sustentado[243] que essa dimensão da plena autonomia patrimonial resultaria do artigo VII/9, de acordo com o qual, "qualquer fundo constituído por um seguro ou outra garantia financeira, por força do parágrafo 1 do presente artigo só poderá ser utilizado para satisfação das indemnizações devidas em virtude da presente Convenção". O artigo VII/9 seria, assim, a demonstração de que o fundo só responde pelas dívidas decorrentes de prejuízos devidos à poluição, relativos a um evento, sendo o regime aí expresso aplicável a todas as situações de constituição do fundo e não apenas às aí especificamente previstas.

Independentemente da conclusão a que se chegue, a final, não nos parece que o regime do artigo VII/9 possa ser trazido à colação, para efeitos de directa sustentação da plena autonomia patrimonial. Na verdade, diversamente do que resulta da tradução portuguesa da Convenção – aparente-

---

[241] Cf. o nosso *Limitação de responsabilidade por créditos marítimos*, p. 421 e ss..

[242] Cf., para a caracterização do património autónomo (puro), por todos, C. MOTA PINTO / PINTO MONTEIRO / P. MOTA PINTO, *Teoria geral do direito civil*[4], p. 347 e ss.; cf. também o nosso *Limitação de responsabilidade por créditos marítimos*, p. 353 e ss..

[243] Assim OLIVEIRA COELHO, *Poluição marítima por hidrocarbonetos e responsabilidade civil*, p. 153.

mente, neste ponto, traída pela versão francesa[244] – o artigo VII/9 não se refere directamente ao fundo de limitação mas, antes, às somas facultadas ["Any sums provided by insurance or by other financial security (...)"] pelo seguro ou pela garantia financeira, seguro esse que é independente de qualquer "evento" e de qualquer processo de limitação de responsabilidade. Na verdade, conforme é sabido, tal seguro ou garantia é uma condição para que o navio possa empreender viagem (artigo VIII/10).

Efectivamente, todo o artigo VII está pensado para a situação específica do seguro ou da garantia financeira, que não para a constituição do fundo de limitação, *qua tale*, não havendo, assim, fundamento para radicar explicações ou teorizações gerais do fundo ou da sua natureza nesse regime específico.

Parece-nos, pois, claro que o "fundo" de que fala o artigo VII/9 não é o fundo de limitação constituído ao abrigo do artigo V e a cujos efeitos se refere o artigo VI, devendo, antes, ser lido, como "somas" ou "quantias"[245]. Questão naturalmente diversa – questão essa mais de índole operacional – é a de saber se, em concreto, ocorrido um evento causador de prejuízos devidos à poluição, o proprietário do navio pode "canalizar" o seguro ou garantia constituído por força do artigo VII/1 para a constituição do fundo de

---

[244] É o seguinte o teor da versão inglesa: "Any sums provided by insurance or by other financial security maintained in accordance with paragraph 1 of this Article shall be available exclusively for the satisfaction of claims under this Convention". A versão francesa – que, manifestamente, diverge da inglesa e que influenciou o tradutor português – é a seguinte: "Tout fonds constitué par une assurance ou autre garantie financière en application du paragraphe 1 du présent article n'est disponible que pour le règlement des indemnités dues en vertu de la présente Convention".

[245] É esta, de resto, a tradução e o sentido que se mostram coerentes com o regime paralelo do artigo IX da Convenção de Bruxelas de 1962, sobre a responsabilidade dos armadores de navios nucleares, de acordo com o qual "as somas provenientes de um seguro, de qualquer outra garantia financeira ou das indemnizações prestadas pelo Estado, conforme o parágrafo 2 do artigo 3.º, são exclusivamente reservadas à reparação devida em aplicação da presente Convenção" (cf. o nosso *Limitação de responsabilidade por créditos marítimos*, p. 472 e ss.); o mesmo podemos dizer relativamente ao artigo 12/9 da Convenção HNS (cf. o nosso *Limitação de responsabilidade por créditos marítimos*, p. 454 e ss.), de acordo com o qual "quaisquer montantes disponibilizados por força do seguro ou outra garantia financeira constituída de acordo com o número 1 só poderão ser utilizados para satisfação de pedidos de indemnização nos termos da presente convenção".

limitação, nos termos do artigo V, questão a que, em princípio, com ressalva dos termos em que tais garantias estão constituídas, será possível dar uma resposta afirmativa, como solução de princípio[246].

Igualmente diverso é o facto, que nos parece pacífico, de o seguro ou garantia constituídos ao abrigo do artigo VII deverem ser tidos como constituídos em benefício dos lesados por prejuízos devidos à poluição, que, assim, podem accionar directamente tal seguro ou garantia[247], independentemente de o proprietário do navio ter tido a iniciativa de constituir um fundo de limitação.

É em função de o seguro ou a garantia financeira coenvolver, necessariamente, um terceiro – no caso, o segurador ou o garante – que a CLC optou por deixar claro, no seu artigo VII/9, até para "sossego" desses terceiros, que tais valores apenas podem ser utilizados para a satisfação das indemnizações devidas ao abrigo da Convenção.

Também não nos parece convincente a ideia[248] de que a plena autonomia patrimonial resultaria do regime plasmado no artigo V/4 da CLC, de acordo com o qual "a distribuição do fundo pelos credores será efectuada proporcionalmente aos montantes dos créditos admitidos". Do artigo V/4 só é possível retirar o que do mesmo consta: que entre os credores do fundo, vale o princípio *par conditio creditorum*, não havendo, assim, credores privilegiados. De resto, a questão do modo de repartição entre os credores coloca-se a jusante do problema em análise.

III. Voltemos, então, à questão que vínhamos analisando, supondo, para o efeito, que o fundo é constituído por um depósito em dinheiro e que é reconhecido ao proprietário do navio o direito de limitar a sua responsabilidade. Pode tal depósito ser "atacado" por outros credores?

---

[246] Naturalmente que se o proprietário do navio optar por tal "canalização", não poderá fazer navegar o navio (artigo VII/10) sem a prestação de um outro seguro ou de uma outra garantia. Solução diversa equivaleria a deixar a descoberto os prejuízos que pudessem decorrer de qualquer outro evento numa nova viagem.

[247] Cf. o nosso *Limitação de responsabilidade por créditos marítimos*, p. 391 e ss..

[248] Sustentada por OLIVEIRA COELHO, *Poluição marítima por hidrocarbonetos e responsabilidade civil*, p. 164, para quem o recorte nos bens do proprietário do navio que ficam, *opus legi*, "*exclusivamente* afectos ao pagamento de certas e determinadas dívidas já judicialmente reconhecidas" decorre do artigo V/4 da CLC/92.

Aparentemente não, sob pena, dir-se-á, de esvaziamento da lógica da limitação de responsabilidade da CLC: se o *quantum* depositado pelo proprietário do navio pudesse ser beliscado por outros credores, antes da satisfação dos créditos decorrentes de prejuízos devidos à poluição, seria todo o sistema de limitação da responsabilidade da CLC que estaria em crise. Nesta linha, a explicação para o facto de o artigo VI da CLC não incluir, entre os efeitos do fundo, o facto de o mesmo *só responder* pelas dívidas como tal relevantes para a Convenção, estaria no facto de a CLC considerar tal efeito como que imanente ao sistema de limitação. Ainda nesta linha, poderíamos dizer que ao fundo de limitação constitui um núcleo patrimonial com *plena autonomia*.

Parece-nos, porém, que uma tal argumentação não colhe ou, pelo menos, não colhe em termos absolutos. Na verdade, por mais lógica que seja a solução da plena autonomia patrimonial, a verdade é que a mesma não está consagrada na CLC. Nem se pode dizer, de resto, que faltasse aos autores da CLC fonte inspiradora. Na verdade, a CLC, que em tantas das suas disposições, se inspirou na Convenção de Bruxelas de 1957, não reproduziu o seu artigo 2/3, de acordo com o qual o fundo, uma vez constituído, "será exclusivamente consignado ao pagamento dos pedidos de indemnização em relação aos quais a limitação de responsabilidade pode ser invocada"[249].

Assim, desmontado o argumento fundado na redacção do artigo VII/9, é mister reconhecer que não encontramos na CLC uma base sólida para concluir que o fundo só responde pelos créditos decorrentes de prejuízos devidos à poluição, nos termos da CLC.

Refira-se, no entanto, que esta ausência de plena autonomia patrimonial acaba, na prática, por não ter um relevo significativo. Na verdade, se o fundo for constituído por garantia prestada por terceiro, funcionará a garantia, quer a mesma seja real quer seja pessoal. Sendo o fundo constituído por bens do próprio proprietário do navio, só poderia haver verdadeiramente concurso de créditos de terceiros ao mesmo nível dos créditos tutelados pela CLC, se a caução em causa não corporizasse uma garantia real que atribui aos credores do fundo uma preferência relativamente a outros credores. Ora, no caso, mais frequente, de depósito de dinheiro, funcionará o regime do

---

[249] Cf. o nosso *Limitação de responsabilidade por créditos marítimos*, pp. 308 e ss. e 353 e ss..

penhor, o mesmo acontecendo com o depósito de títulos de crédito, pedras ou metais preciosos (artigo 666/2 do Código Civil)[250].

Em termos conclusivos, podemos dizer que não há uma diferença substancial entre o fundo de limitação constituído ao abrigo da Convenção de Bruxelas de 1957 e o fundo de limitação constituído ao abrigo da CLC/92, já que, em ambos os casos, a constituição do fundo é feita através de prestação de caução. Assim, tal qual no fundo constituído ao abrigo da Convenção de Bruxelas de 1957, o fundo constituído ao abrigo da CLC/92 não libera, automaticamente, o proprietário do navio; este mantém-se responsável, até os limites resultantes do artigo V, no caso de insuficiência da caução.

5. O *plus* de tutela dos lesados para além da CLC

5.1. Introdução. A conjugação CLC/FIPOL/Fundo Complementar

I. Aquando da aprovação da CLC/69, os Estados Contratantes tinham plena consciência da insuficiência do sistema de indemnização naquela estabelecido, sistema esse que, como vimos, assenta na canalização da responsabilidade para o proprietário do navio, admitindo, porém, a Convenção, de algum modo em contrapartida, que este possa, em princípio, limitar a sua responsabilidade, verificados determinados requisitos, através da constituição de um fundo de limitação.

Era já evidente que as indemnizações previstas na CLC/69, para aplicação nas situações de limitação de responsabilidade, estavam longe de ser suficientes para indemnizar os lesados em eventos de certa dimensão, razão pela qual foi gizada uma outra Convenção, destinada a funcionar em conjunto com a CLC: tratou-se de complementar a CLC, de forma a assegurar aos lesados uma compensação suplementar à indemnização da CLC ou mesmo única, nos casos – *rectius*, em casos – em que o proprietário do navio se pode exonerar de responsabilidade. Nasce, assim, em 1971, a Convenção Internacional para Constituição de um Fundo Internacional para Compensação de Prejuízos devidos à Poluição por Hidrocarbonetos

---

[250] Cf. também o nosso *Limitação de responsabilidade por créditos marítimos*, p. 302 e ss., relativamente ao regime da Convenção de Bruxelas de 1957.

que, como diz Chao Wu[251], forma com a CLC "um todo inseparável"; na mesma linha, diz, entre nós, Mário Raposo[252], que a Convenção de 1971 é a "consequência necessária da CLC". Tal Convenção apresentava-se, também, como uma forma de desagravar a responsabilidade objectiva do proprietário do navio, consagrada na Convenção[253].

Confrontada com a CLC, a Convenção de 1971 apresenta uma filosofia bem diversa[254]: enquanto que a primeira assenta na responsabilidade civil canalizada para o proprietário do navio, a segunda parte dessa situação de responsabilidade para criar *disponibilidades financeiras*, com o propósito de reparar os danos sofridos pelos lesados quando tal reparação não tenha sido (integralmente) possível face à CLC. A Convenção de 1971 não é, portanto, uma convenção de responsabilidade civil: ela tem, antes, por objectivo criar um mecanismo destinado a compensar os lesados.

---

[251] Cf. CHAO WU, *La pollution du fait du transport maritime des hydrocarbures*, p. 96 e HWANG, *Die Reederhaftung für Ölverschmutzungsschäden*, pp. 131-132 e ainda p. 152: "Zwischen den beiden Abkommen besteht ein enger Zusammenhang".

[252] Cf. MÁRIO RAPOSO, *Segunda (e última) reflexão*, p. 685, onde se lê também o seguinte: "adveio, pois, a viabilidade da CLC da criação do *Fund* 71"; e a pp. 691: "aprovar a CLC sem aprovar a *Fund* não tem razão de ser".

[253] Cf., v. g., BERLINGIERI, *La conferenza di Bruxelles sui danni da polluzione da idrocarburi*, p. 506 e in *Il sistema internazionale di risarcimento dei danni causati da inquinamento da idrocarburi*, p. 18, reproduzindo o seguinte trecho do relatório do presidente da Comissão: "The question as to whether the liability of the ship should be strict liability or based on the notion of fault had divided the members of the Commitee for some time. As a small majority had first of all declared itself in favour of strict liability, it had been necessary to try and find a compromise acceptable by all, as the procedure did not create the uniformity of law and it was necessary to avoid a convention which would not receive the signatures necessary for the creation of a genuine, uniform, maritime law. The compromise was contained in the draft of the convention and the resolution on the international fund submitted for the approval of the Conference; and in the opinion of the Committee it constituted an inseparable whole which, as a matter of fact, had received almost unanimous approval"; cf. também HWANG, *Die Reederhaftung für Ölverschmutzungsschäden*, pp. 131-132: "So bietet diese Regelung eine günstige Lösung für die Ölgeschädigten, während auch der Eigentümer nicht übermässig betastet wird, da ihn der Fonds grundsätzlich von der zusätzlichen Eigentümerhaftung durch das haftungsabkommen befreit".

[254] Fala, por isso, VIALARD, *Préface – K. Le Couviour*, p. 11, de uma "combinaison étrange du droit de la responsabilité civile et des mécanismes collectifs d'indemnisation".

Esse mecanismo passou pela criação, em termos pioneiros[255], de um *Fundo Internacional*. Para os Estados Parte da Convenção de 1971 – também Estados Parte da CLC/69 – foi particularmente decisivo o facto de "as consequências económicas dos prejuízos causados por derramas ou descargas de hidrocarbonetos transportados a granel por via marítima não deveriam ser suportados exclusivamente pelos proprietários dos navios, mas deviam sê-lo também, em parte, pelos que têm interesses no transporte de hidrocarbonetos" (do preâmbulo).

É, assim, criado um Fundo[256] – o FIPOL 1971[257] – que, nos termos do artigo 2/1 da Convenção de 1971, tem, entre os seus objectivos principais, "assegurar uma compensação pelos prejuízos por poluição, na medida em que seja insuficiente a compensação concedida pela Convenção sobre a Responsabilidade" [alínea *a*)][258].

---

[255] Sobre o pioneirismo do FIPOL, no quadro geral dos "fundos de indemnização", cf. REMOND-GOUILLOUD, *Les fonds d'indemnisation*, p. 307. Sobre as vicissitudes da aprovação da Convenção de 1971, *maxime* no que respeita ao confronto de interesses envolvidos, cf. M'GONIGLE / ZACHER, *Pollution, politics and international law*, p. 182 e ss..

[256] Por força do artigo 2/2, o Fundo é uma pessoa jurídica, como tal reconhecida em cada Estado Contratante, podendo, nos termos da legislação desse Estado, assumir direitos e obrigações, bem como ser parte em acção judicial movida junto dos tribunais desse mesmo Estado e sendo representada por um Administrador. O Fundo tem uma Assembleia e um Secretariado, o qual é chefiado por um Administrador (artigo 15); A Assembleia é objecto de atenção específica nos artigos 17 a 20, enquanto que o Secretariado é objecto de regulamentação nos artigos 28 a 30. Acentuando a diferença entre o fundo de limitação da CLC e o Fundo da Convenção FIPOL, cf., v. g., HERBER, *Seehandelsrecht*, p. 195.

[257] A designação "FIPOL" é de matriz francesa, correspondendo à abreviatura de "Fonds International d'Indemnisation pour les Dommages dus à la Pollution par les Hydrocarbures". As traduções portuguesas dos instrumentos internacionais nesta matéria andam algo desencontradas: a Convenção de 1971 refere-se ao "Fundo" (artigo 2), o mesmo acontecendo com o Protocolo de 1992 (que se refere ao Fundo de 1971) e com a própria Convenção de 1992; contudo, o Protocolo de 2003 designa a Convenção de 1992 sobre o Fundo como Convenção FIPOL 1992.

[258] Cf., por todos, CHAO WU, *La pollution du fait du transport maritime des hydrocarbures*, p. 100 e ss. e HWANG, *Die Reederhaftung für Ölverschmutzungsschäden*, p. 131 e ss.. A alínea *b*) do artigo 2/1 da Convenção de 1971 enunciava como segundo grande objectivo do Fundo "desobrigar os proprietários da obrigação financeira adicional que lhes impõe a Convenção sobre a Responsabilidade, ficando essa desobrigação sujeita às condições que visam garantir o cumprimento das convenções sobre a segurança marítima e outras conven-

Nas breves referências que se seguem, consideramos apenas a Convenção FIPOL 1992[259], que veio substituir a Convenção de 1971[260]. A Convenção FIPOL 1992 complementa a CLC/92 do mesmo modo que a Convenção de 1971 complementa a CLC/69[261].

II. A constatação da insuficiência das soluções ressarcitórias – sempre com cariz *reactivo* em relação às catástrofes[262] – acabaria por se repetir, não já com referência apenas à CLC mas ao conjunto das soluções CLC/ FIPOL. Essa constatação determinou, numa primeira fase, a elevação dos montantes de indemnização da CLC e do FIPOL[263], seguindo-se, numa

---

ções"; sobre este objectivo, que já não surge enunciado na Convenção FIPOL 1992 e ao qual se referia, especificamente, o artigo 5 da CLC 1969, cf., v. g., HERBER, *Seehandelsrecht*, p. 197 e CHAO WU, *op. cit.*, p. 111 e ss..

[259] É esta, como vimos, a designação adoptada no "Protocolo de 2003 à Convenção Internacional para a Constituição de um Fundo Internacional para Compensação pelos prejuízos devidos à Poluição por Hidrocarbonetos, de 1992", aprovada conforme Decreto 1/2005, de 28 de Janeiro.

[260] Esta substituição resulta do artigo 27 do "Protocolo de 1992 à Convenção Internacional para a Compensação pelos Prejuízos devidos à Poluição por Hidrocarbonetos, 1971", aprovado pelo Decreto 38/2001, de 25 de Setembro. De acordo com o referido artigo 27, os artigos 1 a 36-quinto da Convenção de 1971 sobre o Fundo, emendados pelo mesmo Protocolo, passaram a constituir a "Convenção Internacional para o Estabelecimento de um Fundo Internacional para Compensação pelos Prejuízos Devidos à Poluição por Hidrocarbonetos de 1992 (Convenção de 1992 sobre o Fundo)".

[261] Cf., a propósito, ALTFULDISCH, *Haftung und Entschädigung nach Tankerunfällen auf See*, p. 46 e ss..

[262] Cf., v. g., VIALARD, *Faut-il réformer le regime d'indemnisation des dommages de pollution par hydrocarbures?*, *passim* e ARROYO, *Curso de Derecho Marítimo*[2], pp. 755-756; cf. também ALTFULDISCH, *Haftung und Entschädigung nach Tankerunfällen auf See*, p. 17: "In der Folge bedurfte es daher stets eines Unglücks, das die bisherigen Grenzen überstieg, und einer anschliessenden politischen Diskussion über die unzureichenden bestehenden Haftungsgrenzen, bis diese wieder erhöht wurden"; cf. ainda SABRINA ROBERT, *L'Érika*, p. 25 e ss., colocando a CLC "entre satisfaction et désillusion des victimes de la marée noire".

[263] Fase essa que se traduziu nos Protocolos SDR de 1976 (quer da CLC/69, quer do Fundo/71) e, após a CLC/92 e FIPOL/92, nas Emendas de 2000 relativamente a ambas as Convenções; cf., v. g., NESTEROWICZ, *European Union legal measures in response to the oil pollution of the sea*, p. 29 e ss..

demonstração de que o problema pode estar no próprio modelo constituído pela CLC/FIPOL[264], a criação de um terceiro nível de compensação (*lato sensu*), através de um novo Fundo que funciona em suplemento ao FIPOL[265], sendo, por tal, designado Fundo Complementar (*Supplementary Fund*)[266]. A criação do novo Fundo é feita através de um Protocolo (2003) à Convenção FIPOL 1992[267], sendo a respectiva *occasio* explicada pelos seguintes Considerandos: "Notando que a indemnização máxima permitida pela Convenção FIPOL 1992 poderá ser insuficiente em certas circunstâncias, para satisfa-

---

[264] Vejam-se as palavras desassombradas de VIALARD, *Faut-il réformer le regime d'indemnisation des dommages de pollution par hydrocarbures?*, p. 442: "Ce système, pour nous, repose sur une erreur d'optique fondamentale, consistant à vouloir traiter comme un problème classique du droit maritime (...), une question qui relève, dès la première goutte de pétrole échappée des flancs du navire transporteur, du droit de l'environnement". Tmbém para LE COUVIOUR, *La responsabilité civile à l'épreuve des pollutions majeures*, I, p. 36 e ss., o dispositivo CLC / FIPOL é incapaz de gerir os fenómenos catastróficos especiais, como são os os das grandes poluições resultantes do transporte marítimo; noutro passo (*op. cit.*, I, p. 38), a autora vai mesmo longe, questionando mesmo a apreensão do fenómeno catastrófico por parte das ciências jurídicas.

[265] É, neste particular, eloquente o facto de, por força do artigo 6/2 do Protocolo de 2003, um pedido de indemnização junto do FIPOL 1992 dever ser considerado como pedido de indemnização do mesmo requerente junto do Fundo Complementar.

[266] Cf., sobre este, ALTFULDISCH, *Haftung und Entschädigung nach Tankerunfällen auf See*, pp. 54-55; entre nós, cf. OLIVEIRA COELHO, *Poluição marítima por hidrocarbonetos e responsabilidade civil*, p. 190 e ss.. Seguindo o modelo do FIPOL, o Fundo Complementar é uma pessoa colectiva com personalidade jurídica própria (artigos 2/2 e 16 e seguintes do Protocolo de 2003).

[267] O Protocolo foi ratificado por Portugal, tendo sido aprovado conforme Decreto 1/2005, de 28 de Janeiro. Lamentamos, mais uma vez, o desacerto das traduções das convenções internacionais, que propicia dificuldades de interpretação, obrigando o intérprete, à cautela, a ter "sempre à mão" uma das versões que fazem fé. Seria, na verdade, elementar que os conceitos-chave utilizados no Protocolo de 2003 coincidissem com os que são utilizados na Convenção FIPOL 1992, a qual, por sua vez, deve estar inteiramente "sintonizada" com a CLC/92. Ora, o desencontro designativo é patente num conceito fundamental, parametrizador do âmbito de aplicação da CLC/92 e, por arrastamento, do FIPOL 1992 e do Fundo Complementar, que é o de "prejuízos devidos à poluição" (artigo I/6 da CLC/92 e artigo 1/2 da Convenção FIPOL 1992); o Protocolo de 2003 opta por referir, indistintamente, "prejuízo por poluição" (artigo 1/6) – fazendo, de resto, uma remissão para a "mesma acepção" do artigo I da CLC – "danos causados pela poluição" (artigo 4/1) e "prejuízos devidos à poluição" (artigo 2/1).

zer as necessidades de indemnização nalguns Estados Contratantes nessa convenção (...)"; e ainda: "Reconhecendo que alguns Estados Contratantes nas Convenções CLC 1992 e FIPOL 1992 consideram necessário e urgente disponibilizar fundos complementares através da criação de um regime complementar a que os Estados podem aderir se assim o desejarem (...)".

De acordo com o artigo 4/1 do Protocolo de 2003, o Fundo Complementar pagará uma compensação a qualquer pessoa que sofra *prejuízos devidos à poluição* (artigo I/6 da CLC/92) "se essa pessoa não tiver podido obter uma indemnização integral e adequada em resposta a um pedido de indemnização procedente[268] relativo a esses danos, nos termos da Convenção FIPOL 1992, porque o montante total dos danos excede, ou existe o risco de exceder, o limite de indemnização aplicável estabelecido no n.º 4 do artigo 4.º da Convenção FIPOL 1992 para cada incidente".

III. O Fundo é "alimentado" por contribuições, nos termos do artigo 10 e seguintes da Convenção FIPOL 1992. Os contribuintes do Fundo[269] são as pessoas que, no ano civil relevante, nos termos da Convenção[270],

---

[268] O "pedido de indemnização procedente" é definido no artigo 1/8 do Protocolo 2003 como "um pedido de indemnização que tenha sido reconhecido pelo FIPOL 1992 e não passível de recurso ordinário e que teria sido integralmente pago se o limite estabelecido no n.º 4 do artigo 4.º da Convenção FIPOL não tivesse sido aplicado a esse incidente".

[269] Cf., v. g., JACOBSSON, *The international liability and compensation regime for oil pollution from ships*, p. 6 e ss.; cf. ainda, do mesmo autor, *Internationales Shadensersatzrecht für Ölverschmutzungsschäden beim Seetransport*, p. 6 e ss. e, com referência ao Fundo 71, *Entwicklung des Schadenbegriffs im Recht der Haftung für Ölverschmutzungsschäden*, pp. 5-6; cf. também ALTFULDISCH, *Haftung und Entschädigung nach Tankerunfällen auf See*, p. 51, para quem o tipo de financiamento do Fundo é um "wesentliches Merkmal" do mesmo. Sobre as alternativas colocadas no domínio dos trabalhos preparatórios, cf., v. g., HWANG, *Die Reederhaftung für Ölverschmutzungsschäden*, p. 135 e ss.; foi então considerado relevante o perigo da carga (HWANG, *op. cit.*, p. 137): "je mehr Ladung auf See befördert wird, desto grösser ist die Ölschadengefahr, die sie darstellt".

[270] Nos termos do artigo 12/2, é a Assembleia que fixa o montante das contribuições a ser cobrado. A partir daí, cabe ao Director determinar o montante da contribuição anual de cada pessoa referida no artigo 10, devendo, nessa determinação, considerar o regime das alíneas *a*) e *b*) do artigo 12/2. Esclarece o artigo 12/3 que as importâncias mencionadas no artigo 12/2 são calculadas dividindo o total das contribuições necessárias pelo total das quantidades de hidrocarbonetos contribuintes que foram recebidos, no decurso do ano considerado, no conjunto dos Estados Contratantes.

tenham recebido determinada tonelagem de *hidrocarbonetos contribuintes*[271] transportados por via marítima (*i*) para portos ou instalações terminais localizados no território de cada Estado contratante [alínea *a*) do artigo 10/1] e (*ii*) descarregados num porto ou numa instalação terminal de um Estado não contratante e transportados posteriormente para uma instalação localizada naquele Estado contratante, tendo em conta que os hidrocarbonetos contribuintes só serão contabilizados na primeira entrega num Estado contratante após a sua descarga no Estado não contratante[272].

As contribuições ao Fundo estão, assim, dependentes da indústria petrolífera de transformação dos vários Estados parte, constatação que, a uma análise mais realista, deixa a nu o facto de os verdadeiros contribuintes serem, a final, os consumidores, já que, como é óbvio, tais contribuições reflectir-se-ão, em cadeia, nos preços na fase do consumo[273].

Seja como for, pelo menos numa primeira linha e em termos formais, os contribuidores são os utilizadores do transporte, importadores de hidrocarbonetos, que não os proprietários dos navios[274], o que marca uma relevante diferença de pressupostos face à CLC.

---

[271] A tonelagem a partir da qual o artigo 10 impõe deveres de contribuição é 150.000 toneladas. O conceito de *hidrocarbonetos* válido para a Convenção FIPOL 1992 é o do artigo I/5 da CLC/92, por força do artigo 1/2 daquela. No entanto, a Convenção FIPOL 1992 consagra o conceito de *hidrocarbonetos contribuintes* (artigo 1/3), considerando como tais o *petróleo bruto* e o *fuelóleo*. Por sua vez, cada um destes conceitos é objecto de novas definições [alíneas *a*) e *b*) do artigo 1/3]; cf., v. g., COMENALE PINTO, *La responsabilità per inquinamento da idrocarburi*, p. 34.

[272] Realce-se o facto de o artigo 10/2 introduzir o conceito de "pessoa associada": o objectivo é evitar que as companhias se socorram de sociedades-satélite para tornear o dever e a dimensão da contribuição. Assim, a alínea *a*) do artigo 10/2 manda adicionar aos hidrocarbonetos contribuintes recebidos pela "pessoa" os hidrocarbonetos contribuintes recebidos pela "pessoa associada"; cf., a propósito, HWANG, *Die Reederhaftung für Ölverschmutzungsschäden*, pp. 138-139.

[273] Cf., v. g., ARROYO, *Curso de Derecho Marítimo*², p. 761 ("Naturalmente esse importe lo paga el consumidor") e VIALARD, *Faut-il réformer le régime d'indemnisation des dommages de pollution par hydrocarbures?*, p. 440: "Qui paie la taxe, sinon le consommateur final de pétrole? Alors, un peu plus, un peu moins!".

[274] Cf., v. g., BONASSIES, *Après l'Erika: Les quatre niveaux de réparation des dommages*, p. 1574 e ss.; cf. também ALTFULDISCH, *Haftung und Entschädigung nach Tankerunfällen auf See*, p. 51 e ss. e VINCENZINI, *Profili assicurativi della responsabilità civile per inquinamento*

Quanto às contribuições para o Fundo Complementar, as mesmas são asseguradas *grosso modo* nos termos das contribuições para o FIPOL[275].

5.2. As compensações supletivas ou complementares

5.2.1. A compensação pelo Fundo

I. Resulta do artigo 2/1 da Convenção FIPOL 1992 que o principal objectivo do Fundo[276] é [alínea *a*)] assegurar uma compensação pelos *prejuízos devidos à poluição*[277], na medida em que seja insuficiente a indemnização prevista na CLC/92.

Na verdade, porém, conforme resulta do regime plasmado no artigo 4, o Fundo destina-se a cobrir não apenas situações de *insuficiência* mas também

---

da idrocarburi, 982 e ss.; cf. ainda KAPPET, *Tankerunfälle und der Ersatz ökologischer Schäden*, pp. 44-45: "Den Streit zwischen Reedern und Ölwirtschaft, wer für die Haftung infolge von Ölverschmutzungsschäden aufkommen soll, konnte auf diese Weise zun Ausgleich gebracht werden".

[275] Efectivamente, de acordo com o artigo 10/1 do Protocolo, as contribuições anuais para o Fundo Complementar serão efectuadas, em relação a cada Estado contratante, por qualquer pessoa que, no ano referido nas alíneas *a*) ou *b*) do artigo 11/2, tenha recebido, no total, hidrocarbonetos em quantidade superior a 150.000 toneladas, nos termos fixados nas alíneas *a*) e *b*) do mesmo artigo 10/1. Vale também no domínio do Fundo Complementar o regime do artigo 10/2 da Convenção FIPOL 1992, designadamente no que respeita ao relevo da "pessoa associada", por força do artigo 10/2 do Protocolo. Sobre o regime de contribuição para o Fundo Complementar, cf., v. g., ALTFULDISCH, *Haftung und Entschädigung nach Tankerunfällen auf See*, p. 55.

[276] Cf., v. g., COMENALE PINTO, *La responsabilità per inquinamento da idrocarburi*, p. 32 e ss..

[277] Vale aqui, por força do artigo 1/2 da Convenção FIPOL 1992, o sentido traçado no artigo I/6 da CLC/92. Aliás, outros conceitos parametrizadores da CLC/92 têm aplicação na Convenção FIPOL 1992, como o de "navio", "pessoa", "proprietário", "hidrocarbonetos", "medidas de salvaguarda", "evento" e "Organização", o que resulta explicado pela "continuidade normativa" (a expressão é, entre nós, adoptada por OLIVEIRA COELHO, *Poluição marítima por hidrocarbonetos e responsabilidade civil*, p. 186) entre as duas Convenções. Destacando a identidade de âmbitos de aplicação entre a CLC/92 e a Convenção FIPOL/92, cf. ALTFULDISCH, *Haftung und Entschädigung nach Tankerunfällen auf See*, p. 48 e COMENALE PINTO, *La responsabilità per inquinamento da idrocarburi*, p. 32 e ss..

aquelas, mais graves, em que os lesados[278] não tenham recebido qualquer indemnização por prejuízos devidos à poluição[279] no quadro da CLC/92. O artigo 4 da Convenção FIPOL 1992 revela-se, de facto, a disposição fundamental para determinar quem e em que situações pode agir contra o FIPOL.

Antes de analisarmos essas situações, importa, desde já, chamar a atenção para o facto de os artigos 4/2 e 4/3 preverem situações de "desobrigação" do Fundo, ou seja de situações em que o Fundo se pode recusar licitamente a pagar a compensação. Na alínea *a*) do artigo 4/2 é admitida a exclusão de responsabilidade do Fundo se for provado que os prejuízos devidos à poluição são consequência "de um acto de guerra, de hostilidades, de guerra civil ou de insurreição ou que foi causado por um derrame ou descarga de hidrocarbonetos proveniente de um navio de guerra ou de qualquer outro navio propriedade de um Estado ou por ele explorado e exclusivamente atribuído, no momento do incidente, a um serviço não comercial do Estado"[280].

Por sua vez, a alínea *b*) do mesmo artigo 4/2 prevê que o Fundo pode desobrigar-se "se o reclamante não puder provar que o prejuízo é devido a

---

[278] Em cujo número não se encontram, diversamente do que sustenta OLIVEIRA COELHO, *Poluição marítima por hidrocarbonetos e responsabilidade civil*, p. 186, "os donos da mercadoria cujo derramamento provoca os danos".

[279] Para quem siga cegamente a tradução portuguesa, deparará aqui com dificuldades sobre a identificação dos danos relevantes: na verdade, o artigo 4/1 da Convenção FIPOL 1992 emprega a expressão "prejuízos por poluição", quando seria suposto, em consonância com o artigo 1/2 e com a alínea *a*) do artigo 2/1, usar a expressão "prejuízos devidos à poluição". Trata-se de um escolho que o intérprete supera, dando relevo ao conceito que vem definido no artigo I/6 da CLC/92 e que é, de resto, assumido, desde logo, no artigo 1/2 da Convenção FIPOL, bem como na alínea *a*) do artigo 2/1. É de lamentar, mais uma vez, uma certa ligeireza do tradutor português que, na alínea *b*) do artigo 4/1, usa uma outra expressão ("prejuízo motivado por poluição") para designar os "prejuízos devidos à poluição".

Refira-se, nesta sede, que, por força do último parágrafo do artigo 4/1 da Convenção FIPOL 1992, são considerados "prejuízos por poluição", para efeitos do artigo 4, "as despesas ou os sacrifícios voluntários, razoavelmente efectuados pelo proprietário, para evitar ou reduzir prejuízos por poluição". Esta previsão é coerente com o facto de o artigo V/8 da CLC/92 admitir que participem no fundo de limitação, "desde que razoáveis, as despesas realizadas e os sacrifícios consentidos voluntariamente pelo proprietário, com o objectivo de evitar ou reduzir uma poluição".

[280] Cf., sobre a *ratio*, COMENALE PINTO, *La responsabilità per inquinamento da idrocarburi*, p. 34.

um incidente envolvendo um ou mais navios"[281]. Trata-se de uma medida que, se, por um lado, é compreensível, para evitar recursos não fundados ao Fundo – cujo campo de intervenção é determinado em função de uma prévia identificação do seu risco de intervenção, por parte dos contribuintes[282] – por outro, tornar-se-á intolerável se for interpretada no sentido de os lesados terem de identificar o navio ou navios; considerando os objectivos do Fundo, bastará que os lesados provem que os prejuízos têm origem num incidente marítimo envolvendo, pelo menos, um navio (ainda que não identificado), cabendo, então, ao Fundo o ónus da contraprova[283].

A situação de desobrigação prevista no artigo 4/3 da Convenção FIPOL 1992[284] está relacionada com o comportamento do lesado: destaque-se a desobrigação *per relationem* prevista na segunda parte do artigo 4/3: o Fundo fica desobrigado na medida em que o proprietário o fique também, nos termos do disposto no artigo III/3 da CLC/92[285]. De acordo com a primeira parte do artigo 4/3, o Fundo pode desobrigar-se, no todo ou em parte, da obrigação de compensar o lesado se fizer a prova de que o prejuízo devido à poluição resulta, no todo ou em parte, "seja do facto de a pessoa que o sofreu ter agido ou deixado de agir na intenção de causar prejuízo, seja da negligência dessa mesma pessoa"; trata-se, no entanto, de uma previsão que, em rigor, é pleonástica, uma vez que a desobrigação do Fundo, nessa situação, já resultaria da citada remissão *per relationem*, constante do último período do artigo 4/3 da Convenção sobre o Fundo, considerando o regime estabelecido no artigo III/3 da CLC.

---

[281] Cf., sobre este regime e sua justificação, CHAO WU, *La pollution du fait du transport maritime des hydrocarbures*, p. 104 e ss.. Sobre o "tremendous significance" do debate nesta matéria – dos "unidentified ships" – cf. M'GONIGLE / ZACHER, *Pollution, politics and international law*, p. 186 e ss..

[282] Acentuando este aspecto, cf. REMOND-GOUILLOUD, *Les fonds d'indemnisation*, p. 311.

[283] Cf., neste sentido, HWANG, *Die Reederhaftung für Ölverschmutzungsschäden*, p. 142: "es ist hinreichend, wenn der Geschädigte beweisen kann, dass die Schäden aus dem Tankereignis entstanden sind"; cf. também OLIVEIRA COELHO, *Poluição marítima por hidrocarbonetos e responsabilidade civil*, pp. 189-190.

[284] Desobrigação essa que, no entanto, não abrange as *medidas de salvaguarda*, conforme dispõe o artigo 4/3, *in fine*.

[285] Cf. o nosso *Limitação de responsabilidade por créditos marítimos*, p. 382 e ss..

II. A *primeira situação* em que é possível recorrer ao Fundo é aquela em que a CLC/92 "não prevê nenhuma responsabilidade pelos prejuízos em causa". Digamos que, *a priori*, em todos os casos em que o proprietário do navio fica exonerado de responsabilidade, o lesado poderá obter uma compensação do FIPOL[286].

O artigo 4/1 da Convenção FIPOL 1992 remete, desta forma, para o artigo III/2 da CLC/92[287], disposição que exonera o proprietário do navio da responsabilidade por qualquer prejuízo devido à poluição, *grosso modo*, por actos de guerra ou de caso fortuito ou de força maior [alínea *a*)]; por acto ou omissão intencional de terceiro [alínea *b*)] ou por negligência ou acção prejudicial de um Governo ou de outra autoridade responsável pelo bom funcionamento dos faróis ou de outros auxiliares da navegação, praticada no exercício destas funções [alínea *c*)].

A *segunda situação* em que é possível ao lesado recorrer ao Fundo é aquela [alínea *b*) do artigo 4/1] em que em que o proprietário do navio, responsável face à CLC/92, não tenha *capacidade financeira* para cumprir as obrigações que decorrem daquela Convenção, sendo a (eventual) garantia financeira, constituída nos termos do artigo VII da mesma CLC, insuficiente para satisfazer os pedidos de indemnização[288].

Que *diligências* deve fazer o lesado para ter "comprovado" o requisito da incapacidade financeira do proprietário do navio? Parece que *todas* (!), face ao que dispõe o segundo período da alínea *b*) do artigo 4/1, deixando a nu a frágil situação dos lesados e suscitando a legítima reserva sobre a coerência entre o discurso preambular à Convenção FIPOL 1992 e as concretas exigências desta: o lesado tem de fazer a prova de que usou "todos os meios legais ao seu alcance" para conseguir obter integralmente o montante da indemnização a que tem direito face à CLC/92 e que tal objectivo não foi conseguido. Havendo garantia financeira constituída nos termos do artigo VII da CLC, o lesado terá de fazer idêntica prova.

---

[286] Cf., a propósito, com referência à Convenção FIPOL 1971, CHAO WU, *La pollution du fait du transport maritime des hydrocarbures*, p. 108 e ss. e HWANG, *Die Reederhaftung für Ölverschmutzungsschäden*, p. 141 e ss..

[287] Cf. o nosso *Limitação de responsabilidade por créditos marítimos*, p. 382 e ss..

[288] Cf., por todos, HWANG, *Die Reederhaftung für Ölverschmutzungsschäden*, pp. 143-144.

A *terceira situação* em que é possível ao lesado recorrer ao Fundo é aquela [alínea *c*) do artigo 4/1] em que os prejuízos excedem o limite da responsabilidade do proprietário do navio, conforme estabelecido no artigo V/1 da CLC/92[289].

Digamos que a previsão de intervenção do Fundo nesta situação tem toda a lógica, correspondendo mesmo, pode dizer-se, à situação típica, objecto de preocupação dos Estados parte, aquando da criação do FIPOL. Justifica--se, assim, neste quadro, a referência ao limite do fundo de limitação de responsabilidade, para deixar claro a partir de que volume quantificado de danos intervém o Fundo.

Causa já alguma perplexidade, sob o prisma de tutela dos lesados, a dependência da intervenção do FIPOL da constituição, no âmbito da CLC/92, de um fundo de limitação. Na verdade, resulta do artigo 4/6 da Convenção FIPOL que, não tendo o proprietário do navio constituído um fundo de limitação ao abrigo do artigo V/3 da CLC/92, o pagamento de uma compensação por parte do Fundo está dependente da discricionariedade da Assembleia do Fundo. Ou seja: literalmente interpretado, o artigo 4/6 permite que, numa situação em que o proprietário do navio não tenha o direito de limitar a sua responsabilidade (artigo V/2 da CLC/92) e, como tal, não tenha podido constituir um fundo de limitação, o FIPOL só compensa os lesados pelos prejuízos sofridos se quiser, de nada relevando, neste quadro, a circunstância de o proprietário do navio estar eventualmente insolvente. Parece-nos, porém, que a preocupação ínsita ao regime do artigo 4/6 não é a da *efectiva constituição* do fundo de limitação, como tal declarada pelo tribunal, mas a do *requerimento* ou *promoção* de constituição do fundo de limitação. Aparentemente, pretende o FIPOL assegurar-se, antes de pagar qualquer compensação, que o evento foi sujeito à apreciação de um tribunal, no âmbito de um processo no qual foi feita prova relativamente à dimensão da responsabilidade do proprietário do navio.

Referidas as situações em que é possível aos lesados por prejuízos devidos à poluição exigir uma compensação ao Fundo, torna-se evidente que, umas vezes, tal compensação surge *em complemento* da indemnização

---

[289] A alínea *c*) do artigo 4/1 não se reporta apenas àquele limite: reporta-se ainda aos "termos de qualquer convenção internacional em vigor ou aberta para assinatura, ratificação ou adesão à data da presente Convenção".

obtida, directa ou indirectamente, através do proprietário do navio – como no caso em que o lesado tenha sido parcialmente satisfeito através do fundo de limitação previsto na CLC/92 – enquanto que noutros casos essa compensação supre a falta de indemnização, tendo, então, um cariz *supletivo*[290]: assim acontece, por exemplo, na situação em que o lesado não logra obter indemnização directa do proprietário do navio por impotência económica deste, nem logra recorrer a um fundo de limitação, pelo facto de o mesmo não ser obrigatório ou, sendo-o, não ter sido constituído.

III. Conforme resulta do exposto, a compensação pelo Fundo não é norteada pelo princípio do ressarcimento integral dos danos sofridos pelo lesado: a compensação supletiva ou suplementar pagável pelo Fundo tem também limites, que se encontram definidos no artigo 4 da Convenção FIPOL 1992[291].

A regra está formulada no artigo 4/4[292], na sua alínea *a*): a soma dos montantes recebidos ao abrigo da CLC/92 com os montantes a pagar pelo Fundo, por prejuízos devidos à poluição em consequência de um *evento*, não poderá exceder 203.000.0000 unidades de conta[293].

As alíneas *b*) e *c*) do artigo 4/4 contêm novas previsões. Assim [alínea *b*)], a quantia total a pagar pelo Fundo, por prejuízos devidos à poluição resultantes de um *fenómeno natural* de carácter excepcional, inevitável e

---

[290] Cf., a propósito, REMOND-GOUILLOUD, *Les fonds d'indemnisation*, p. 310 e ss. e CHAO WU, *La pollution du fait du transport maritime des hydrocarbures*, p. 100 e ss.; cf. também MÁRIO RAPOSO, *A nona lei marítima de Macau*, p. 1168 (acentuando o cariz complementar) e *Segunda (e última) reflexão*, p. 684, reportando-se à previsão de uma "indemnização adicional ou substitutiva em relação à prevista na CLC".

[291] Consideramos aqui os limites que resultam das emendas adoptadas na 82.ª sessão do Comité Legal da OMI, através da Resolução LEG.2 (82), conforme aprovação feita pelo Decreto 5/2006, de 6 de Janeiro.

[292] De salientar também o regime da alínea *d*) do artigo 4/4, a qual manda não considerar, para efeitos da soma global, os (eventuais) *juros do fundo de limitação* constituído ao abrigo do artigo V/3 da CLC; refira-se também o facto de a alínea *e*) definir os termos da *conversão* das unidades de conta em moeda nacional.

[293] Para efeitos da Convenção FIPOL, o significado de "unidade de conta" é o mesmo que se encontra estabelecido na CLC/92, conforme decorre do artigo 1/4 daquela Convenção. Não se compreenderia, de resto, que, em função das íntimas ligações entre as duas convenções, fossem adoptados significados diversos.

irresistível – situação esta em que a alínea *a*) do artigo III/2 da CLC permite que o proprietário do navio se exonere de responsabilidade[294] – não deve exceder 203.000.0000 unidades de conta; já de acordo com a alínea *c*), a quantia máxima de compensação mencionada nas alíneas *a*) e *b*) deve ser de 300.740.000 unidades de conta para um determinado evento que ocorra em qualquer período em que haja três Partes na Convenção, relativamente à quais o conjunto de hidrocarbonetos contribuintes recebidos por pessoas, nos territórios dessas Partes, durante o ano civil anterior, seja igual ou superior a 600 milhões de toneladas[295].

O artigo 4/5 cura da situação em que as quantias definidas nos termos do artigo 4/4 não sejam suficientes para satisfazer plenamente as pretensões dos lesados; nesse caso, o montante disponível deverá ser distribuído pelos reclamantes, de tal forma que a proporção entre cada reclamação e o montante das compensações recebidas ao abrigo da Convenção FIPOL seja a mesma para todos os reclamantes: trata-se, substancialmente, de aplicar, em sede de compensação pelo Fundo, a lógica do princípio *par conditio creditorum*.

5.2.2. A compensação pelo Fundo Complementar

Tal como em relação ao FIPOL, também as compensações a pagar pelo *Fundo Complementar* não são norteadas pelo princípio da integral satisfação dos credores[296], estabelecendo, do mesmo modo, o Protocolo de 2003 limites de compensação pelo Fundo Complementar.

De acordo com a alínea *a*) do artigo 4/2 do Protocolo, o montante total das compensações pagáveis pelo Fundo Complementar, por força do artigo 4/1, relativamente a cada *evento*[297], será limitado de modo a que a soma desse montante e do montante das indemnizações efectivamente pagas ao

---

[294] Cf. o nosso *Limitação de responsabilidade por créditos marítimos*, p. 382 e ss..

[295] Cf., mas com referência à Convenção de 1971 e respectivos valores, CHAO WU, *La pollution du fait du transport maritime des hydrocarbures*, p. 111 e ss..

[296] Cf., v. g., BRIGNARDELLO, *I luoghi di rifugio per le navi in pericolo*, p. 427.

[297] Somos forçados a voltar, mais uma vez, às agruras das traduções: o Protocolo refere-se aqui a "incidente" e chega mesmo (artigo 1/6) a remeter para o sentido que tal palavra tem na CLC/92, sentido esse que, em rigor literal, não é nenhum, já que esta adopta o conceito de "evento" (artigo I/8).

abrigo da Convenção CLC 1992 e da Convenção FIPOL 1992 que se inscrevam no âmbito de aplicação do Protocolo, não exceda 750 milhões de unidades de conta[298].

Por força do artigo 4/3, se o montante dos pedidos de indemnização imputáveis ao Fundo Complementar exceder o montante total das indemnizações pagáveis nos termos do artigo 4/2, o montante disponível é repartido *pro rata*, de modo que a proporção entre o pedido de indemnização procedente e o montante da indemnização efectivamente recebida pelo credor ao abrigo do Protocolo seja a mesma para todos os credores.

6. Considerações conclusivas sobre o sistema CLC/Fundos

6.1. CLC / Fundo / Fundo Complementar: um modelo à deriva?

I. O até agora exposto permite manifestar, com alguma segurança, reservas à solidez do sistema CLC/Fundos. Essas reservas assentam, em vários pontos.

(*i*) No facto de, como se viu, a CLC, ao canalizar a responsabilidade para o proprietário do navio, ter operado "desimputações", imunizando – nas relações externas com os lesados – sujeitos, como o armador não proprietário do navio que, de outro modo, poderia ser responsabilizado[299].

---

[298] Por força do artigo 5 do Protocolo de 2003, o Fundo Complementar pagará a indemnização quando a Assembleia do FIPOL 1992 considerar que o montante total dos pedidos de indemnização procedentes excede, ou existe o risco de exceder, o montante total de indemnização previsto no artigo 4/4 da Convenção FIPOL 1992 e que, em consequência, a Assembleia do FIPOL 1992 tenha decidido, provisória ou definitivamente, que apenas serão efectuados pagamentos em relação a uma percentagem de um pedido procedente; caberá, então, à Assembleia do Fundo Complementar decidir se e em que medida esse Fundo pagará a proporção de um pedido procedente, não paga ao abrigo da Convenção CLC 1992 e da Convenção FIPOL 1992.

[299] Cf., a propósito, CHAO WU, *La pollution du fait du transport maritime des hydrocarbures*, p. 219 e ss. e 100 e ss.; cf. também BONASSIES, *Le Droit Maritime classique et la sécurité des espaces maritimes*, p. 134: "se sachant juridiquement responsable, l'affréteur

Por outro lado, ao canalizar a responsabilidade para o proprietário do navio, sem ter tido o cuidado de efectivar uma canalização total ou absoluta, a CLC coloca fora da responsabilidade face aos lesados os, amiúde, verdadeiros responsáveis, ao mesmo tempo que permite que se efective uma pressão responsabilizadora sobre terceiros, intervenientes normalmente secundários ("side-players"), como as empresas reparadoras ou as sociedades de classificação de navios.

(*ii*) Ao limitar a responsabilidade do proprietário do navio aos prejuízos devidos à poluição decorrentes de hidrocarbonetos minerais persistentes, a CLC deixa fora do sistema a poluição causada por outras substâncias nocivas ou perigosas, forçando, assim, os trabalhos para uma outra Convenção (no caso a HNS):

(*iii*) Os limites sucessivamente fixados têm demonstrado que o sistema CLC/Fundos tem andado ao ritmo das grandes catástrofes, estando sempre ou quase sempre aquém da seguinte.

(*iv*) A dimensão dos danos a ressarcir só a partir do Protocolo de 1992 dá algum relevo aos danos ambientais, mas impunha-se um critério mais "amigo do ambiente".

(*v*) Considerando a CLC, o seguro não protege suficientemente os lesados quando o proprietário do navio esteja insolvente, quando o próprio segurador o esteja ou quando o proprietário do navio tenha provocado intencionalmente os danos.

(*vi*) O sistema actual não se mostra suficientemente dissuasor na prevenção de grandes catástrofes[300].

(*vii*) A CLC surge, designadamente quando confrontada com o *Oil Pollution Act*, demasiado branda para com o proprietário do navio, tendo o Protocolo de 1992 facilitado – ou, pelo menos, pretendido facilitar – a limitação de responsabilidade ou, vendo por outro

---

coque nue, l'affréteur à temps, et plus généralement l'exploitant non propriétaire, sera porté à être plus attentif à la qualité de ses équipages, à la formation de ceux-ci, à l'entretien du navire, tous éléments qui font la sécurité de la navigation".

[300] Cf., v. g. BULHER, *Les marées noires: prévention et réparation*, p. 474, seguindo de perto o pensamento de Vialard.

prisma, restringido as situações em que aos credores é dado obter indemnização pela totalidade dos danos[301].

II. Neste quadro, não espanta que o complexo e insuficiente sistema CLC/Fundos fique, para muitos[302], a perder no confronto com o *Oil Pollution Act* norte-americano, reportando-se Lucchini[303] à "grande faiblesse" do sistema, Chao Wu[304] a um "vício oculto", enquanto que Vialard[305] se refere, duramente, à "irresponsabilité organisée" dos proprietários de navios.

Na base de tudo parece estar um erro de perspectiva[306]: a aplicação a um problema ambiental de uma lógica de responsabilidade civil (e respectiva limitação) marítima, podendo dizer-se, com Vialard[307], que "la limitation de l'indemnisation des catastrophes de marée noire opposée à des victimes d'un trafic profitable au monde entier est devenue inacceptable"; ou então, com Bonassies[308]: "L'institution de la limitation de responsabilité, valable dans la vie maritime classique, apparait dépassée par les développements de la tecnologie moderne, lesquels font des navires des sources de danger non seulement pour les marchandises qu'ils transportent mais aussi pour les tiers, et surtout pour l'environnement".

---

[301] Lê-se, a propósito, em JACOBSSON, *The international liability and compensation regime for oil pollution from ships*, p. 20: "(...) it is much more difficult for a shipowner to limit liability in the United States than it is under the international regime".

[302] Cf., v. g., VIALARD, *Faut-il réformer le régime d'indemnisation des dommages par hydrocarbures?*, p. 443 e ss., lendo-se a pp. 449: "Combien de temps lui faudra-t-il pour transposer dans une convention internationale les idées de l'*Oil Pollution Act* de 1990, dont les solutions sont beaucoup plus proches des exigences sociales et environnnementales modernes que celles du système de l'OMI?".

[303] Cf. LUCCHINI, *Le procès de l'Amoco Cadiz*, p. 782; a pp. 766, o autor refere-se às sucessivas "insuffisances ou défaillances", progressivamente postas a nu.

[304] Cf. CHAO WU, WU, *La pollution du fait du transport maritime des hydrocarbures*, p. 221.

[305] Cf. VIALARD, *Faut-il réformer le régime d'indemnisation des dommages par hydrocarbures?*, p. 438.

[306] Refere-se, a propósito, VIALARD, *Faut-il réformer le régime d'indemnisation des dommages par hydrocarbures?*, p. 442, a "une erreur d'optique fondamentale".

[307] Cf. VIALARD, *Faut-il réformer le régime d'indemnisation des dommages par hydrocarbures?*, p. 449.

[308] Cf. BONASSIES, *Rapport de synthèse*, p. 1088.

Haveria que tratar estas situações em "modo ambiental", que não em "modo marítimo", ou, se quisemos, deixar de seguir o "paradigma marítimo" para seguirmos o "paradigma ambiental"[309].

A questão que, serenamente, deve ser colocada é a de saber quando é que haverá coragem de tomada de medidas de fundo, que permitam parar com a situação de "correr atrás do prejuízo", que se verifica no sistema actual constituído pelo conjunto CLC / Fundos[310].

6.2. Sobre a natureza da responsabilidade do proprietário do navio

Cremos ter deixado suficientemente apontada uma diferença de natureza entre a *indemnização* prevista na CLC e a *compensação* prevista na Convenção FIPOL e no Fundo Complementar[311]. Essa diferença de natureza apresenta-se, à partida, como sugestiva: na CLC estaria em causa a responsabilidade do proprietário do navio, enquanto que através dos Fundos se pretenderia tornar indemnes os lesados, mas à margem do regime da responsabilidade civil.

Impõe-se, porém, uma análise mais atenta no que tange à responsabilidade do proprietário do navio, importando questionar o seu carácter *ressarcitório* ou *punitivo*[312]. Mais concretamente, está em causa saber se a

---

[309] Cf. também KIERN, *Liability, compensation and financial responsibility under the Oil Pollution Act*, p. 529 e ss., referindo-se ao facto de o *Oil Pollution Act* ter desmantelado o tradicional regime da responsabilidade marítima e respectiva limitação: "traditional barriers to responsible party liability".

[310] Com propostas para um novo modelo, organizado com base num SUPER-FIPOL, e com um regresso à responsabilidade aquiliana, complementada pela previsão de indemnizações punitivas, cf. LE COUVIOUR, *La responsabilité civile à l'épreuve des pollutions majeures*, I e II, *passim* (cf. ee II, p. 753 e ss.); Questionando se a existência de limites de indemnização não será "a historical mistake", cf. também FAURE / HUI, *Financial caps of oil pollution damage*, p. 603 e ss.. A equacionação de uma reforma exigiria uma profunda análise económica do sistema existente, abordagem essa que, de resto, vem sendo feita por alguns autores; cf., v. g., Faure / Hui, *Economic analysis of compensation for oil pollution damage*, *passim* e FAURE, *L'analyse économique du droit de l'environnement*, *passim*.

[311] Cf. *supra*, ponto 5.1.

[312] Sobre o problema, no âmbito da CLC, pode ver-se, v. g., COMENALE PINTO, *La responsabilità per inquinamento da idrocarburi*, p. 17 e ss. e VINCENZINI, *Profili assicurativi della responsabilità per inquinamento da idrocarburi*, p. 980.

responsabilidade que o artigo III/1 da CLC imputa ao proprietário do navio tem por fim ressarcir os lesados ou punir tal responsável. Não se esqueça, na equacionação deste problema, o facto de, para a CLC, ser absolutamente indiferente, no que respeita às relações externas com os lesados, que o proprietário do navio seja o efectivo ou material responsável – aquele que seria responsável, de acordo com as regras gerais de imputação da responsabilidade civil aquiliana. Conforme vimos, ainda que, de acordo com o regime geral da responsabilidade civil, a imputação devesse ser feita, por exemplo, ao afretador em casco nu, a CLC desconsidera totalmente tal imputação e sobrepõe à mesma a imputação – a canalização – ao proprietário do navio. Falou-se mesmo *supra* de "desimputações", mas, na realidade, trata-se de desconsideração de imputações a nível das relações externas – salvos os casos excepcionais em que a CLC permite a responsabilização directa das pessoas num primeiro passo "imunizadas", nos termos do artigo III/4[313], e sem prejuízo também das situações de imputação a pessoas não referidas no mesmo artigo III/4[314].

À partida, diríamos que a responsabilidade do proprietário do navio tem um cariz indemnizatório: a CLC imputa ao proprietário do navio a responsabilidade por prejuízos devidos à poluição com o único objectivo de permitir o ressarcimento de prejuízos. A partir daqui, o facto de tal sujeito poder, em princípio, limitar a sua responsabilidade não milita contra esta conclusão, significando tal limitação possível – quando possível – que, por razões específicas, a seu tempo analisadas[315], a CLC admite que o proprietário do navio não tenha que arcar com a totalidade dos danos.

Até aqui, a ideia de *punir* o proprietário do navio *qua tale* parece-nos alheia à CLC, parecendo-nos evidente que, a pretender estabelecer um sistema de indemnização punitiva, a CLC não teria optado por um regime de canalização: teria optado por imputar a responsabilidade ao efectivo causador, dobrando tal imputação com uma *pena*.

Onde a dimensão punitiva já parece aflorar é nas situações em que, ao proprietário do navio não é possível limitar a sua responsabilidade (artigo

---

[313] Cf. *supra*, ponto 2.
[314] Cf. *supra*, ponto 2.7.
[315] Cf. *supra*, ponto 4.

V/2)[316]: poderíamos dizer que a CLC, ao impor – diríamos *reimpor* – ao proprietário do navio o dever de ressarcir os lesados pela totalidade dos danos indemnizáveis face à mesma CLC, estaria a punir o proprietário do navio pela sua conduta. Não obstante, não nos parece que assim seja, pelo menos em termos de natureza da responsabilidade do proprietário do navio, uma vez que a mesma não é, à partida[317] – diríamos mesmo, em princípio – limitada ou limitável, cobrindo, assim, vocacionalmente, a responsabilidade do proprietário do navio a totalidade dos danos. A dimensão punitiva só é captável se nos circunscrevermos ao regime da limitação da responsabilidade sem curar da sua inserção e articulação com os termos da imputação feita no artigo III/1 da CLC.

Acresce que, em rigor, as situações em que ao proprietário do navio não é dado limitar a sua responsabilidade correspondem, não plenamente mas *grosso modo*, àquelas em que a imputação legal *ex vi* canalização se encontra com aquela que seria a imputação nos termos gerais da responsabilidade civil, colocando-se, então a questão do carácter sancionatório ou punitivo nos termos em que a questão deve ser, em geral colocada na dogmática da responsabilidade.

O exposto não desconsidera o facto de o proprietário do navio poder ter que ressarcir danos que não causou efectivamente. Nesses casos, a sua responsabilidade objectiva é explicada pelo risco e perigosidade da actividade que desenvolve ou que propicia, ao permitir a exploração do navio por outrem, podendo ser também considerado um garante da indemnização que os lesados poderiam (eventualmente) exigir a outrem, entretanto imunizado, nas relações externas, pela CLC.

---

[316] Cf. *supra*, ponto 4.2.
[317] Cf. o nosso *Limitação de responsabilidade por créditos marítimos*, p. 481 e ss., sobre a posição do proprietário do navio quanto à limitação na convenção de Bruxelas de 1957.

BIBLIOGRAFIA*

ALBUQUERQUE, Pedro de / PEREIRA, Maria de Lurdes – *A responsabilidade civil das autoridades reguladoras e de supervisão por danos causados a agentes económicos e investidores no exercício de actividades de fiscalização ou investigação*, in "Regulação e concorrência. Perspectivas e limitres da defesa da concorrência", Almedina, Coimbra, 2004, pp. 203-248.

ALMEIDA, Alcides de / DUARTE, Miranda – *Legislação marítima anotada*, II, Almedina, Coimbra, 1971.

ALMEIDA, Margarida Maria Matos Correia Azevedo de – *A responsabilidade civil do banqueiro perante os credores da empresa financiada*, Universidade de Coimbra, Coimbra Editora, Coimbra, 2003.

ALTFULDISCH, Rainer – *Haftung und Entschädigung nach Tankerunfällen auf See. Bestandsaufnahme, Rechtsvergleich und Überlegungen de lege ferenda*, Springer, Berlin, 2006.

AMZALAK, Mose Bensahat – *Armamentos marítimos*, Lisboa, 1924.

ANTUNES, Ana Filipa Morais – *O abuso da personalidade jurídica colectiva no Direito das Sociedades Comerciais. Breve contributo para a temática da responsabilidade civil*, in "Novas tendências da responsabilidade civil", por Ana Filipa Morais Antunes, Maria João Pestana de Vasconcelos e Fernando Sá, Almedina, Coimbra, 2007, pp. 7-83.

ANTUNES, José A. Engrácia – *Os grupos de sociedades. Estrutura e organização jurídica da empresa plurisocietária*, 2.ª edição, Almedina, Coimbra, 2002.

ARAGÃO, Maria Alexandra – *O princípio do poluidor-pagador*, Coimbra Editora, Coimbra, 1997.

ARAÚJO, Fernando – *Teoria económica do contrato*, Almedina, Coimbra, 2007.

ARROYO MARTÍNEZ, Ignacio – *Curso de Derecho Marítimo*, 2.ª edição, Thomson – Civitas, Cizur Menor, 2005.

——, *Problemas jurídicos relativos a la seguridad de la navegación marítima (referencia especial al "Prestige")*, in "Estudios sobre el régimen jurídico de

---

*A presente lista inclui as obras que, constando da Bibliografia do nosso livro *Limitação de responsabilidade por créditos marítimos*, estão citadas no presente texto. Pelas razões explicadas na nota inicial, inseriu-se também a indicação bibliográfica daquela obra.

los Vertidos de Buques en el Medio Marino", Direcção de José Luís Meilán Gil, Coordenação de Juan José Pernas García e Rafael Garcia Pérez, Thomson / Aranzadi, Cizur Menor, 2006, pp. 41-69.

AYLLÓN DÍAZ-GONZÁLEZ, Juan Manuel – *Derecho nuclear*, Editorial Comares, Granada, 1999.

BARBOSA, Mafalda Miranda – *Liberdade vs. Responsabilidade. A precaução como fundamento da imputação delitual? Considerações a propósito dos cable cases*, Almedina, Coimbra, 2006.

BASEDOW, Jürgen / WURMNEST, Wolfgang – *Die Dritthaftung von Klassifikationsgesellschaften*, Mohr Siebeck, Tübingen, 2004.

——, *Responsabilidad de las sociedades de classificación frente a terceros en el contexto de los accidentes de la navegación*, in "Estudios sobre el régimen jurídico de los Vertidos de Buques en el Medio Marino", Direcção de José Luís Meilán Gil, Coordenação de Juan José Pernas García e Rafael Garcia Pérez, Thomson / Aranzadi, Cizur Menor, 2006, pp. 413-434.

BERLINGIERI, Francesco – *Progetto di Convenzione Internazionale per la disciplina della responsabilità per danni da polluzione da idrocarburi*, in DM 1968, pp. 520-542.

——, *La conferenza di Bruxelles sui danni da polluzione da idrocarburi*, in DM 1969, pp. 501-518.

——, *Il regime uniforme della responsabilità per danni risultanti dall'esercizio della nave e della sua limitazione*, in DM 1999, pp. 271-311.

——, *Il sistema internazionale di risarcimento dei danni causati da inquinamento da idrocarburi*, in DM 1992, pp. 3-29.

BLOMEYER, Johann-Georg – *Die Kanalisierung der Haftung im Atomrecht aus Versicherungsrechtlicher Sicht*, Berlin, 1971.

BOISSON, Philippe – *Le rôle des sociétés de classification dans le transport maritime*, in "Études de droit maritime à l'aube du XXI.ᵉ siècle. Mélanges offertes à Pierre Bonassies", Éditions Moreux, Paris, 2001, pp. 65-74.

——, *La société de classification bénéficie-t-elle de l'exclusion prévue par l'article III (4) de la Convention CLC?*, in DMF 2008, pp. 696-703.

BONASSIES, Pierre – *Le droit maritime classique et la sécurité des espaces maritimes*, in "Espaces et Ressources Maritimes", N.º 1 (1968), pp. 115-135.

——, *Après l'Erika: les quatre niveaux de réparation des dommages résultant d'une pollution maritime par hydrocarbures*, in DM 2000, pp. 1570-1580.

——, *Rapport de synthèse*, in DMF 2002, pp. 1083-1088.

——, *Sociétés de classification et convention de 1969 / 1992 sur la responsabilité pour les dommages dus à la pollution par les hydrocarbures*, in DMF 2008, pp. 691-696.

BONELLI, Franco – *La limitazione della responsabilità armatoriale*, in DM 1983, pp. 130-144.

——, *La responsabilità della società controllante per gli illeciti delle proprie controllate*, in DM 1985, pp. 908-919.

BRIGNARDELLO, Monica – *I luoghi di rifugio per le navi in pericolo: un difficile compromesso tra sicurezza della navigazione, tutela ambientale ed interessi degli Stati costieri*, in DM 2005, pp. 401-433.

BRINZ, V. – *Obligation und Haftung*, in AcP 70 (1886), pp. 371-408.

BRITO, José Miguel de Faria Alves de – *Seguro marítimo de mercadorias. Descrição e notas ao seu regime jurídico*, Almedina, Coimbra, 2006.

BULHER, Jean-Claude – *Les marées noires: prévention et réparation*, in DMF 2003, pp. 471-475.

CABRAL, Rita Amaral – *A tutela delitual do direito de crédito*, in "Estudos em Homenagem ao Professor Doutor Manuel Gomes da Silva", Edição da Faculdade de Direito da Universidade de Lisboa, Coimbra Editora, 2001, pp. 1025--1053.

CARBALLO-CALERO, Pablo Fernández / TORRES PÉREZ, Francisco – *Aseguramiento de la responsabilidad civil por contaminación marina: la intervención de los P & I*, in "Estudios sobre el régimen jurídico de los Vertidos de Buques en el Medio Marino", Direcção de José Luís Meilán Gil, Coordenação de Juan José Pernas García e Rafael Garcia Pérez, Thomson / Aranzadi, Cizur Menor, 2006, pp. 491-520.

CARBONE, Sergio M. – *Diritto internazionale e protezione dell'ambiente marino dall'inquinamento: sviluppi e prospettive*, in DM 2001, pp. 956-968.

CARBONE, Sergio M. / CELLE, Pierangelo / GONZALO, Marco Lopez de – *Il Diritto Marittimo attraverso i casi e le clausole contrattuali*, 3.ª edição, G. Giappichelli Editore, Torino, 2006.

CAXARIA, João da Fonseca / MILLER, Rui Vieira – *Regulamento Geral das Capitanias anotado e com legislação complementar*, Almedina, Coimbra, 1972.

CELLE, Pierangelo – cf.: CARBONE, Sergio M. / CELLE, Pierangelo / GONZALO, Marco Lopez de.

COELHO, Carlos Oliveira – *Poluição marítima por hidrocarbonetos e responsabilidade civil*, Almedina, Coimbra, 2007.

COLLAÇO, Isabel Magalhães – *Problemas jurídicos no domínio do risco nuclear*, textodactilografado, s/d mas provavelmente 1960.

COMISSÃO PERMANENTE DE DIREITO MARÍTIMO INTERNACIONAL – *Pareceres da Comissão Permanente de Direito Marítimo Internacional*, Ministério da Marinha, Lisboa, 1964.

CORDEIRO, António Menezes – *O levantamento da personalidade colectiva no direito civil e comercial*, Almedina, Coimbra, 2000.

——, *Manual de Direito das Sociedades*, I, 2.ª edição, 2007, II, 2.ª edição, 2007, Almedina, Coimbra.

CORDIER, Patricia – cf.: PONTAVICE, Emmanuel / CORDIER, Patricia.

COSTA, Mário Júlio Almeida – *Direito das obrigações*, 10.ª edição, Almedina, Coimbra, 2006.

COSTA, Salvador da – *O concurso de credores. Sobre as várias espécies de concurso de credores e de garantias creditícias*, 4.ª edição, Almedina, Coimbra, 2009.

DANIEL, B. D. – *Potential liability of marine classification societies to non-contracting parties*, in USFMLJ 19 (2006-2007), pp. 183-295.

DÄUBLER, Wolfgang – *Haftung für gefährliche Technologien. Das Beispiel Atomrecht*, C. F. Müller, Heidelberg, 1988.

DE MARTINO, Vittorio – *La responsabilità civile nelle attività pericolose e nucleari*, Giuffrè Editore, Milano, 1979.

DIAS, João António Álvaro – *Dano corporal. Quadro epistemológico e aspectos ressarcitórios*, Almedina, Coimbra, 2001.

DIOGO, Luís da Costa / JANUÁRIO, Rui – *A Convenção das Nações Unidas sobre o Direito do Mar e o novo regime legal do ilícito de poluição marítima*, in RJ 24 (2001), pp. 227-264.

DUARTE, Diogo Pereira – *Aspectos do levantamento da personaliadde colectiva nas sociedades em relação de domínio. Contributo para a determinação do regime da empresa plurisocietária*, Almedina, Coimbra, 2007.

DUARTE, Miranda – cf.: ALMEIDA, Alcides de / DUARTE, Miranda.

DUNCAN, George E. – *Limitation of shipowner' liability: parties entitled to limit; the vessel; the fund*, in TLR 53 (1978-1979), pp. 1046-1086.

ESTEVES, José Vasconcelos – *Direito Marítimo, I. Introdução. Armamento. Navio. Comandante. Piloto*, Livraria Petrony, Lisboa, 1990.

FARIA, Jorge Leite Areias Ribeiro de – *Direito das obrigações*, 2 volumes, Almedina, Coimbra, 1990.

FAURE, Michael / HUI – *Financial caps of oil pollution damage: a historical mistake?*, in MP 32 (2002), pp. 592-606.

—, *Economic analysis of compensation for oil pollution damage*, in JMLC 37 (2006), pp. 179-217.

FERNANDES, Luís A. Carvalho – *Teoria geral do direito civil*, I. *Introdução. Pressupostos da relação jurídica*, 5.ª edição, 2009, II. *Fontes, conteúdo e garantia da relação jurídica*, 4.ª edição, 2007, Universidade Católica Portuguesa, Lisboa.

FERRARA, Francesco – *La liberazione dell'armatore dai debiti relativi ad un viaggio della nave*, in "Studi in onore di Antonio Cicu", I, Giuffrè, Milano, 1951, pp. 245-294.

FOLEY, Vincent J. / NOLAN, Christopher R. – *The Erika judgement – Environmental liability and places of refuge: a sea change in civil and criminal responsability that the maritime community must heed*, in TMLJ 33 (2008), pp. 41-78.

FRADA, Manuel A. Carneiro da – *Teoria da confiança e responsabilidade civil*, Almedina, Coimbra, 2004.

GARCÍA CACHAFEIRO, Fernando – *Las empresas petroleras frente a los daños causados por las "mareas negras"*, in "Estudios sobre el régimen jurídico de los Vertidos de Buques en el Medio Marino", Direcção de José Luís Meilán Gil, Coordenação de Juan José Pernas García e Rafael Garcia Pérez, Thomson / Aranzadi, Cizur Menor, 2006, pp. 459-478.

GARCÍA-PITA Y LASTRES, José Luís – *Aspectos jurídico-mercantiles de la llamada "responsabilidad civil" por daños, en el siniestro "Prestige"*, in "Estudios sobre el régimen jurídico de los Vertidos de Buques en el Medio Marino", Direcção de José Luís Meilán Gil, Coordenação de Juan José Pernas García e Rafael Garcia Pérez, Thomson / Aranzadi, Cizur Menor, 2006, pp. 435--457.

GOMES, Carla Amado – *Risco e modificação do acto autorizativo concretizador de deveres de protecção do ambiente*, Coimbra, Coimbra Editora, 2007.

—, *O ambiente como objecto e os objectos do Direito do Ambiente*, in "Textos dispersos de Direito do Ambiente", I, Lisboa, 2008, pp. 9-33.

—, *A responsabilidade civil por dano ecológico. Reflexões preliminares sobre o novo regime instituído pelo Decrto-Lei n.º 147/2008, de 29 de Julho*, in "O Direito" 141 (2009), pp. 127-161.

GOMES, Júlio Vieira – *Do pagamento com sub-rogação, mormente na modalidade de sub-rogação voluntária*, in "Estudos em Homenagem ao Professor Doutor

Inocêncio Galvão Telles", I. "Direito privado e vária", Almedina, Coimbra, pp. 107-165.

GOMES, Manuel Januário da Costa – *Assunção fidejussória de dívida – Sobre o sentido e o âmbito da vinculação como fiador*, Almedina, Coimbra, 2000.

——, *Direito Marítimo*, IV – *Acontecimentos de mar*, Almedina, Coimbra, 2008.

——, *Limitação de responsabilidade por créditos marítimos*, Almedina, Coimbra, 2010.

GONZALO, Marco Lopez de – cf.: CARBONE, Sergio M. / CELLE, Pierangelo / GONZALO, Marco Lopez de.

GRASSETTI, Cesare –*Il regime giuridico della responsabilità civile*, in "Il Diritto della Energia Nucleare", Giuffrè, Milano, 1961, pp. 427-440.

GRIMALDI, Marcello – *Oil pollution e coperture assicutative P & I*, in "Studi in memoria di Elio Fanara", II, Giuffrè, Milano, 2008, pp. 91-102.

HECK, Philipp – *Grundiss des Schuldrechts*, Tübingen, 1929.

HERBER, Rolf – *Das internationale Übereinkommen über die Haftung für Schäden durch Ölverschmutzung auf See*, in RabelsZ 1970, pp. 223-252.

——, *Seehandelsrecht. Systematische Darstellung*, Walter de Gruyter, Berlin, New York, 1999.

HILL, Christopher – cf.: HODGES, Susan / HILL, Cristopter

HODGES, Susan / HILL, Cristopter – *Principles of maritime law*, LLP, London, Hong Kong, 2001.

HOLTAPPELS, Peter – *Haftung von Klassifikationsgesellschaften in der Handelsschiffahrt*, in TranspR 2002, pp. 278-282.

HUI, Wang – cf.: FAURE, Michael / HUI, Wang.

HWANG, Chen-Yen – *Die Reederhaftung für Ölverschmutzungsschäden (insbesondere auf See) unter besonderer Berücksichtigung des Internationalen Haftungsabkommens von 1969 und des Internationalen Fondsabkommens von 1971*, Hamburg, 1978.

JACOBSSON, Mans – *The international liability and compensation regime for oil pollution from ships – International solutions for a global problem*, in TMLJ 32 (2007), pp. 1-33.

JANUÁRIO, Rui – cf.: DIOGO, Luís da Costa / JANUÁRIO, Rui.

JORGE, Fernando Pessoa – *Ensaio sobre os pressupostos da responsabiliadde civil*, Lisboa, 1968.

JÚNIOR, Eduardo dos Santos – *"Mitigation of damages", redução de danos pela parte lesada e "culpa do lesado"*, in "Homenagem da Faculdade de Direito de Lisboa ao Professor Doutor Inocêncio Galvão Telles – 90 anos", Almedina, Coimbra, 2007, pp. 349-367.

——, *Especialização e mobilidade temática do Direito Comercial Internacional como disciplina de mestrado. Uma aplicação: os contratos internacionais de engenharia global*, Almedina, Coimbra, 2009.

KANNO, Hansgeorg – *Gefährdungshaftung und rechtliche Kanalisierung im Atomrecht. Ein Beitrag zur Dogmatik der Schadenshaftung*, Verlag Handelsblatt, Dusseldorf, 1967.

KAPPET, Liliane C. – *Tankerunfälle und der Ersatz ökologischer Schäden. Am Beispiel des Vertragssystems des Internationalen Übereinkommens über die zivilrechtliche Haftung für Ölverschmutzungsschäden in Verbindung mit der Internationalen Übereinkommen über die Errichtung eines Internationalen Fonds zur Entschädigung für Ölverschmutzungsschäden*, LIT Verlag, Hamburg, 2006.

KIERN, Lawrence – *Liability, Compensation, and Financial Responsibility under the Oil Pollution Act of 1990: A review of the first decade*, in TMLJ 24 (199--2000), pp. 481-590.

KIM, Inho – *Ten years after the enactment of the Oil Pollution Act of 1990: a success or a failure*, in MP 26 (200"), pp. 197-207.

——, *A comparaison between the international and US regimes regulating oil pollution liability and compensation*, in MP 27 (2003), pp. 265-279.

KOULOURIS, Michel – *Les aspects récents du Droit International en matière des transports internationaux (Cooperation internationale)*, Atenas, 1973.

LAGONI, Nicolai – *The liability of classification societies*, Springer, Berlin, Heidelberg, 2007.

LARENZ, Karl – *Lehrbuch des Schuldrechts*, I. *Allgemeiner Teil*, 14.ª edição, Verlag C. H. Beck, München, 1987.

LE COUVIOUR, Karine – *La responsabilité civile à l'épreuve des pollutions majeures résultant du transport maritime*, 2 volumes, Presses Universitaires d'Aix--Marseille, Aix-Marseille, 2007.

LEITÃO, Adelaide – *"Revogação unilateral" do mandato, pós-eficácia e responsabilidade pela confiança*, in "Estudos em homenagem ao Professor Doutor Inocêncio GalvãoTelles", I. Direito privado e vária, Almedina, Coimbra, 2002, pp. 305-346.

LEITÃO, João Menezes – *Instrumentos de direito privado para protecção do ambiente*, in RJUA 7 (1997), pp. 29-65.

LEITÃO, Luís Menezes – *Direito das obrigações*. I. *Introdução. Da constituição das obrigações*, 8.ªedição, 2009; II. *Transmissão e extinção das obrigações. Não cumprimento e garantias do crédito*, 6.ª edição, 2008; III. *Contratos em especial*, 6.ª edição, 2009, Almedina, Coimbra.

LETOURNEAU, Keith B. / WELMAKER, Wesley T. – *The Oil Pollution Act of 1990: Federal judicial interpretation through the end of millenium*, in USFMLJ 12 (1999-2000), pp. 147-225.

LOPES, Pedro Silva – *Condicionamentos da responsabilidade civil por danos causados ao ambiente – Algumas reflexões*, in RJUA 1997 (7), pp. 161-186.

——, *Dano ambiental. Responsabilidade civil e reparação sem responsabilidade*, in RJUA 1997 (8), pp. 31-56.

LUCCHINI, Laurent – *Le procès de l'Amoco Cadiz: Présent et voies du futur*, in AFDIP XXXI (1985), pp. 762-782.

MARINO, Adele – *L'Agenzia europea per la sicurezza marittima: struttura e competenze*, in "Studi in memoria di Elio Fanara", I, Giuffrè, Milano, 2006, pp. 277-298.

MARTINS, Eliane M. Octaviano – *Da responsabilidade internacional e a poluição do meio ambiente marinho*, in DM 2002, pp. 1510-1529.

MASON, Michael – *Civil liability for oil pollution damage: examining the evolving scope for environmental compensation in the international regime*, in MP 27 (2003), pp. 1-12.

MEDICUS, Dieter – *Schuldrecht*, I. *Allgemeiner Teil*, 17.ª edição, Verlag C. H. Beck, München, 2006.

MEMLOUK, Malik – *L'indemnisation du préjudice écologique à la suite du jugement Erika*, in DMF 2008, pp. 770-780.

MILLER, Machale A. – *Liability of classification societies from the perspective of United States Law*, in TMLJ 22 (1997-1998), pp. 75-115.

MILLER, Rui Vieira – cf.: CAXARIA, João da Fonseca / MILLER, Rui Vieira.

MOHR, Peter Conrad – *Die Kanalisierung der Haftung unter besonderer Berücksichtigung des Atomrechts*,Walter de Gruyter, Berlin, 1970.

MONTEIRO, António Pinto – cf.: PINTO, Carlos Alberto da Mota / MONTEIRO, António Pinto / PINTO, Paulo Mota.

MONTEIRO, Jorge Sinde – *Responsabilidade por conselhos, recomendações e informações*, Almedina, Coimbra, 1989.

——, *Rudimentos da responsabilidade civil*, in RFDUP, ano II (2005), pp. 349--390.

MORRIS, Brandon T. – *Oil, money and the environment: punitive damages under due process, preemption, and marine law in the make of the Exxon Valdez litigation*, in TMLJ 33 (2008-2009), pp. 165-202.

NESTEROWICZ, Malgorzata Anna – *European Union legal measures in response to the oil pollution of the sea*, in TMLJ 29 (2004-2005), pp. 29-44.

——, *An economic analysis of compensation for oil pollution damage: recent developments in respect of International Oil Pollution Compensation Funds*, in JMLC, 37/4 (2006), pp. 559-566.

NOLAN, Christopher R. – cf.: FOLEY, Vincent J. / NOLAN, Christopher R..

PANNATIER, Serge – *La protection du milieu marin*, in "Le droit internacional face à l'éthique et à la politique de l'environnement", sob a direcção de Ivo Rens e com a colaboração de Joel Jakubec, Genève, 1996, pp. 47-58.

PAPPENHEIM, Max – *Handbuch des Seerechts. Sachen des Seerechts. Schuldverhältnisse des Seerechts*, I Verlag von Duncker & Humblot, 1906.

PELZER, Norbert – *Begrenzte und unbegrenzte Haftung im deutschen Atomrecht*, Nomos Verlaggesellschaft, Baden-Baden.

PEREIRA, Maria de Lurdes – cf.: ALBUQUERQUE, Pedro de / PEREIRA, Maria de Lurdes.

PINHEIRO, Luís Lima – *O Direito Comercial Marítimo de Macau revisitado*, in "Estudos de Direito Civil, Direito Comercial e Direito Comercial Internacional", Almedina, Coimbra, 2006, pp. 283-295.

——, *Direito aplicável ao contrato de transporte marítimo de mercadorias*, in "I Jornadas de Lisboa de Direito Marítimo, 6 e 7 de Março de 2008. O Contrato de transporte marítimo de mercadorias", Almedina, Coimbra, 2008, pp. 163-202.

PINTO, Carlos Alberto da Mota / MONTEIRO, António Pinto / PINTO, Paulo Mota – *Teoria geral do direito civil*, 4.ª edição, Coimbra Editora, Coimbra, 2005.

PINTO, Michele M. Comenale – *La responsabilità per inquinamento da idrocarburi nel sistema della CLC 1969*, Cedam, Padova, 1993.

PINTO, Paulo Mota – cf.: PINTO, Carlos Alberto da Mota / MONTEIRO, António Pinto / PINTO, Paulo Mota.

PONTAVICE, Emmanuel du / CORDIER, Patricia – *La mer et le droit*, PUF, Paris, 1984.

PROENÇA, José Carlos Brandão – *A conduta do lesado como pressuposto e critério de imputação do dano extracontratual*, Almedina, Coimbra, 1997.

RAPOSO, Mário – *Direito Marítimo. Uma perspectiva*, in BMJ 43 (1983), pp. 347--395.

—, *A nova lei marítima de Macau e os seus trabalhos preparatórios*, in ROA 61 (2001), pp. 1163-1193.

—, *Segunda (e última) reflexão sobre um esboço de reforma do Direito Marítimo português*, in ROA 62 (2002), pp. 683-709.

—, *Responsabilidade extracontratual das sociedades de classificação de navios*, in "Estudos em Homenagem a Francisco José Veloso", Escola de Direito da Universidade do Minho, Associação Jurídica de Braga, 2002, pp. 599-611.

REMOND-GOUILLOUD, Martine – *Les fonds d'indemnisation (collectivisation du risque)*, in "Droit de l'environnement marin. Développements récents", Economica, Paris, pp. 305-317.

—, *Droit Maritime*, 2.ª edição, Pedone, Paris, 1993.

—, cf.: RODIÈRE, René / REMOND-GOUILLOUD, Martine.

RENGER, Reinhard – *Haftung und Entschädigung für Ölverschmutzungsschäden auf See. Über die Londoner Protokolle vom November 1992 zu den Übereinkommen von 1969 und 1971*, in TransportR 1993, pp. 132-135.

RIBEIRO, Joaquim de Sousa – *O ónus da prova da culpa na responsabilidade civil por acidentes de viação*, in "Estudos em Homenagem ao Prof. Doutor J. J. Teixeira Ribeiro", II – Iuridica (1), Universidade de Coimbra, 1979, pp. 413--542.

ROBERT, Sabrina – *L'Érika: Responsabilités pour un désastre écologique*, Éditions Pédonne, Paris, 2003.

RODIÈRE, René – *Traité général de Droit Maritime. Introduction. L'armement (Ses agents, ses auxiliaires. Limitation de responsabilité)*, Dalloz, Paris, 1976.

– *Responsabilité civile et risque atomique*, in "Aspects du droit de l'énergie atomique", tome I – "Responsabilité. Assurance. Transport", sob a direcção de Henry Puget, Éditions du Centre National de la Recherche du Centre Scientifique, Paris, 1965, pp. 5-17.

RODIÈRE, René / REMOND-GOUILLOUD, Martine – *La mer. Droits des hommes ou proie des États?*, A. Pedone, Paris, 1980.

RUIZ SOROA, José María – *La responsabilidad por daños y su limitación el el derecho marítimo*, in "VI Jornadas de Derecho Marítimo de San Sebastián", Vitoria--Gasteiz, 1999, pp. 11-29.

—, cf.: GABALDÓN GARCÍA, José Luis / RUIZ SOROA, José Maria.

SÁ, Almeno de – *Cláusulas contratuais gerais e Directiva sobre cláusulas abusivas*, 2.ª edição, Almedina, Coimbra, 2001 [Mc: *Cláusulas contratuais gerais*[2]].

SÁ, Fernando Augusto Cunha de – *Modos de extinção das obrigações*, in "Estudos em Homenagem ao Professor Doutor Inocêncio Galvão Telles", I. "Direito privado e vária", Almedina, Coimbra, 2002, pp. 171-262.

SEIBT, Christoph H. – *Zivilrectlicher Ausgleich ökologischer Schäden*, J. C. B. Mohr (Paul Siebeck), Tübingen, 1994.

SENDIM, José de Sousa Cunhal – *Responsabilidade civil por danos ecológicos. Da reparação do dano através da restauração natural*, Coimbra Editora, Coimbra, 1998.

SERRA, Adriano Vaz – *Sub-rogação nos direitos do credor*, in BMJ 37 (1953), pp. 5-66.

——, *Responsabilidade civil pelos danos causados por instalações de energia eléctrica ou gás e por produção e emprego de energia nuclear*, in BMJ 92 (1960), pp. 139-157.

SICCARDI, Francesco – *Pollution liability and classification societies, is the system a fair one?*, in DM 2005, pp. 691-710.

SILVA, João Calvão da – *Responsabilidade civil do produtor*, Almedina, Coimbra, 1990.

SILVA, Joaquim Ferreira da – *Resposta à poluição marinha*, in RDAOT 3 (1998), pp. 103-119.

SILVA, Vasco Pereira da – *Verde cor de Direito. Lições de Direito do Ambiente*, Almedina, Coimbra, 2002.

TELLES, Inocêncio Galvão – *Direito das obrigações*, 7.ª edição (revista e actualizada), Coimbra Editora, Coimbra, 1997.

TORRES PÉREZ, Francisco – cf.: CARBALLO-CALERO, Pablo Fernández / TORRES PÉREZ, Francisco.

TROTZ, Norbert – *Die Revision der Konvention über die zivilrechtliche Haftung für Schäden aus der Ölverschmutzung des Meeres und über die Errichtung eines Entschädigungsfonds*, Aktuell Beiträge der Staats- und Rechtswissenschaft, Potsdam – Babelsberg, 1987.

VAN HOOYDONK – *The obligation to offer place of refuge to a ship in distress*, in CMI-Y 2003, pp. 403-445.

VARELA, João de Matos Antunes – *Das obrigações em geral*, I, 10.ª edição (2000), II, 7.ª edição (1997), Almedina, Coimbra.

VASCONCELOS, Maria João Pestana de – *Algumas questões sobre a ressarcibilidade de danos patrimoniais puros no ordenamento jurídico português*, in "Novas tendências da responsabilidade civil", por Ana Filipa Morais Antunes, Ana

Maria Taveira da Fonseca, Maria João Pestana de Vasconcelos e Fernando Sá, Almedina, Coimbra, 2007, pp. 147-206.

VIALARD, Antoine – *La responsabilité des propriétaires de navires de mer*, thèse pour le doctorat en Droit, Faculté de Droit et des Scioences Économiques de Bordeaux, 1969

——, *Faut-il réformer le régime d'indemnisation des dommages de pollution par hydrocarbures?*, in DMF 2003, pp. 435-449.

——, *Préface* a Karine le Couviour, *La responsabilité civile à l'épreuve des pollutions majeures résultant du transport maritime*, I, Presses d'Aix-Marseille, Aix-Marseille, 2007, pp. 11-12.

VINCENZINI, Enrico – *Profili assicurativi della responsabilità civile per inquinamento da idrocarburi nella legislazione internazionale uniforme*, in DM 1993, pp. 978-992.

WEITNAUER – *Die kanalisierung derHaftung im Versicherungsrecht*, in DB 1961, pp. 666-668.

WELMAKER, Wesley T. – cf.: LETOURNEAU, Keith B. / WELMAKER, Wesley T..

WU, Chao – *La pollution du fait du transport maritime des hydrocarbures. Responsabilité et indemnisation des dommages*, Indemer, Pedone, 1994.

WURMNEST, Wolfgang – cf.: BASEDOW, Jürgen / WURMNEST, Wolfgang.

ZACHER, Mark W. – cf.: M'GONGLE, R. Michael / ZACHER, Mark W..

ZOPPINI, Andrea – *La pena contrattuale*, Giuffrè, Milano, 1991.

ZUNARELLI, Stefano – *La Convenzione di Londra sulla responsabilità nel trasporto marittimo di sostanze pericolose e nocive*, in "Studi in onore di Gustavo Romanelli", Giuffrè, Milano, 1997.

——, cf.: BERLINGIERI, Francesco / ZUNARELLI, Stefano / ALVISI, Chiara.

ÍNDICE

Plano da Obra 5

Nota Prévia 7

As Empresas Petrolíferas em Angola
António Menezes Cordeiro

I	– A Concessionária Nacional	9
	1. As origens da Sonangol	9
	2. Aspetos estatutários	10
	3. Parâmetros e natureza geral	12
II	– Empresas licenciadas e empresas associadas	13
	4. As empresas licenciadas	13
	5. Empresas associadas	15
	6. Prestadoras de serviços	17
III	– Em especial: os consórcios	18
	7. Noções básicas; Direito comparado	18
	8. O Direito angolano; influências decisivas	20
	9. Regime vigente	24
	10. Problema da repartição dos ganhos e perdas	28
	11. O termo do consórcio	30
IV	– Breve comparação com empresas estrangeiras	32
	12. Aspetos gerais; a Exxon/MOBIL	32
	13. A Saudi Aramco	33
	14. Elf Aquitaine/Total	33
	15. Petrobrás	34

V	– Princípios gerais do Direito das empresas petrolíferas............	34
	16. A construção de uma disciplina jurídica....................	34
	17. Prudência e adequação.................................	35
	18. Estabilidade e confiança................................	36
	19. Assunção de risco.....................................	37
	20. Fomento e progresso...................................	37
VI	– Concretização na *governance*.............................	38
	21. Associação público/privada..............................	38
	22. Composição e organização da administração	39
	23. Liberdade e tutela.....................................	40
VII	– Concretização na *compliance*.............................	41
	24. A fiscalização comum..................................	41
	25. Níveis de aperfeiçoamento...............................	42

Actividades Petrolíferas e Protecção do Ambiente em Angola
CARLA AMADO GOMES
JOÃO VERNE OLIVEIRA

0. Introdução..	43
1. Actividades petrolíferas em Angola...........................	47
1.1. Importância e relevância dada ao ambiente no contexto das actividades petrolíferas (na sua globalidade)	49
1.2. Modelos contratuais de exploração petrolífera	50
1.3. Cumprimento de normas de protecção ambiental como critério decisivo na escolha de parceiros internacionais...............	52
1.4. Principais responsabilidades da Concessionária Nacional e das suas Associadas aquando do início das operações.............	54
2. Exploração e produção de petróleo	60
2.1. Responsabilidade pela condução das operações e pela protecção do ambiente	61
2.2.1. Em especial, a responsabilidade por derrames	62
2.2. Responsabilidade civil objectiva das empresas petrolíferas por danos ambientais?	65
3. Abandono de campos de exploração petrolífera	68
3.1. Normas de desmantelamento	68

3.2. Restauração do meio envolvente 69
4. Em jeito de conclusão: o futuro das operações petrolíferas em Angola no que respeita à protecção do ambiente 70

O Poder Concedente no Sector Petrolífero em Angola
CARLOS MARIA FEIJÓ

1. Introdução. 75
2. A reforma legislativa de 2004 84
3. As atribuições do poder concedente ao abrigo da Lei das Actividades Petrolíferas. 87
   3.1. Conselho de Ministros 88
   3.2. Ministério dos Petróleos. 90
   3.3. Concessionária Nacional – Sonangol. 93
4. A Concessionária Nacional enquanto entidade decisória. O Conflito de interesses 95
5. Conclusões. 99

Arbitragem Petrolífera
DÁRIO MOURA VICENTE

I. A arbitragem como meio de resolução de litígios internacionais em matéria petrolífera: sua relevância actual e problemas que suscita ... 101
II. O quadro jurídico e institucional da arbitragem petrolífera internacional. 103
III. O Direito aplicável ao mérito da causa. 107
IV. A aplicabilidade da *Xaria* 117
V. A emergência de uma *lex petrolea* 120
VI. Cláusulas de estabilização 122

Os Contratos no Direito do Petróleo e do Gás
Luís Manuel Teles de Menezes Leitão

1. Generalidades 127
2. Os contratos celebrados com o Estado detentor no sector *Upstream* ... 130
   2.1. Generalidades 130
   2.2. O modelo da concessão 131
   2.3. O modelo contratual 136
      2.3.1. Generalidades 136
      2.3.2. Os contratos de prestação de serviços 138
      2.3.3. Os contratos de empreendimento comum (*Joint Venture*) . 140
      2.3.4. Os contratos de partilha da produção petrolífera (*Production Sharing Contract* ou PSC) 142
   2.4. Comparação entre os diversos modelos contratuais 145
3. Os contratos celebrados entre companhias petrolíferas no âmbito do sector *Upstream* 145
   3.1. Generalidades 145
   3.2. Os acordos de proposta conjunta (*Joint Bidding Agreements*) 146
   3.3. Os acordos de actividade conjunta (*Joint Operating Agreements*) 147
   3.4. Os contratos de cessão da posição contratual (*Farm in Farm Out Agreements*) 150
   3.5. Os acordos de unitização (*Unitization Agreements*) 154
4. Os contratos celebrados pelas companhias petrolíferas com terceiros no âmbito do sector *Upstream* 157
   4.1. Generalidades 157
   4.2. Os contratos para a realização de estudos sísmicos (*Seismic Contracts*) 157
   4.3. Os contratos para a perfuração de poços (*Drilling Contracts*) ... 158
   4.4. Os contratos de apoio à prospecção e exploração petrolífera (*Support or Contribution Agreements*) 159
   4.5. Os contratos de prestação de serviços relativos a poços petrolíferos (*Well services contracts*) 161
   4.6. Os contratos relativos à concessão de *royalties* sobre a produção petrolífera 162
5. Os contratos *Midstream* 163
   5.1. Generalidades 163

5.2. Os contratos de compra e venda de petróleo bruto (*Crude Oil Sales Agreements*)	164
5.3. Os contratos de venda de gás natural (*Gas Sales Agreements*)	166
5.4. Os acordos de equilíbrio da produção do gás (*Gas Balancing Agreements*)	169
5.5. Os acordos de agregação de vendas de petróteo ou de gás (*Common Stream Agreements*)	170
6. Os contratos *Downstream*	170
Bibliografia	171

O Transporte Marítimo de Hidrocarbonetos e o Regime de Limitação de Responsabilidade Previsto na Convenção Internacional sobre Responsabilidade Civil pelos Prejuízos Devidos à Poluição por Hidrocarbonetos, 1992 (CLC 92)
Manuel Januário da Costa Gomes

1. O sistema CLC/Fundos. Introdução. Do *Torrey Canyon* ao sistema CLC-Fundo/92 e ao Fundo Complementar	174
2. O princípio da responsabilidade do proprietário do navio	183
2.1. Os parâmetros da responsabilidade do proprietário do navio	183
2.2. O proprietário do navio como sujeito passivo da canalização de responsabilidade	187
2.3. Recorte negativo da imputação da responsabilidade ao proprietário do navio	194
2.4. Conclusão pela natureza objectiva da responsabilidade do proprietário do navio	198
2.5. A imputação plural e solidária	202
2.6. A canalização da responsabilidade para o proprietário do navio	204
2.7. Brechas na canalização?	212
3. Danos cobertos pela CLC/92	219
4. A limitação da responsabilidade do proprietário do navio	228
4.1. A faculdade de promoção da limitação da responsabilidade	228
4.2. Comportamento preclusivo da limitação de responsabilidade	230
4.3. O fundo de limitação	231
4.3.1. Requerimento e constituição do fundo de limitação	231

4.3.2. Efeitos da constituição do fundo de limitação...........	234
4.3.3. Distribuição do fundo de limitação...................	236
4.3.4. Processo aplicável ao fundo de limitação..............	238
4.3.5. Sobre a natureza jurídica do fundo de limitação.........	243
5. O *plus* de tutela dos lesados para além da CLC..................	248
5.1. Introdução. A conjugação CLC/FIPOL/Fundo Complementar ...	248
5.2. As compensações supletivas ou complementares	255
5.2.1. A compensação pelo Fundo........................	255
5.2.2. A compensação pelo Fundo Complementar	261
6. Considerações conclusivas sobre o sistema CLC/Fundos	262
6.1. CLC / Fundo / Fundo Complementar: um modelo à deriva?.....	262
6.2. Sobre a natureza da responsabilidade do proprietário do navio...	265
Bibliografia..	268